LE DELF

B1

2ᵉ ÉDITION

100% RÉUSSITE

Bruno Girardeau
Émilie Jacament
Marie Warzecha Salin

Couverture : Primo & Primo
Adaptation de la maquette intérieure : Ariane Aubert
Mise en page : www.creatorsstudio.net
Iconographie : Aurélia Galicher
Édition : Julien Keurmeur
Studio : Quali'sons

Dans votre navigateur, saisissez **didierfle.app** et flashez les pages de votre livre pour un accès direct aux audios avec votre smartphone ou votre tablette !

« Le photocopillage, c'est l'usage abusif et collectif de la photocopie sans autorisation des auteurs et des éditeurs. Largement répandu dans les établissements d'enseignement, le photocopillage menace l'avenir du livre, car il met en danger son équilibre économique. Il prive les auteurs d'une juste rémunération. En dehors de l'usage privé du copiste, toute reproduction totale ou partielle de cet ouvrage est interdite. »
« La loi du 11 mars 1957 n'autorisant, aux termes des alinéas 2 et 3 de l'article 41, d'une part, que les copies ou reproductions strictement réservées à l'usage privé du copiste et non destinées à une utilisation collective » et, d'autre part, que les analyses et courtes citations dans un but d'exemple et d'illustrations, « toute représentation ou reproduction intégrale, ou partielle, faite sans le consentement de l'auteur ou de ses ayants droits ou ayants cause, est illicite. » (alinéa 1er de l'article 40) – « Cette représentation ou reproduction par quelque procédé que ce soit, constituerait donc une contrefaçon sanctionnée par les articles 425 et suivants du Code pénal. »

© Didier FLE, une marque des éditions Hatier, Paris 2021
ISBN 978-2-278-10253-2

AVANT-PROPOS

— Qu'est-ce que le DELF ?

Le DELF, diplôme d'études en langue française, est une certification officielle en français langue étrangère du ministère français de l'Éducation nationale. C'est un diplôme internationalement reconnu qui permet de valider votre niveau de français auprès d'universités ou d'écoles, d'employeurs ou d'administrations dans le monde.

Ce diplôme est valable sans limitation de durée.

— Quels sont les niveaux du DELF ?

Le DELF est constitué des diplômes suivants : Prim, scolaire et junior et tout public.

Ils correspondent aux niveaux du *Cadre européen commun de référence pour les langues* (CECRL) : DELF A1.1 (DELF Prim), DELF A1, DELF A2, DELF B1 et DELF B2.

Chaque diplôme évalue les 4 compétences : compréhension et production orales, compréhension et production écrites. L'obtention de la moyenne (50 points sur 100) à l'ensemble des épreuves permet la délivrance du diplôme correspondant.

— Où passer le DELF ?

Vous pouvez passer le DELF dans près de 175 pays. Vous devez vous inscrire dans un des 1 200 centres d'examen agréés par France Éducation international (le nouveau nom du CIEP). Pour connaître ces centres et leurs tarifs, consultez le site de France Éducation international à l'adresse suivante :
https://www.france-education-international.fr/delf-tout-public/coordonnees-centres-examen

COMMENT SE PRÉPARER ?

Ce livre peut être utilisé en autonomie ou en classe avec un(e) enseignant(e). Il est réparti en quatre compétences comme l'examen.

Nous vous proposons une démarche en 4 étapes :

- **Comprendre :** une double page qui présente l'épreuve par compétence, les savoir-faire, les exercices et les documents, la consigne générale et des exemples de questions/réponses.
- **Se préparer :** des activités pour acquérir les savoir-faire indispensables pour réussir.
- **S'entraîner :** des activités proches de l'examen avec des conseils méthodologiques.
- **Prêt pour l'examen !** permet de mémoriser l'essentiel : vocabulaire, grammaire, conseils, etc.

Alors, prêt(e) pour l'examen ?

SOMMAIRE

1 Compréhension de l'oral ... 9

COMPRENDRE ... 10

SE PRÉPARER ... 12

1. Comprendre un échange formel, informel ... 12
2. Comprendre un déplacement, un voyage ... 14
3. Comprendre un sentiment, une émotion ... 16
4. Comprendre une réussite ... 18
5. Comprendre une appréciation ... 19
6. Comprendre un désaccord ... 20
7. Comprendre une histoire racontée ... 22
8. Comprendre un échange de points de vue ... 24
9. Comprendre une probabilité, une éventualité ... 26

S'ENTRAÎNER ... 28

PRÊT POUR L'EXAMEN ! ... 40

Le picto [PISTE 2] vous indique le numéro de la piste à écouter en flashant la page avec l'application didierfle.app
Les audios sont également téléchargeables sur http:/didierfle-delfreussite.fr

2 Compréhension des écrits ... 43

COMPRENDRE ... 44

SE PRÉPARER ... 46

1. Lire pour s'orienter ... 46
2. Lire pour s'informer ... 52

S'ENTRAÎNER ... 62

PRÊT POUR L'EXAMEN ! ... 78

3 Production écrite 81

COMPRENDRE 82

SE PRÉPARER 84

1. Écrire un texte construit 84
2. Décrire, exposer des faits 87
3. Raconter une situation passée ou possible 90
4. Exprimer des sentiments 95

S'ENTRAÎNER 98

PRÊT POUR L'EXAMEN ! 106

4 Production orale 109

COMPRENDRE 110

SE PRÉPARER 112

1. Préparer l'entretien dirigé 112
2. Préparer l'exercice en interaction 118
3. Préparer le monologue suivi 123

S'ENTRAÎNER 130

PRÊT POUR L'EXAMEN ! 140

5 Épreuves blanches 143

Auto-évaluation 143
Épreuve blanche 1 et 2 du DELF tout public 145
Grilles d'évaluation de la production (orale et écrite) 170

Transcriptions 173
Corrigés 183

S'INFORMER SUR LE DELF

_ L'examen du DELF, comment ça se passe ?

L'examen dure 1 h 55. Il y a une épreuve pour chacune des quatre compétences.
Il y a des épreuves collectives et une épreuve individuelle (production orale).

▶ Tout d'abord, vous allez passer les trois épreuves collectives dans l'ordre suivant :
1. **La compréhension de l'oral** : écouter et compléter les questionnaires ;
2. **La compréhension des écrits** : lire des documents et compléter les questionnaires ;
3. **La production écrite** : écrire un texte d'expression personnelle.

▶ Ensuite, vous allez passer l'épreuve individuelle qui se déroulera en quatre temps :
1. **Préparation** : vous avez 10 minutes pour préparer l'exercice 3 ;
2. **L'entretien dirigé** (exercice 1) : échanger avec l'examinateur et parler de soi ;
3. **L'exercice en interaction** (exercice 2) : tirer au sort deux sujets (en choisir un) et participer à un jeu de rôle avec l'examinateur pour résoudre une situation de la vie quotidienne ;
4. **L'expression d'un point de vue** (exercice 3) : tirer au sort deux documents (en choisir un) et exposer son point de vue à partir d'un bref document écrit.

Entraînez-vous dans les conditions réelles de l'examen avec deux épreuves blanches complètes à la fin de l'ouvrage à partir de la page 145.

Retrouvez également deux épreuves blanches interactives sur http:/didierfle-delfreussite.fr.

QU'EST-CE QUE LE NIVEAU B1 ?

Le *Cadre européen commun de référence pour les langues* définit le niveau B1 comme celui d'un utilisateur indépendant. Cet utilisateur :

- Peut comprendre l'information contenue dans la plupart des documents enregistrés ou radiodiffusés, dont le sujet est d'intérêt personnel et la langue standard clairement articulée.
- Peut parcourir un texte assez long pour y localiser une information cherchée et peut réunir des informations provenant de différentes parties du texte ou de textes différents afin d'accomplir une tâche spécifique.
- Peut produire un discours simple et cohérent sur des sujets familiers et dans ses domaines d'intérêt.
- Peut raconter un événement, une expérience ou un rêve, décrire un espoir ou un but et exposer brièvement des raisons ou explications pour un projet ou une idée.

DELF B1
Niveau B1 du *Cadre européen commun de référence pour les langues*

▶ Les **nouvelles épreuves officielles** du DELF B1 :

Les épreuves de **compréhension**

- Des **questions à choix multiple** pour la compréhension de l'oral et la compréhension des écrits (plus de questions ouvertes ni de justifications)
- **Nombre de tâches** : trois documents audio (3 exercices) et six documents écrits (3 exercices)
- **Durée de l'épreuve** de compréhension des écrits : 45 minutes

▶ La nature des épreuves :

1. Les épreuves **collectives**

Nature des épreuves	Durée	Note sur
Compréhension de l'oral Réponse à des questionnaires de compréhension portant sur plusieurs documents enregistrés. (deux écoutes) *Durée maximale des documents : 6 minutes*	**25 minutes** environ	/25
Compréhension des écrits Réponse à des questionnaires de compréhension portant sur plusieurs documents écrits : – dégager des informations utiles par rapport à une tâche donnée ; – analyser le contenu d'un document d'intérêt général.	**45 minutes**	/25
Production écrite Expression écrite d'un point de vue personnel sur un thème général (essai, courrier, article…).	**45 minutes**	/25

Durée totale des épreuves collectives : **1 heure et 55 minutes**

2. L'épreuve **individuelle**

Nature des épreuves	Durée	Note sur
Production orale Épreuve en trois parties : – entretien dirigé ; – exercice en interaction ; – expression d'un point de vue à partir d'un document déclencheur.	**15 minutes** environ *Préparation :* *10 minutes* *(ne concerne que la 3ᵉ partie de l'épreuve)*	/25
	NOTE TOTALE	**/100**

Seuil de réussite pour obtenir le diplôme : **50/100**
Note minimale requise par épreuve : **5/25**

Compréhension de l'oral

COMPRENDRE

L'ÉPREUVE

La compréhension de l'oral est la première épreuve collective de l'examen du DELF B1.

■ Durée totale de l'épreuve	❯ 25 MINUTES ENVIRON
■ Nombre de points	❯ 25 POINTS
■ Nombre d'exercices	❯ 3 EXERCICES
■ Nombre de documents à écouter	❯ 3 DOCUMENTS
■ Nombre d'écoutes	❯ 2 ÉCOUTES pour chaque document
■ Durée totale des enregistrements	❯ 6 MINUTES
■ Quand lire les questions ?	❯ 1 MINUTE avant d'entendre chaque document
■ Quand répondre aux questions ?	❯ 10 SECONDES après la première écoute pour commencer à répondre puis 30 SECONDES après la deuxième écoute.

OBJECTIFS DES EXERCICES

Exercice 1 — **Comprendre une interaction entre locuteurs natifs** (domaine personnel)

Exercice 2 — **Comprendre des émissions de radio et des enregistrements** (domaine public)

Exercice 3 — **Comprendre des émissions de radio et des enregistrements** (domaine professionnel)

LES SAVOIR-FAIRE

Il faut principalement être capable de :

Identifier :
- le sens général : **Quoi ?**
- les locuteurs : **Qui ?**
- l'intention des interlocuteurs : **Pourquoi ?**
- les différents points de vue : **Comment ?**

Identifier les idées et les opinions
Exemples :
- Le stress provoque l'insomnie.
- Le spécialiste pense que les gens peuvent tomber malades.
- Les étudiants français dorment trop peu.

Identifier les informations principales
Exemples :
- Les études sont le principal facteur d'angoisse.
- 1 journaliste / 1 spécialiste

Extraire des informations précises
Exemples :
- Près d'un étudiant français sur 2 dort mal à cause du stress.
- 15 % se réveillent en pleine nuit.

compréhension de l'oral

LES EXERCICES ET LES DOCUMENTS

	Supports possibles	Type d'exercice	Nombre de points
Exercice 1 Comprendre une interaction entre locuteurs natifs DOMAINE PERSONNEL	▶ Dialogue de la vie quotidienne entre locuteurs natifs. • **Thèmes :** famille, loisirs, sport, voyages, orientation, formation, etc.	Un questionnaire	7 points
Exercice 2 Comprendre des émissions de radio et des enregistrements DOMAINE PUBLIC	▶ Dialogue ou monologue. Document de type radiophonique. • **Thèmes :** interview, bulletin d'information, chronique, etc.	Un questionnaire	9 points
Exercice 3 Comprendre des émissions de radio et des enregistrements DOMAINE PROFESSIONNEL	▶ Dialogue ou monologue. Document de type radiophonique. • **Thèmes :** événements publics ou professionnels, spectacles, compétitions, vacances, santé, police, transports, etc.	Un questionnaire	9 points

LA CONSIGNE

Une consigne générale est toujours écrite au début du questionnaire et entendue dans le document sonore. Vous la lisez et l'écoutez.

LES QUESTIONS ET LES RÉPONSES

Les questions sont toujours dans l'ordre du document (sauf la première question portant sur le sens général).
Les réponses aussi.
Les questions sont **à choix multiples (QCM)** :
sélectionner la bonne réponse parmi les trois choix.
Il n'y a qu'une seule réponse correcte.

Exemple :

1 - Les deux personnes… `1 point`

a. ☑ sortent d'une réunion de parents.
b. ☐ organisent une réunion avec des élèves.
c. ☐ préparent une réunion de parents-professeurs.

PRÊT POUR L'EXAMEN

- Connaître l'organisation des questions. La première question porte sur la situation générale, les questions suivantes sont dans l'ordre du document sonore.
- Écouter la première fois le sens général et le rôle des différentes personnes.
- À la deuxième écoute, noter les expressions des sentiment et d'opinion et les réactions entre les personnes. Repérer avec attention les réactions des personnes qui parlent.
- À la fin, vérifier vos réponses une dernière fois et corriger clairement si nécessaire.

SE PRÉPARER

1 Comprendre un échange formel, informel

— Identifier la fonction des locuteurs

Activité 1

1 - Écoutez une fois le document. Choisissez la bonne réponse.

a. Qui sont les deux personnes qui parlent ?

Homme : ☐ un parent d'élève. ☐ le directeur de l'école. ☐ un professeur.

Femme : ☐ un parent d'élève. ☐ la directrice de l'école. ☐ une professeure.

b. Les deux personnes parlent de Solène. C'est…

☐ la fille de l'homme. ☐ une copine de la fille. ☐ la professeure de la fille.

c. Pour la femme, le problème concerne quoi ?

☐ Les devoirs à la maison.

☐ Les absences fréquentes.

☐ Le manque d'attention.

2 - Lisez d'abord les questions ci-dessous puis écoutez encore une fois ce document. Répondez aux questions.

a. Quel est le sentiment de l'homme à ce rendez-vous ?

☐ Heureux. ☐ Surpris. ☐ Déçu.

b. La femme raconte à l'homme que Solène…

☐ travaille bien en classe.

☐ rit beaucoup en classe.

☐ s'ennuie en classe.

c. Finalement, l'homme explique que le problème vient…

☐ de l'arrivée d'un bébé dans la famille.

☐ du déménagement de la famille.

☐ du changement de travail de la mère.

— Identifier une situation d'échange

Activité 2

1 - Écoutez le dialogue une fois et choisissez la bonne réponse.

a. Où sont Cindy et Thomas ? ☐ À la poste. ☐ Dans la rue. ☐ Chez eux.

compréhension de l'oral

b. Cindy et Thomas sont :

☐ frère et sœur. ☐ parent et enfant. ☐ en couple.

c. Qu'est-ce qu'il y a dans le paquet ?

☐ Un courrier. ☐ Un cadeau. ☐ Un courrier et un cadeau.

2 - Écoutez le document encore une fois et choisissez la bonne réponse.

a. Qui est allé à la poste ?

☐ Thomas. ☐ Cindy.

b. Qui est l'expéditeur ou l'expéditrice ?

☐ Thomas. ☐ Cindy.

c. Qui est le ou la destinataire ?

☐ Thomas. ☐ Cindy.

d. Le paquet arrive le jour de…

☐ la fête des parents.

☐ la fête de la musique.

☐ la fête des amoureux.

Activité 3

1 - Écoutez le document une fois et choisissez la bonne réponse.

☐ C'est un dialogue entre un vendeur et une cliente.

☐ C'est une rencontre entre deux amis.

☐ C'est un échange entre deux inconnus.

2 - Pour préciser la situation, écoutez le dialogue encore une fois. Répondez aux questions.

a. Quelle est l'activité de l'homme ?

☐ Il interroge les passants. ☐ Il tourne un film. ☐ Il prépare un livre.

b. Quel est le projet de l'homme ?

☐ Publier des photos de sites en Europe.

☐ Faire des portraits des habitants d'Europe.

☐ Écrire un guide des capitales européennes.

c. À la fin du dialogue, la femme est…

☐ inquiète.

☐ satisfaite.

☐ en colère.

SE PRÉPARER

2 Comprendre un déplacement, un voyage

— Identifier un lieu, un espace

Activité 4

1 - Écoutez une fois ces trois dialogues. Associez le numéro du dialogue à un lieu.

Dialogue 1   •   • devant la gare

Dialogue 2   •   • dans une maison

Dialogue 3   •   • dans un musée

•   • dans un magasin

2 - Écoutez le dialogue 1 encore une fois. Pensez à noter les mots clés. Choisissez les trois informations nécessaires à David pour arriver.

☐ Le nom de l'hôtel.
☐ Le quai de gare.
☐ La rue Victor-Hugo.
☐ Le numéro de l'adresse.
☐ L'emplacement de l'immeuble.
☐ L'étage.
☐ Le code d'entrée.

3 - Écoutez le dialogue 2 encore une fois. Choisissez la bonne réponse.

Le jeune homme se trouve…

☐ au rez-de-chaussée.
☐ au premier étage.
☐ au deuxième étage.

4 - Écoutez le dialogue 3 encore une fois. Répondez aux questions.

a. Où se trouve Madame Michaud ?

☐ Dans le salon.
☐ Dans la salle à manger.
☐ Dans la cuisine.

b. Où se trouve la personne morte ?

☐ Dans le salon.
☐ Dans la salle à manger.
☐ Dans la cuisine.

compréhension de l'oral

— Identifier un mouvement

Activité 5

1 - Écoutez une fois ce dialogue. Concentrez-vous sur la description des activités. Répondez aux questions.

a. À quel cours Hélène et Clara ont participé ? Faites une croix pour le cours correct.

	Course à pied	Gymnastique	Natation	Musculation	Danse
Hélène					
Clara					

b. Associez un prénom (Clara, Hélène) à chaque action.

Faire des mouvements : ☐ Clara. ☐ Hélène.

Se déplacer : ☐ Clara. ☐ Hélène.

Faire de la course : ☐ Clara. ☐ Hélène.

Se relever : ☐ Clara. ☐ Hélène.

2 - Écoutez encore une fois le document. Concentrez-vous sur les problèmes. Répondez aux questions.

a. Hélène a arrêté une activité pendant son cours. Laquelle ?

☐ Courir pendant 5 minutes. ☐ Soulever des poids de 10 kg. ☐ Soulever des poids de 15 kg.

b. Clara a eu un problème pendant son cours. Lequel ?

☐ Elle a perdu le rythme de la danse.

☐ Elle s'est trompée de chorégraphie.

☐ Elle s'est fait mal au pied.

Activité 6

1 - Écoutez une fois ce dialogue. Relevez les informations chiffrées. Choisissez la bonne réponse.

a. Durée de la promenade : ☐ 2 heures. ☐ 4 heures. ☐ 5 heures.

b. Distance de la promenade : ☐ 25 km. ☐ 35 km. ☐ 42 km.

2 - Écoutez encore une fois le document. Relevez les informations précises. Choisissez la bonne réponse.

a. Quel est le problème pratique de Dylan ?

☐ Il a pris des baskets.

☐ Il a de vieilles chaussures de sport.

☐ Il n'a pas de chaussures de marche.

b. Quelles sont les difficultés prévues dans l'itinéraire ? Choisissez les deux que vous entendez.

☐ Les chemins montent beaucoup. ☐ L'excursion est en continu.

☐ Les chemins sont difficiles. ☐ Il va pleuvoir.

c. Pour Dylan, le plus important dans cette promenade est…

☐ de faire du sport. ☐ d'avoir du plaisir. ☐ de profiter du paysage.

SE PRÉPARER

3 Comprendre un sentiment, une émotion

— Identifier la nature d'un sentiment

Activité 7

Pour identifier un sentiment, une émotion, il faut surtout noter les verbes et les expressions personnelles.

1 - Écoutez une fois les deux dialogues. Complétez le tableau avec les expressions personnelles.

	Expressions de la peur ou de l'inquiétude	Expressions pour rassurer
Dialogue 1	....	....
Dialogue 2	....	....

2 - Écoutez le dialogue 1 encore une fois. Choisissez la bonne réponse.

a. Où sont Justine et Paul ?

☐ Près d'un lac. ☐ Au bord de la mer. ☐ Dans une rivière.

b. Que ressent Justine ?

☐ De la tristesse. ☐ De la peur. ☐ De l'inquiétude.

c. Comment Paul rassure-t-il Justine ?

☐ Il ne va pas se baigner.

☐ Il lui demande de venir avec lui.

☐ Il revient si c'est trop dangereux.

d. Que propose Justine à la fin ? ☐ Partir. ☐ Nager avec lui. ☐ Surfer avec lui.

3 - Écoutez le dialogue 2 encore une fois. Choisissez la bonne réponse.

a. Pour quelle raison Arthur est-t-il inquiet ? Le réparateur…

☐ est en retard. ☐ n'a pas pris de rendez-vous. ☐ a oublié le rendez-vous.

b. Que propose Samira ?

☐ Arthur peut venir dormir chez elle.

☐ Arthur peut aller dormir chez ses parents.

☐ Les parents d'Arthur peuvent dormir chez elle.

c. La proposition de Samira permet à Arthur d'être…

☐ enfin soulagé. ☐ vraiment stressé. ☐ encore plus inquiet.

compréhension de l'oral

— Identifier l'expression de la tristesse, de la joie

Activité 8

1 - Écoutez une fois le document. Choisissez la bonne réponse.

a. Que viennent de recevoir Léna et Georges ?

☐ Un stage de chimie. ☐ Un diplôme de chimie. ☐ Un emploi dans la chimie.

b. Georges est : ☐ heureux. ☐ nostalgique.

c. Lena est : ☐ heureuse. ☐ nostalgique.

2 - Écoutez le document encore une fois. Choisissez la ou les bonne(s) réponse(s).

a. Quels sont les deux avantages que Georges voit dans sa situation ?

☐ Rencontrer ses amis. ☐ Gagner de l'argent. ☐ Être libre de voyager.

b. Quels aspects de sa vie passée Léna regrette-t-elle ?

☐ Aller à la bibliothèque. ☐ Sortir la nuit. ☐ Se lever tôt le matin.

☐ Voir ses amis. ☐ Participer à des fêtes. ☐ Exercer son métier de rêve.

c. Pour l'année suivante, Georges veut…

☐ faire un tour du monde. ☐ faire comme tout le monde. ☐ rencontrer beaucoup de monde.

— Identifier la surprise, l'indifférence

Activité 9

1 - Écoutez une fois le document. Choisissez la bonne réponse.

a. Madame Bretaut exprime :

☐ la surprise. ☐ l'énervement. ☐ l'enthousiasme.

b. Où travaillent Madame Bretaut et Monsieur Josselin ?

☐ Dans un stade. ☐ Dans une école. ☐ Dans un restaurant.

c. Dans ce dialogue, quels mots entendez-vous pour justifier votre réponse ?

☐ Cantine. ☐ Client. ☐ Classe. ☐ Élève. ☐ Joueur. ☐ Cour. ☐ Menu.

2 - Écoutez le document une deuxième fois. Choisissez la bonne réponse.

a. Que découvre Madame Bretaut ?

☐ Les nouveaux horaires. ☐ Les nouveaux collègues. ☐ Les nouveaux bâtiments.

b. Qu'en pense Monsieur Josselin ?

☐ Il est surpris. ☐ Il est indifférent. ☐ Il est compatissant.

c. Que pense Madame Bretaut du travail de Monsieur Josselin ?

☐ Elle l'envie. ☐ Elle le déteste. ☐ Elle l'ignore.

SE PRÉPARER

4 Comprendre une réussite

— Identifier la nature d'un document

Activité 10

1 - Écoutez une fois les deux documents. Dans quelle situation peut-on entendre ces deux documents ? Cochez la bonne réponse.

	Dans la rue	À la radio
Document 1		
Document 2		

2 - Écoutez encore une fois les deux documents. Choisissez la bonne réponse.

a. Quel thème est commun aux deux extraits sonores ?

☐ Les scandales sportifs. ☐ Les grands sportifs. ☐ Le commerce sportif.

b. Dans l'extrait 1, on veut s'intéresser particulièrement ?

☐ Aux nouveaux sports. ☐ Au sport de haut niveau. ☐ Aux femmes dans le sport.

c. Dans l'extrait 2, on s'intéresse à l'opinion des gens sur…

☐ les sportifs engagés. ☐ la publicité dans le sport. ☐ les médias spécialisés en sport.

— Identifier l'admiration, l'encouragement, les félicitations

Activité 11

1 - Écoutez une fois le document. Choisissez la bonne réponse.

a. Quelle est la profession de Marcel Bensoussan ?

☐ Ouvrier. ☐ Chef d'atelier. ☐ Directeur.

b. Quelle est la raison principale du discours adressé à Monsieur Bensoussan ?

☐ Il a passé trente ans au travail. ☐ Il va changer d'entreprise. ☐ Il part à la retraite.

2 - Écoutez encore une fois le document. Choisissez la bonne réponse.

a. Quelle qualité de Monsieur Bensoussan la personne qui parle apprécie-t-elle ?

☐ Sa gentillesse. ☐ Sa passion. ☐ Sa curiosité.

b. Quel a été le rôle de Monsieur Bensoussan dans la vie de l'entreprise ?

☐ Il a choisi du personnel.

☐ Il a proposé une nouvelle activité.

☐ Il a négocié des salaires plus hauts.

5 Comprendre une appréciation

— Identifier l'expression d'une sympathie, un espoir, une déception

Activité 12

1 - Écoutez une fois le document. Choisissez la bonne réponse.

a. De quoi parle la personne ?

☐ De sa nouvelle coiffure.

☐ Du confort du salon de coiffure.

☐ De la propriétaire du salon de coiffure.

b. Quelle est la raison du changement de vie d'Alexandra ?

☐ Elle a eu un accident dans son précédent travail.

☐ Elle a refusé sa mutation pour rester dans sa ville.

☐ Elle a commencé une nouvelle vie personnelle.

2 - Écoutez encore une fois le document. Choisissez la bonne réponse.

a. Quelle est la qualité principale d'Alexandra ?

☐ Courageuse. ☐ Généreuse. ☐ Optimiste.

b. Quelles expressions la personne utilise-t-elle pour exprimer sa sympathie ?

☐ C'est courageux. ☐ Franchement. ☐ C'est vrai. ☐ C'est fou. ☐ La pauvre. ☐ Je la comprends.

Activité 13

1 - Écoutez une fois le document. Répondez aux questions.

a. À qui parle le président de l'association ? ....

b. De qui parle la personne ? ....

c. Quelle est la raison de cette réunion ? ....

2 - Écoutez encore une fois le document. Choisissez la bonne réponse.

a. Il y a un mois, les habitants…

☐ ont logé les familles chez eux.

☐ ont trouvé un hébergement aux familles.

☐ ont loué des appartements aux familles.

b. L'association espérait que la préfecture…

☐ ouvre un hôtel. ☐ apporte une aide. ☐ propose de l'argent.

c. Quel est le sentiment du président après la réponse de la préfecture ?

☐ La tristesse. ☐ La déception. ☐ La peur.

SE PRÉPARER

6 Comprendre un désaccord

Identifier l'approbation, le refus, la plainte

Activité 14

1 - Écoutez une fois le document. Répondez aux questions.

a. Quel est le thème de la discussion ?

....

b. Choisissez la bonne réponse.

☐ Morgane approuve la décision. ☐ Morgane critique la décision. ☐ Morgane se plaint de la décision.

2 - Écoutez encore une fois le document. Répondez aux questions.

a. Combien d'heures par jour Morgane travaille-t-elle ? ☐ 8 heures. ☐ 9 heures. ☐ Ça dépend.

b. Que fait-elle le matin avant de travailler ?

☐ Elle fait des courses. ☐ Elle emmène ses enfants à l'école. ☐ Elle va au club de sport.

c. Pour la pause de midi, le directeur propose…

☐ d'arrêter une heure le travail. ☐ de rester dans les bureaux. ☐ d'aller au restaurant.

d. Quelles expressions utilise Morgane pour donner son avis ?

....

Activité 15

1 - Écoutez une fois le document. Répondez aux questions.

a. Où se passe la situation ?

☐ Dans la rue. ☐ Sur un plateau de télévision. ☐ Dans un studio de radio.

b. Qui parle avec qui ?

☐ Une journaliste et l'invité. ☐ Une journaliste et un auditeur. ☐ Deux journalistes entre eux.

c. Quel est le thème de discussion entre Laurence et Éric ?

....

2 - Écoutez encore une fois l'extrait sonore. Répondez aux questions.

a. Éric a un problème… ☐ avec son restaurant. ☐ avec ses enfants. ☐ avec ses grands-parents.

b. Pendant l'interview, Éric est… ☐ triste. ☐ méfiant. ☐ en colère.

c. D'après Éric, un groupe de personnes est oublié. Lequel ?

....

compréhension de l'oral

Activité 16

1 - Écoutez une fois le document. Choisissez la bonne réponse.

a. Où Monsieur Duroc doit-il aller travailler ?

☐ Dans une ferme. ☐ Dans un magasin. ☐ Dans un salon.

b. Combien de temps doit durer son activité ?

☐ Une semaine. ☐ Trois jours. ☐ Un week-end.

c. Quel est son problème principal ?

☐ Il doit dormir sur place. ☐ Il doit commencer très tôt. ☐ Il doit travailler toute la journée.

2 - Écoutez encore une fois le document. Choisissez la ou les bonne(s) réponse(s).

a. Que doit faire Monsieur Duroc chaque matin à 5 heures ?

☐ Nettoyer les vaches. ☐ Vendre les produits laitiers. ☐ Sortir les vaches.

b. Monsieur Duroc pense que les journées d'activités sont stimulantes. ☐ Vrai. ☐ Faux.

c. Quand Monsieur Duroc dit que « c'est bien pour personne », il exprime son désaccord. ☐ Vrai. ☐ Faux.

Activité 17

1 - Écoutez une fois le document. Choisissez la bonne réponse.

a. Quel est le sentiment général de Monsieur Figoli ?

☐ Il est malheureux. ☐ Il est en colère. ☐ Il est fatigué.

b. Qui Monsieur Figoli a-t-il rencontré ?

☐ Le pâtissier. ☐ Le cuisinier. ☐ Le banquier. ☐ L'agent immobilier.

c. Quel est le métier de Monsieur Figoli ?

☐ Pâtissier. ☐ Cuisinier. ☐ Banquier. ☐ Agent immobilier.

2 - Écoutez encore une fois le document. Choisissez la bonne réponse.

a. Quel est le problème de Monsieur Figoli?

☐ Il n'aime plus son travail. ☐ Il ne gagne pas assez d'argent. ☐ Il n'a pas assez de personnel.

b. Quelle est la solution proposée à Monsieur Figoli ?

☐ Vendre des pizzas. ☐ Transformer son restaurant en bar. ☐ Cuisiner du poisson.

c. Pour quelle raison lui propose-t-on cette solution ?

☐ La France est le pays où on mange le plus de pizzas.

☐ La France est le pays où on mange le plus de croissants.

☐ La France est le pays où on mange le plus de poisson.

d. Est-il d'accord avec la solution proposée ? ☐ Oui. ☐ Non.

SE PRÉPARER

7 Comprendre une histoire racontée

— Identifier les moments d'une histoire

Activité 18

1 - Écoutez une fois le document. Choisissez la bonne réponse.

a. Qu'est-ce que la personne a d'abord voulu visiter ?

☐ Une église.   ☐ Un musée.   ☐ Un parc.   ☐ Une galerie.

b. Mettez dans l'ordre (de 1 à 4) les activités de la journée de la personne.

…… Faire les magasins.   …… Visiter une église.   …… Manger une spécialité.   …… Se promener.

c. Qu'a visité Karine le même jour ?   ☐ Une église.   ☐ Un musée.   ☐ Un parc.   ☐ Une galerie.

2 - Écoutez encore une fois le document. Choisissez la bonne réponse.

a. Quelle est la surprise du matin ?

Fermeture : ☐ toute la semaine.   ☐ le mardi.   ☐ ce jour.

b. À quel moment la personne a-t-elle visité une église ?

☐ En début de matinée.   ☐ En fin de matinée.   ☐ En fin d'après-midi.

Activité 19

1 - Écoutez une fois le document. Choisissez la bonne réponse.

a. À quel moment s'est passée cette histoire ?

☐ Dimanche dans la nuit.   ☐ Lundi dans la nuit.   ☐ Samedi dans la nuit.

b. L'homme que Martine a rencontré est…   ☐ un voisin.   ☐ un voleur.   ☐ un policier.

2 - Écoutez encore une fois le document. Choisissez la ou les bonnes réponses.

a. Martine a trouvé un homme…

☐ qui cherchait son adresse.   ☐ qui voulait entrer chez elle.   ☐ qui souhaitait parler avec elle.

b. Martine fait deux choses au même moment. Lesquelles ?

☐ Elle a fermé sa fenêtre et elle a ouverte sa porte.

☐ Elle a discuté avec l'homme et elle a appelé la police.

☐ Elle a invité l'homme et elle a appelé la police.

c. Pour quelles raisons le journaliste félicite-t-il Martine ?

Elle a été…   ☐ maligne.   ☐ tranquille.   ☐ confiante.   ☐ hospitalière.

compréhension de l'oral

— Identifier la durée et la fréquence

Activité 20

1 - Écoutez une fois le document. Choisissez la bonne réponse.

a. Dans quel lieu se passera l'événement annoncé par le journaliste ?

☐ Dans les lacs.   ☐ Dans les piscines.   ☐ Dans les rivières.

b. À quelle occasion l'événement a-t-il lieu ?

☐ La journée de l'eau.   ☐ La nuit de l'eau.   ☐ Le samedi de l'eau.

c. L'objectif de cet événement est de permettre aux habitants de servir une bonne cause…

☐ en faisant du sport.   ☐ en donnant de l'argent.   ☐ en manifestant une partie de la nuit.

2 - Écoutez encore une fois le document. Choisissez la bonne réponse.

a. Que se passe-t-il le 22 mars dans le monde ?

☐ La journée mondiale de l'eau.

☐ La journée mondiale de la solidarité.

☐ La journée mondiale du développement durable.

b. Depuis huit ans, pour cet événement…

☐ … on ouvre les piscines toute la nuit.

☐ … on offre des entrées gratuites jusqu'à minuit.

☐ … on associe les habitants à une cause mondiale.

Activité 21

1 - Écoutez une fois le document. Choisissez la bonne réponse.

a. Quel est le thème de l'émission ?

☐ L'éducation des enfants aux médias.

☐ La promotion des émissions éducatives.

☐ Le développement des outils connectés.

b. D'après l'enquête « Junior connecté », combien d'heures par semaine les jeunes passent devant les écrans ?

☐ Environ 13 heures.   ☐ Environ 23 heures.   ☐ Environ 30 heures.

2 - Écoutez encore une fois le document. Choisissez la bonne réponse.

a. Quel est le rôle essentiel d'Internet pour le médecin ?

☐ Internet permet d'apprendre.   ☐ Internet permet de se socialiser.   ☐ Internet permet de s'évader.

b. D'après le médecin, les règles des parents doivent changer en fonction de…

☐ l'année scolaire.   ☐ la réussite des jeunes.   ☐ la décision des jeunes.

SE PRÉPARER

8 Comprendre un échange de points de vue

— **Identifier l'autorisation, l'interdiction**

Activité 22

1 - Écoutez une fois le document. Choisissez la bonne réponse.

a. Pour quelle raison Pauline est-elle l'invitée de l'émission ?

☐ C'est une femme. ☐ C'est une sportive. ☐ C'est une championne.

b. Elle fait très attention à la manière dont les médias publient…

☐ …son passé. ☐ …sa vie privée. ☐ …des photos d'elle.

2 - Écoutez encore une fois le document. Choisissez la bonne réponse.

a. Quel sport Pauline pratique-t-elle ? ☐ La planche à voile. ☐ Le surf. ☐ Le paddle.

b. D'après Pauline, à quoi s'intéressent les médias en priorité dans son sport ?

☐ Son physique. ☐ Sa jeunesse. ☐ Ses performances.

c. Cochez la ou les bonnes réponses.

Dans les médias, Pauline…

	se présenter dans des publicités	parler de sa vie de sportive	parler de son sport	vendre son image dans des vidéos non sportives
accepte de…				
interdit de…				

Activité 23

1 - Écoutez une fois le document. Choisissez la bonne réponse.

Le thème de l'émission concerne…

☐ les motivations

☐ les préparatifs   …quand on fait un voyage international.

☐ les règles

2 - Écoutez encore une fois le document. Choisissez la bonne réponse.

a. La personne conseille aux voyageurs…

☐ …de profiter de visiter tout le pays.

☐ …de montrer ses goûts personnels.

☐ …de connaître les habitudes du pays.

compréhension de l'oral

b. Quelle est la dernière chose à faire avant de partir ?
☐ Prévenir les autorités du pays d'arrivée.
☐ Préparer ses bagages et ses médicaments.
☐ Chercher les dernières informations sur la destination.

— Identifier la certitude, l'hésitation

Activité 24

1 - Écoutez une fois le document. Répondez ou choisissez la bonne réponse.

a. Où vont Quentin et Julie ? ....

b. Que cherchent-ils ? ☐ L'arrêt Manuel. ☐ La rue Manuel. ☐ La rue Emmanuel.

2 - Écoutez encore une fois le document. Choisissez la bonne réponse.

a. Julie est sûre du nom de l'arrêt. Pour quelle raison ?
☐ La rue a le même nom que la banque. ☐ L'arrêt de bus a le même nom que la rue.
☐ La banque a le même nom que l'arrêt de bus.

b. Que propose Quentin à Julie ?
☐ Lire un plan de ville. ☐ Regarder un document. ☐ Demander à quelqu'un dans la rue.

c. Quelle est l'explication de Julie pour la question de l'adresse ?
☐ Elle a beaucoup hésité. ☐ Quentin était sûr de lui. ☐ Elle en était absolument sûre.

Activité 25

1 - Écoutez une fois le document. Choisissez la bonne réponse.

a. Qu'est-ce que Kévin propose d'organiser ?
☐ La fête du quartier ☐ La fête de la ville ☐ La fête de la musique

b. Sur quel point Kévin hésite-t-il ? ☐ Le mois. ☐ Le jour. ☐ Le lieu.

c. Choisissez les trois expressions qui prouvent son hésitation.
☐ J'ai réfléchi. ☐ Je me demande si. ☐ Je ne suis pas trop d'accord. ☐ Je suis sûr. ☐ Je ne sais pas trop.

2 - Écoutez encore une fois le document. Choisissez la bonne réponse.

a. Quel est le problème avec la première date que Kévin mentionne ?
☐ C'est un long week-end. ☐ C'est une fête religieuse. ☐ C'est une fête de la ville.

b. Pour quelle raison la date de son anniversaire ne convient-elle pas ?
☐ Sa famille vient lui rendre visite. ☐ La date tombe en pleine semaine. ☐ C'est une fête privée sans intérêt pour les autres.

c. Finalement, quelle solution Kévin propose-t-il ?
☐ Choisir tous ensemble. ☐ Attendre l'année prochaine. ☐ Prendre le temps de réfléchir.

SE PRÉPARER

9 Comprendre une probabilité, une éventualité

— Identifier une probabilité, une intention

Activité 26

1 - Écoutez une fois le document. Choisissez la bonne réponse.

a. Que cherche Marjorie sur Internet ?

☐ Le lieu d'un concert.

☐ Le nom d'un acteur.

☐ Le site d'un groupe de musique.

b. Quelle est la surprise de Marjorie dans sa recherche ?

☐ La recherche donne trop de résultats.

☐ La recherche ne donne aucun résultat.

☐ La recherche ne donne qu'un résultat.

c. Quelle est la tendance actuellement ?

☐ Le public choisit le nom des artistes.

☐ Les artistes se donnent des noms populaires.

☐ Internet classe les artistes par ordre alphabétique.

2 - Écoutez encore une fois le document. Choisissez la bonne réponse.

a. Quelle est la difficulté avec le nom des nouveaux artistes ?

☐ Ils sont très banals.

☐ Ils sont très similaires.

☐ Ils sont très compliqués.

b. Pour la personne, la mauvaise solution au problème serait de…

☐ …changer le nom de l'artiste.

☐ …jouer plus de musique sur Internet.

☐ …demander au public de choisir un nouveau nom.

c. Que prouve le succès du chanteur M ? Choisissez VRAI ou FAUX.

Le chanteur a dû changer de nom pour connaître le succès. ☐ Vrai. ☐ Faux.

Le chanteur a demandé au public de lui choisir un nom populaire. ☐ Vrai. ☐ Faux.

Le chanteur a connu du succès malgré un nom difficile à reconnaître. ☐ Vrai. ☐ Faux.

compréhension de l'oral

Activité 27

1 - Écoutez une fois le document. Choisissez la bonne réponse.

a. De quel projet parle-t-on ?
☐ La construction d'une école commune pour enfants et personnes âgées.
☐ La construction d'une crèche dans une structure pour personnes âgées.
☐ La construction d'un centre pour enfants, parents et grands-parents.

b. Quel est le sentiment de Robin qui parle du projet ?
☐ Il doute de la réalisation du projet.
☐ Il est enthousiasmé par le projet.
☐ Il est réservé sur l'intérêt du projet.

c. Qu'est-ce que Robin espère pour ce projet ?
☐ Les familles vont participer aux activités communes.
☐ Les différents groupes vont habiter ensemble.
☐ Le projet va se développer dans tout le pays.

2 - Écoutez encore une fois le document. Choisissez la ou les bonnes réponses.

a. Choisissez deux conséquences que ce projet peut avoir sur notre société actuelle.
☐ Lutte contre les discriminations.
☐ Rencontres entre les générations.
☐ Renforcement des relations familiales.
☐ Amélioration de la vie dans les quartiers.
☐ Développement des relations entre les gens.

b. Que vont faire les enfants et les personnes âgées ensemble ?
☐ Jouer.
☐ Chanter.
☐ Faire du sport.
☐ Faire la cuisine.
☐ Faire de la musique.
☐ Raconter des histoires.

c. Les activités vont permettre aux personnes âgées…
☐ …d'améliorer leur éducation.
☐ …de retrouver la joie de vivre.
☐ …d'apprendre à jouer de la musique.

S'ENTRAÎNER

1 Comprendre une interaction entre locuteurs natifs

Exercice 1 *7 points*

Lisez les questions. Écoutez le document puis répondez.

> ▸ Lire attentivement les questions avant l'écoute du document.
> ▸ Noter sur un papier les mots clés entendus.
> ▸ Bien gérer son temps.
> ▸ Utiliser la première écoute pour l'essentiel.
> ▸ Répondre aux questions qui semblent faciles.
> ▸ Compléter les questions qui sont restées sans réponse.
> ▸ Relire une dernière fois ses réponses et corriger clairement si nécessaire.

1 - Sophie et Christophe parlent d'organiser…   *1 point*

a. ☐ une fête ensemble.
b. ☐ l'anniversaire de Sophie.
c. ☒ l'anniversaire de Christophe.

▸ Cette première question est le thème général du document.

2 - Qu'a organisé l'homme pour l'anniversaire de ses 30 ans ?   *1 point*

a. ☒ Un repas avec sa famille.
b. ☐ Une fête dans sa maison.
c. ☐ Un dîner avec quelques amis.

▸ Les questions sont classées dans l'ordre des informations du document. Ici, c'est l'information donnée au début du document.

3 - Quelle organisation propose l'homme pour l'année prochaine ?   *1,5 point*

a. ☒ Plusieurs dîners pour 4 ou 5 amis.
b. ☐ Un dîner pour 4 ou 5 amis.
c. ☐ Un dîner par groupe de 6 amis;

4 - À propos de la proposition de Christophe, Sophie…   *1,5 point*

a. ☐ n'aime pas du tout l'idée.
b. ☒ ne comprend pas tout de suite l'idée.
c. ☐ trouve tout de suite l'idée géniale.

▸ Ne cherchez pas de logique dans l'ordre des propositions pour trouver la bonne réponse. Ici, les trois propositions sont rangées par ordre alphabétique.

compréhension de l'oral

5 - Christophe souhaite que ses amis… [1 point]

a. ☐ goûtent sa cuisine.
b. ☑ se connaissent mieux.
c. ☐ connaissent sa famille.

▶ Ne cherchez pas de logique dans l'ordre des propositions pour trouver la bonne réponse. Ici, les trois phrases sont rangées par ordre de grandeur.

6 - À la fin de la conversation, la femme veut savoir… [1 point]

a. ☐ quand…
b. ☐ pourquoi…   …elle est invitée.
c. ☑ avec qui…

▶ La dernière question concerne la fin du document.

CE QUE JE RETIENS

▶ Qu'est-ce que je fais avant la première écoute ?
▶ Quel est le rôle de la première question ?
▶ Dans quel ordre dois-je répondre aux questions ?
▶ À quoi sert la seconde écoute ?
▶ Qu'est-ce que je fais quand j'ai répondu à toutes les questions ?

Exercice 2 [PISTE 34] [7 points]

Lisez les questions. Écoutez le document puis répondez.

1 - Les deux personnes… [1 point]

a. ☐ sortent d'une réunion de parents.
b. ☐ organisent une réunion avec des élèves.
c. ☐ préparent une réunion de parents-professeurs.

2 - Quel est le sentiment de la femme concernant le thème de la réunion ? [1 point]

a. ☐ Elle est indécise.
b. ☐ Elle est contente.
c. ☐ Elle est inquiète.

3 - L'homme propose son activité… [1,5 point]

a. ☐ parce qu'il a l'habitude de parler à la radio.
b. ☐ parce qu'il écrit des articles journalistiques.
c. ☐ parce qu'il travaille pour des émissions de télé.

4 - La femme pense que les propositions des parents… [1 point]

a. ☐ doivent être associées aux cours de l'école.
b. ☐ doivent être séparées du programme scolaire.
c. ☐ doivent remplacer certains cours des professeurs.

FAUX-AMIS

■ Souvent, les questions écrites utilisent les mots de l'extrait sonore mais dans d'autres contextes.
■ Comprenez avant tout le sens des phrases de la question !
■ Un mot entendu n'est pas toujours un indice pour la réponse exacte !

S'ENTRAÎNER

5 - La femme propose… `1 point`

- **a.** ☐ que l'école finance un voyage aux élèves.
- **b.** ☐ que les élèves organisent un voyage d'échange.
- **c.** ☐ que les professeurs choisissent un voyage scolaire.

6 - Que pense l'homme de la proposition de la femme ? `1,5 point`

- **a.** ☐ C'est une proposition trop idéaliste…
- **b.** ☐ C'est une proposition trop technique…   …pour des élèves.
- **c.** ☐ C'est une proposition trop compliquée…

> **PRÊT POUR L'EXAMEN**
> - Se poser les bonnes questions : qui ? avec qui ? où ? quand pour faire quoi ?
> - Lire les questions et imaginer en partie la réponse avant l'éc[oute]
> - Repérer avec attention les réactions des personnes qui parl[ent]
> - Faire attention à la formulation des questions.

Exercice 3 (PISTE 35) — 7 points

Lisez les questions. Écoutez le document puis répondez.

1 - Quentin et Marie discutent… `1 point`

- **a.** ☐ de la planification
- **b.** ☐ du déroulement   … d'un déménagement.
- **c.** ☐ du financement

2 - Quentin n'était pas content… `1,5 point`

- **a.** ☐ à cause du nombre de cartons.
- **b.** ☐ à cause de l'heure du déménagement.
- **c.** ☐ à cause de la situation de l'appartement.

3 - Marie a été satisfaite de l'idée de Gabriel parce qu'il a proposé d'abord… `1 point`

- **a.** ☐ de placer les meubles.
- **b.** ☐ d'ouvrir tous les cartons.
- **c.** ☐ de s'occuper de la cuisine.

4 - Quentin souhaite connaître la date… `1 point`

- **a.** ☐ de la fête d'installation.
- **b.** ☐ de l'abonnement internet.
- **c.** ☐ du rangement de la cuisine.

5 - Marie utilise beaucoup Internet pour… `1 point`

- **a.** ☐ son travail.
- **b.** ☐ ses loisirs.
- **c.** ☐ ses réseaux sociaux.

6 - Face à la dernière inquiétude de Marie, Quentin est… `1,5 point`

- **a.** ☐ rassurant.
- **b.** ☐ indifférent.
- **c.** ☐ pessimiste.

> **PRÊT POUR L'EXAMEN**
> - Connaître l'organisation des questions. La première question porte sur la situation générale, les questions suivantes sont dans l'ordre du document sonore.
> - Écouter la première fois le sens général et [le] rôle des différentes personnes.
> - À la deuxième écoute, noter les expressi[ons] des sentiments et d'opinion et les réaction[s] entre les personnes. Repérer avec attenti[on les] réactions des personnes qui parlent.
> - À la fin, vérifier vos réponses une dernière [fois] et corriger clairement si nécessaire.

compréhension de l'oral

2 Comprendre des émissions de radio et des enregistrements du domaine public

Exercice 4　　　　　　　　　　　　　　　　　　　　　　　　　　　**9 points**

Lisez les questions. Écoutez le document puis répondez.

> ▸ Prendre le temps de bien lire les questions (1 minute pour 7 questions).
> ▸ Comprendre l'essentiel (thème, situation) à la première écoute.
> ▸ Prendre des notes sans chercher de logique immédiatement.
> ▸ Répondre aux questions qui vous semblent les plus faciles (10 secondes).
> ▸ Compléter les notes de la première écoute pendant la seconde écoute.
> ▸ Relire ses notes et compléter ses réponses (30 secondes).

1 - Le sujet de l'interview concerne un événement…　　　　　　　　**1,5 point**

a. ☐ qui va développer le commerce de la ville.
b. ☐ qui aide à préparer les fêtes de fin d'année.
c. ☑ qui doit permettre aux gens de se rencontrer.

▸ La première question générale porte sur tout le document. Attendez la fin pour bien répondre !

2 - Pour Isabelle, l'idée originale de son événement est que…　　　　**1,5 point**

a. ☐ la ville offre des services différents aux personnes.
b. ☐ les gens vont acheter des choses très bon marché.
c. ☑ les habitants peuvent apporter et offrir leurs affaires.

▸ Attention, cette deuxième question porte seulement sur « l'idée originale » d'Isabelle. L'objectif est dans la question suivante. Écoutez attentivement et notez bien les deux éléments séparément !

3 - D'après Isabelle, l'objectif principal de l'événement est que les gens…　**1 point**

a. ☐ offrent leurs services.
b. ☐ vendent des objets à petits prix.
c. ☑ parlent les uns avec les autres.

▸ Les questions 2 et 3 doivent vous aider à bien faire la différence entre l'idée originale et l'objectif principal – **Quoi / pour faire quoi ?**

4 - Isabelle prépare cet événement avant les fêtes de fin d'année…　**1,5 point**

a. ☐ à cause des difficultés des commerces.
b. ☐ dans le but de trouver les bons cadeaux.
c. ☑ pour aider les personnes les plus pauvres.

▸ La question propose comme réponses une cause et deux buts. Écoutez bien ce que constate Isabelle au moment de la préparation des fêtes de fin d'année.

S'ENTRAÎNER

5 - La condition principale pour proposer cet événement plusieurs fois dans l'année est que… (1,5 point)

a. ☐ les habitants organisent eux-mêmes l'événement.
b. ☐ la police accepte que l'événement se passe dans la rue.
c. ☑ la ville propose gratuitement des lieux pour l'événement.

▶ À la question de « la condition principale », il faut bien distinguer le rôle de la ville, de la police et des habitants.

6 - Quand Isabelle a demandé d'organiser cet événement, elle a trouvé que les responsables de la ville étaient…

a. ☐ ennuyés. (1 point)
b. ☐ étonnés.
c. ☑ intéressés.

▶ La réponse exacte résume le sentiment des responsables de la ville d'après Isabelle.

7 - Pour Isabelle, connaître le nombre de participants montre que… (1 point)

a. ☐ l'événement est réussi.
b. ☑ les habitants sont satisfaits.
c. ☐ les organisateurs sont compétents.

▶ Attention aux faux-amis « réussi/satisfaits/compétents » ! La question est de savoir pourquoi Isabelle trouve important de « *connaître le nombre des participants* » !

CE QUE JE RETIENS

▶ Comment est-ce que je gère le temps entre la lecture des questions, les écoutes et la rédaction des réponses ?
▶ Quelle stratégie dois-je utiliser pour gagner le maximum de points ?
▶ Quelle différence dois-je faire entre la cause, le but, la conséquence des informations données ?
▶ Comment dois-je organiser mes notes de la seconde écoute avec celles de la première écoute ?
▶ Comment est-ce que je repère les mots clés ?

compréhension de l'oral

Exercice 5 (9 points)

Lisez les questions. Écoutez le document puis répondez.

1 - Ce document présente… (1,5 point)

a. ☐ les progrès du nombre de femmes en politique.
b. ☐ la situation économique des femmes dans certains pays.
c. ☐ la place actuelle que les femmes occupent dans le monde.

2 - D'après le journaliste, la conséquence logique du principe « un homme sur deux est une femme » doit être… (1,5 point)

a. ☐ une plus grande importance des femmes dans les lois.
b. ☐ le même nombre de femmes que d'hommes à des postes clés.
c. ☐ de meilleurs salaires pour les femmes pour le même travail.

3 - L'objectif principal de l'émission est de montrer que… (1 point)

a. ☐ les femmes ont peur d'être au pouvoir.
b. ☐ des femmes souhaitent aussi être au pouvoir.
c. ☐ des femmes peuvent se désintéresser du pouvoir.

4 - Selon le journaliste, les quelques femmes célèbres donnent l'impression que… (1 point)

a. ☐ les femmes occupent la même place que les hommes.
b. ☐ les hommes laissent leur place aux femmes.
c. ☐ les femmes sont nombreuses à la place des hommes.

5 - Quel est le rôle de l'Agence Femmes aux Nations Unies ? (1 point)

a. ☐ Débattre sur l'économie vue par les femmes.
b. ☐ Lutter contre les violences faites aux femmes.
c. ☐ Choisir des femmes à la présidence de grands groupes.

6 - Dans le secteur économique français, le journaliste rappelle que… (1,5 point)

a. ☐ quarante femmes président les plus grandes entreprises.
b. ☐ les quarante grandes entreprises ont une femme présidente.
c. ☐ aucune femme ne préside les quarante premières entreprises.

7 - Pour ce qui concerne l'égalité homme-femme, le journaliste parle de l'Afrique parce qu'il… (1,5 point)

a. ☐ souhaite y exporter le modèle français.
b. ☐ doute des progrès sur ce continent.
c. ☐ espère les mêmes progrès sur son continent.

PRÊT POUR L'EXAMEN

- Lire attentivement les 7 questions de cet exercice.
- À la première écoute, se concentrer sur le thème, les chiffres et les statistiques et l'opinion du journaliste.
- Prendre le temps de lire ses notes et les questions.
- À la deuxième écoute, compléter et corriger ses notes.
- Répondre aux questions notées sur 1,5 point en priorité.
- Être attentif aux verbes ou expressions d'opinion du journaliste.

S'ENTRAÎNER

PISTE 38

Exercice 6 *(9 points)*

Lisez les questions. Écoutez le document puis répondez.

1 - Le document parle de… *(1,5 point)*

a. ☐ la présentation d'un nouvel auteur de BD au musée.
b. ☐ l'ouverture d'un nouveau musée de la bande dessinée.
c. ☐ l'exposition d'un auteur de BD dans un musée classique.

2 - Le but du musée en invitant un dessinateur de BD est de… *(1 point)*

a. ☐ plaire aux jeunes enfants.
b. ☐ faire venir la population locale.
c. ☐ séduire de nouveaux visiteurs.

3 - Au moment de l'invitation, le dessinateur a pensé que son travail… *(1 point)*

a. ☐ n'était pas adapté à l'objectif de l'exposition.
b. ☐ ne se combinait pas avec les œuvres classiques.
c. ☐ ne correspondait pas à la qualité artistique du musée.

4 - Le dessinateur pense que le point commun entre son travail et les peintres classiques est… *(1,5 point)*

a. ☐ le travail des mains.
b. ☐ la technique du dessin.
c. ☐ la durée de la création.

5 - Le dessinateur affirme que son travail présenté au public… *(1,5 point)*

a. ☐ continue la tradition de la peinture.
b. ☐ invite les gens à devenir dessinateur.
c. ☐ propose une nouvelle tendance artistique.

6 - Quand le dessinateur a fait des études d'art, visiter des musées était… *(1 point)*

a. ☐ utile.
b. ☐ ennuyeux.
c. ☐ passionnant.

7 - Grâce à ses enfants, le dessinateur… *(1,5 point)*

a. ☐ a publié ses dessins.
b. ☐ a appris à aimer les musées.
c. ☐ a organisé des expositions de BD.

PRÊT POUR L'EXAMEN

- Stratégie de lecture : lire les questions, imaginer quelques réponses possibles.
- Stratégie d'écoute :
  ✓ À la première écoute, confirmer certaines réponses et noter quelques points importan[ts]
  ✓ À la seconde écoute, se concentrer sur les parties plus difficiles à comprendre et compl[éter] ses notes sur le même papier.
- Cocher les réponses les plus logiques, faciles, évidentes….
- Se concentrer sur les questions à 1,5 point pour obtenir le maximum de points.

compréhension de l'oral

3 Comprendre des émissions de radio et des enregistrements du domaine professionnel

Exercice 7 **9 points**

Lisez les questions. Écoutez le document puis répondez.

> ▸ Prendre le temps de bien lire les questions (1 minute pour 7 questions).
> ▸ Comprendre l'essentiel (thème, situation) à la première écoute.
> ▸ Prendre des notes sans chercher de logique immédiatement.
> ▸ Répondre aux questions qui vous semblent les plus faciles (10 secondes).
> ▸ Compléter les notes de la première écoute pendant la seconde écoute.
> ▸ Relire ses notes et compléter ses réponses (30 secondes).

1 - Enzo et Lucie parlent… **1,5 point**

a. ☐ du travail qu'ils vont faire cet été.
b. ☑ des projets qu'ils ont pour l'été prochain.
c. ☐ des vacances qu'ils organisent ensemble.

▸ Compréhension globale : cette première question porte sur le thème principal de la discussion. Enzo interroge Lucie et les réponses sont les points les plus importants.

2 - Lucie a un projet pour l'été : **1 point**

a. ☑ Elle veut trouver un travail.
b. ☐ Elle veut organiser un voyage.
c. ☐ Elle veut continuer ses études.

▸ La question porte sur les premières phrases de Lucie. Concentrez-vous tout de suite à l'écoute du document sonore !

3 - Quelle est l'une des raisons pour lesquelles Enzo doute du projet de Lucie ? **1,5 point**

a. ☑ Elle n'a pas encore de vrai métier.
b. ☐ Elle veut travailler et faire des études.
c. ☐ Elle se trompe de secteur économique.

▸ La question porte sur les doutes d'Enzo. Il donne deux raisons mais on ne vous en demande qu'une. La formulation de la réponse possible ne répète pas les mots entendus. Concentrez-vous sur le sens du discours !

S'ENTRAÎNER

4 - Selon Lucie, un bureau de placement permet à une entreprise… `1,5 point`

a. ☐ de changer un employé incompétent.
b. ☐ de trouver des nouveaux employés.
c. ☒ de remplacer un employé absent.

▶ Il est plus facile de comprendre quand on est préparé aux situations des documents. Ici, il s'agit du monde professionnel. Mobiliser le vocabulaire spécifique : *bureau, entreprise, employé, incompétent*.

5 - Lucie a trouvé l'offre qui l'intéresse… `1 point`

a. ☐ via un post dans un réseau social.
b. ☒ dans une annonce dans la vitrine d'un bureau de placement.
c. ☐ sur l'affiche d'un magasin.

▶ La question ici demande de bien comprendre l'expression « passer devant la vitrine » qui signifie « marcher dans la rue le long d'un bâtiment »

6 - Parmi les différentes activités proposées par l'annonce, il y a : `1,5 point`

a. ☒ l'accueil des clients.
b. ☐ la gestion du travail des employés.
c. ☐ le travail pour le service communication.

▶ Lucie explique les différentes activités possibles que doit faire la standardiste de ce magasin. Attention les réponses proposées ne sont pas dans l'ordre du discours mais rangées de la plus courte à la plus longue.

7 - Enzo espère que Lucie… `1 point`

a. ☒ choisira une autre offre.
b. ☐ préfèrera partir en vacances.
c. ☐ pourra vite gagner de l'argent.

▶ Restez concentré(e) jusqu'au bout car Enzo voudrait que Lucie trouve autre chose mais Lucie répond qu'elle est décidée aussi à commencer à travailler, « à gagner sa vie ».

CE QUE JE RETIENS

▶ Quel est le thème général de la discussion ?
▶ Est-ce que je distingue bien les avis ou les réactions des deux personnes qui parlent ?
▶ Est-ce que je dois tout comprendre ?
▶ Comment j'utilise les notes de la première et de la seconde écoute ?

compréhension de l'oral

Exercice 8 (9 points)

Lisez les questions. Écoutez le document puis répondez.

1 - Christine Trotigny est invitée pour parler… (1 point)

a. ☐ du développement économique de la région.
b. ☐ de la transformation des habitudes commerciales.
c. ☐ de la difficulté des entreprises à s'adapter au numérique.

2 - Christine Trotigny s'occupe de l'économie numérique des entreprises pour aider… (1,5 point)

a. ☐ les entreprises à s'adapter aux clients.
b. ☐ les clients à se connecter aux entreprises.
c. ☐ les réseaux sociaux entre clients et entreprises.

3 - Christine Trotigny rappelle que de plus en plus de Français… (1 point)

a. ☐ achètent en ligne.
b. ☐ travaillent par Internet.
c. ☐ ont des équipements numériques.

4 - Christine Trotigny explique qu'Internet permet aux familles… (1,5 point)

a. ☐ d'acheter les produits choisis.
b. ☐ de choisir les produits à acheter.
c. ☐ de comparer les prix avant d'acheter.

5 - D'après Christine Trotigny, les clients utilisent aussi Internet pour… (1,5 point)

a. ☐ donner leur avis.
b. ☐ régler leur achat.
c. ☐ appeler le vendeur.

6 - D'après Christine Trotigny, les responsables économiques doivent… (1 point)

a. ☐ vendre des produits numériques.
b. ☐ aider les clients à mieux consommer.
c. ☐ comprendre les nouvelles habitudes des clients.

7 - Finalement, Christine Trotigny pense que son travail peut influencer… (1,5 point)

a. ☐ le comportement des acheteurs.
b. ☐ le développement de la région.
c. ☐ la modernisation des entreprises.

PRÊT POUR L'EXAMEN

- Connaître les situations courantes du monde du travail.
- À la première écoute, noter la situation et le rôle des différentes personnes.
- Répondre aux questions notées sur 1,5 point en priorité.
- À la deuxième écoute, noter dans l'ordre les différents éléments présentés par la personne.

S'ENTRAÎNER

Exercice 9   *9 points*

Lisez les questions. Écoutez le document puis répondez.

1 - Le dialogue se déroule…   *1 point*

a. ☐ chez un banquier.
b. ☐ chez un propriétaire.
c. ☐ chez un commerçant.

2 - Madame Pindrot raconte qu'en Grande-Bretagne, elle a…   *1,5 point*

a. ☐ vendu des bars et des restaurants.
b. ☐ passé des diplômes universitaires.
c. ☐ eu des expériences professionnelles.

3 - Après son séjour en Grande-Bretagne, elle a l'idée…   *1 point*

a. ☐ d'ouvrir un nouveau concept de bar.
b. ☐ d'avoir un magasin de produits d'export.
c. ☐ de diriger une école de langue anglaise.

4 - Pour Madame Pindrot, sa future entreprise doit aussi…   *1,5 point*

a. ☐ attirer une population anglophone.
b. ☐ présenter des œuvres d'art régionales.
c. ☐ proposer des produits du monde entier.

5 - Pour son interlocuteur, le projet semble compliqué car il mélange trois objectifs différents. Lesquels ?   *1,5 point*

a. ☐ Boire, acheter et visiter
b. ☐ Boire, manger et acheter
c. ☐ Manger, acheter et visiter

6 - Madame Pindrot veut aussi installer Internet pour…   *1,5 point*

a. ☐ montrer des films actuels.
b. ☐ donner des cours en ligne.
c. ☐ faire venir un public plus jeune.

7 - Le dernier sujet que voudrait aborder son interlocuteur concerne…   *1 point*

a. ☐ l'équipement.
b. ☐ le financement.
c. ☐ l'emplacement.

PRÊT POUR L'EXAMEN

- 1. Comprendre les moments de l'histoire que raconte l'invitée.
- 2. À la première écoute, bien noter le projet de l'invitée et ses motivations.
- 3. Comparer ses notes et les questions de la compréhension orale.
- 4. À la deuxième écoute, compléter ses notes et noter les questions et réactions du banquier.
- 5. Rester concentré jusqu'à la fin du document sonore.
- 6. Penser à bien relire ses réponses à la fin de l'exercice.

compréhension de l'oral

Exercice 10　　　　　　　　　　　　　　　　　　　　　　9 points

Lisez les questions. Écoutez le document puis répondez.

1 - L'entretien avec Marion se déroule…　　　　　　　　　1 point

a. ☐ à la radio.
b. ☐ à la ferme.
c. ☐ à Pôle emploi.

2 - En 2015, Marion décide de changer de travail parce que ses parents…　　1,5 point

a. ☐ lui demandent de les aider à la ferme.
b. ☐ arrêtent leur activité professionnelle.
c. ☐ vendent leur ferme pour vivre à Bordeaux.

3 - Marion connait bien la ferme de ses parents parce qu'elle…　　1,5 point

a. ☐ a vécu une partie de sa vie dans la ferme.
b. ☐ a travaillé très longtemps dans l'agriculture.
c. ☐ a obtenu un diplôme de commerce agricole.

4 - Quand Marion est revenue à la ferme, elle…　　　　　1,5 point

a. ☐ s'est associée à des fermiers voisins.
b. ☐ a suivi d'abord des études en agriculture.
c. ☐ a commencé tout de suite son nouveau travail.

5 - La ferme de Marion fait du commerce aujourd'hui avec…　　1,5 point

a. ☐ beaucoup de pays.
b. ☐ les entreprises locales.
c. ☐ les habitants de la région.

6 - En 2020, Marion a décidé de compléter ses activités…　　1 point

a. ☐ en ouvrant un lycée agricole.
b. ☐ en créant une ferme pédagogique.
c. ☐ en développant de nouvelles productions.

7 - Pour Marion, le métier d'agricultrice peut…　　　　　1 point

a. ☐ devenir un loisir.
b. ☐ bientôt disparaitre.
c. ☐ intéresser les jeunes.

Prêt pour l'examen !

Communication

- Affirmer / suggérer
- Apprécier
- Exprimer des sentiments
- Interagir
- Raconter
- Situer dans le temps et dans l'espace

Socioculturel

▶ **Pour identifier le type de document :**

Dialogue : deux personnes parlent ;

Émission de radio : une personne interroge et la seconde personne explique ;

Reportage : une personne présente et la seconde personne parle en continu.

▶ **Pour comprendre l'échange :**

Repérer le thème ;

Identifier les intentions et les opinions.

Grammaire

Les temps des verbes
(*il ne vient pas, elle m'a affirmé, vous prendrez*)

Le conditionnel
(*il pourrait venir*)

Les connecteurs
(*pourtant, mais, donc*)

Les relations logiques
(*avant de partir, où tout le monde se rencontre, pour que tu arrêtes, parce que je suis fatigué*)

Vocabulaire

- Commerces
- Environnement
- Loisirs
- Professions
- Sentiments
- Services
- Transports
- Vie sociale

STRATÉGIES

1. Je note le nom, le prénom, le *tu/vous* et les titres des personnes qui parlent pour inférer la situation.

2. Je repère l'intonation, les hésitations et mots d'interjection pour comprendre l'intention des locuteurs.

3. J'écoute les bruits et les musiques pour identifier le lieu et le contexte de l'interaction.

compréhension de l'oral

POUR COMPRENDRE

▶ **Interagir**
- Où sont mes clés ?
- Je voudrais savoir si tu viens dîner.
- Non, ce n'est pas exactement ça.
- Mais qu'est-ce qui t'arrive ?

▶ **Exprimer un sentiment**
- Je suis vraiment déçu.
- Je crois qu'elle est déjà partie.
- C'est vraiment bien, cette région !
- Cette histoire ne me plaît pas du tout.

▶ **Exprimer une opinion**
- Je suis vraiment contre ce projet.
- Je ne peux pas le croire.
- Je suis très intéressé par ta proposition.
- Nous sommes plutôt confiants.

▶ **Proposer**
- Tu es d'accord pour attendre encore un peu ?
- Nous pourrions aller voir cette compétition.
- Voilà, je voudrais vous présenter mon budget.

▶ **Répondre**
- J'accepte avec plaisir.
- Excusez-moi mais je suis vraiment malade.
- Pas question de sortir maintenant !
- Vous pouvez vous adresser au bureau d'à côté ?

▶ **Préciser**
- Alors, tu veux dire quoi ?
- C'est-à-dire que tu ne veux pas m'aider ?
- Il faut savoir d'abord que 70 % des familles ont un ordinateur.

▶ **Parler de l'espace**
- Lieu, endroit.
- Au milieu de, au fond de.
- Restez assis, je vous en prie.
- La place à l'arrière du bus.

▶ **Parler du caractère**
- Inquiétude, étonnement.
- Passionné, de bonne humeur.
- Ça me met vraiment en colère !

▶ **Parler de l'éducation**
- École maternelle.
- Il a fait un stage de deux mois.
- Le formateur est excellent.
- Elle a obtenu son diplôme d'ingénieur.

▶ **Parler des métiers**
- Elle a trouvé un job pour l'été.
- Chômage, contrat de travail.
- Employeur, salarié.
- Les trains sont en grève.
- L'entreprise recherche des personnes qualifiées.

▶ **Parler de l'information**
- Les informations.
- Les médias.
- Téléspectateur.
- Reporter, journaliste.

▶ **Parler du commerce**
- Les horaires sont sur la porte.
- Les soldes durent six semaines.
- Supermarché, épicerie.
- Commerçant, marchand.
- Les prix sont excessifs.

▶ **Parler des événements**
- Fête familiale, nationale.
- Réunion de quartier.
- Tu as vu le match hier ? On a gagné !
- Les marchés de Provence sont très fréquentés.

Je suis prêt(e) ?

Les 4 questions à se poser

1. Est-ce que je peux reconnaître l'identité et le rôle des personnes qui parlent ?
2. Est-ce que je peux faire une liste de dix mots que je comprends pendant l'écoute d'une compréhension orale ?
3. Est-ce que je suis capable de comprendre si les personnes sont d'accord ou non, satisfaites ou non, heureuses ou non ?
4. Est-ce que je peux prendre des notes utiles pendant l'écoute du document oral ?

Prêt pour l'examen !

À faire

avant l'examen

- ☐ **Enrichir** son **vocabulaire**
  écrire des listes de mots ou expressions sur les thèmes de la vie publique, professionnelle et personnelle

- ☐ **Approfondir** la **syntaxe**
  noter les connecteurs en fonction des notions de conséquence, de but, d'opposition, de comparaison, revoir les conjugaisons des verbes aux différents temps du passé, au présent, au futur, au conditionnel

- ☐ **S'entraîner** à écouter la radio francophone, à regarder des émissions en français, à visiter des sites internet sur des sujets généraux et d'actualité

le jour de l'examen

- ☐ apporter sa pièce d'identité, sa convocation, un stylo noir
- ☐ être reposé, détendu et suivre ses stratégies d'écoute
- ☐ bien comprendre les questions et répondre après la première écoute aux questions qui semblent les plus faciles
- ☐ en cas d'erreur, corriger clairement

Compréhension des écrits

COMPRENDRE

L'ÉPREUVE

La compréhension des écrits est la deuxième épreuve collective de l'examen du DELF B1.

■ Durée totale de l'épreuve	❯ 45 MINUTES ENVIRON
■ Nombre de points	❯ 25 POINTS
■ Nombre d'exercices	❯ 3 EXERCICES
■ Nombre de documents à lire	❯ Exercice 1 : 4 documents courts (95 à 100 mots) Exercices 2 et 3 : 1 texte informatif et authentique, de 300 à 350 mots
■ Quand lire les questions ?	❯ Avant de lire les documents
■ Quand lire les documents ?	❯ Après avoir lu la consigne et les questions
■ Quand répondre aux questions ?	❯ Après avoir tout lu

OBJECTIFS DES EXERCICES

Exercice 1   Lire pour s'orienter
Exercice 2   Lire pour s'informer et discuter
Exercice 3   Lire pour s'informer et discuter

LES SAVOIR-FAIRE

Il faut principalement être capable de :

- Comprendre l'idée générale et la structure d'un texte
- Identifier les différents points de vue
- Relever des informations précises
  - Qui ?
  - Quoi ?
  - Quand ?
  - Où ?
  - Comment ?
  - Combien ?
  - Pourquoi ?

Comment créer un esprit d'équipe dans une entreprise ? *(titre)*

De nouvelles méthodes apparaissent dans les entreprises pour renforcer la cohésion des cadres au sein des entreprises. Parfois, cela permet d'exprimer plus facilement les problèmes qui peuvent exister au sein de l'entreprise. *(chapeau)*

Plutôt stages de survie… *(sous-titre)*

Vous avez forcément en tête des images de stages de survie organisés par les grandes entreprises, où l'on voit les cadres sauter à l'élastique, monter un sommet, naviguer sur un voilier, en poussant des cris de guerre. Cela entraînerait un renforcement de l'esprit d'équipe car sans l'effort et les difficultés, l'entraide s'avèrerait indispensable. Cela permettrait aussi de mettre en pratique l'esprit d'équipe. Certains spécialistes contestent ce type d'activités. *(opinion)* Elles pourraient même être improductives si est reproduite sur le terrain la même ambiance qu'au travail : chef trop dominant, sentiment d'infériorité de certains salariés, concurrence trop forte, par exemple.

…ou activités ludiques ?

C'est pour cette raison qu'un certain nombre de sociétés françaises *(information précise)* proposent aujourd'hui autre chose : des activités plus insolites. On peut citer des cours de cuisine, des stages de cinéma, etc. Ce genre d'activités permet aux salariés de se voir en dehors du travail, dans un cadre totalement différent et surtout en effectuant des choses qui n'ont strictement rien à voir avec le monde de l'entreprise. Tout en s'amusant, cela permet de mieux se connaître et de développer sa créativité. Bref, tout ce qui est nécessaire pour, par la suite, travailler mieux et en équipe.

D'après Isabelle BRUNET Isabelle et Katy GAWELIK,
http://www.contenulibre.com/35-ressources_humaines *(source)*

compréhension des écrits

LES EXERCICES ET LES DOCUMENTS

	Supports possibles	Type d'exercice	Nombre de points
Exercice 1 Lire pour s'orienter DOMAINE PERSONNEL OU PROFESSIONNEL	▶ Document de type informatif (brochure, dépliants, prospectus, etc.).	Un questionnaire	8 points
Exercice 2 Lire pour s'informer et discuter DOMAINE PUBLIC	▶ Texte informatif et authentique (extraits de la presse généraliste francophone).	Un questionnaire	8 points
Exercice 3 Lire pour s'informer et discuter DOMAINE PUBLIC OU EDUCATIONNEL	▶ Texte informatif et authentique (extraits de la presse généraliste francophone).	Un questionnaire	9 points

LA CONSIGNE

La consigne de l'exercice 1 vous invite à comparer des annonces. Elle présente la situation et les critères de sélection.
La consigne des exercices 2 et 3 explique ce qu'il faut faire :
Vous lisez cet article (sur Internet, dans un magazine). Pour répondre aux questions, cochez la bonne réponse.

LES QUESTIONS ET LES RÉPONSES

Les questions se présentent sous 2 formes :
- **Les questions à choix multiples (QCM) :** sélectionner la bonne réponse parmi les trois choix.
Il n'y a qu'une seule réponse correcte.
- **les questions Vrai/Faux :** vous devez cocher pour indiquer si une affirmation est vraie ou fausse.
Exercice 1
Le premier exercice est un exercice de lecture en diagonale. Il s'agit de résoudre une situation qui se passe dans le domaine personnel ou professionnel.
Durant l'exercice, vous aurez un tableau à compléter pour chaque annonce (16 cases à cocher en tout).
Exercices 2 et 3
À la suite de chaque texte, pour évaluer la compréhension globale et détaillée, vous aurez un questionnaire constitué de :
- 4 questions à choix multiples (QCM)
- 3 questions de type Vrai/Faux

PRÊT POUR L'EXAMEN
- Consacrer environ 15 minutes par exercice.
- Faire une lecture sélective et rapide des documents.

SE PRÉPARER

1 Lire pour s'orienter

Comprendre l'idée générale des textes et les critères de choix

Activité 1

1 - Avant de commencer la lecture complète des documents, identifiez les informations principales. Lisez les 5 exemples de consignes ci-dessous.

A. Vous travaillez à Bordeaux.
Vous souhaitez remercier votre collègue pour son aide dans un projet important.
Vous aimeriez lui offrir :
— un objet de décoration utile en cuisine ;
— sur le thème du voyage ;
— d'un prix de 45 euros au maximum.

B. Vous travaillez à Bruxelles.
Votre responsable souhaite organiser un déjeuner d'entreprise.
Vous recherchez un restaurant :
— ouvert le lundi ;
— proposant des spécialités locales ;
— pouvant accueillir un groupe de 15 personnes ;
— avec un menu d'environ 60 euros par personne.

C. Vous travaillez au service des ressources humaines d'une entreprise suisse.
Vous souhaitez organiser un cours :
— pour améliorer l'accueil téléphonique ;
— organisé dans les locaux de l'entreprise ;
— pour un groupe de 6 à 10 personnes ;
— d'une durée de 2 jours au maximum.

D. Vous souhaitez passer un moment agréable avec vos amis français.
Vous recherchez une sortie :
— à l'extérieur ;
— d'une durée maximale de 3 heures ;
— organisée en mai ou juin ;
— d'un montant de 25 euros au maximum par personne.

E. Vous venez de vous installer au Canada.
Vous êtes à la recherche d'un emploi :
— situé à Montréal ;
— d'une durée minimale de 4 mois ;
— dans le secteur de la restauration ;
— ouvert à des personnes ayant au moins 2 ans d'expérience.

compréhension des écrits

2 - Que devez-vous faire ? Trouver un lieu ? Une activité ? Autre chose ?
Pour chaque consigne, identifiez la nature du choix à faire en cochant la bonne réponse dans le tableau.

	Lieu	Activité	Formation	Travail	Cadeau
A					
B					
C					
D					
E					

Activité 2

1 - Lisez les titres d'annonces ci-dessous.

Dossier A
1. Recherche serveur à temps plein
2. Emploi saisonnier en centre de loisirs
3. Stage en hôtellerie
4. Animateur club de vacances

Dossier B
1. Week-end à l'Auberge des chevreuils
2. Séjour au pays de la Brenne
3. Croisière sur la Loire
4. Une nuit au château

Dossier C
1. Devenir agent immobilier
2. Réussir un concours de la fonction publique
3. Savoir négocier
4. Organiser une réunion

Dossier D
1. Visite du musée des arts décoratifs
2. Sortie au zoo de Beauval
3. L'aquarium de Paris
4. Une journée à la Cité des sciences

2 - D'après ces titres, quel est le thème de chaque dossier ? Répondez en cochant la bonne réponse dans le tableau.

	Les loisirs	Le monde du travail	La formation
A			
B			
C			
D			

SE PRÉPARER

▬ Repérer et classer les informations

Activité 3

Vous êtes en France. C'est bientôt la fête des mères. Vous souhaitez envoyer un cadeau à votre mère. Vous voulez lui offrir :
- un objet de décoration ;
- qui ne consomme pas d'énergie ;
- pas trop lourd pour pouvoir l'envoyer par la poste (au maximum 300 g) ;
- d'un montant de 40 euros au maximum.

Sur un site internet, vous avez trouvé les 4 propositions suivantes. Avec un stylo, surlignez toutes les informations qui correspondent aux 4 critères de votre recherche.

1. Porte documents éléphant	2. Cube réveil en bois	3. Coffret cadeau Trésor de sol d'Himalaya	4. Trophée tête de cerf en carton
C'est un joli objet de décoration… qu'il soit vide ou plein. Cet éléphant tout en métal garde le courrier ou met en évidence les factures à régler… Très pratique, vous n'aurez qu'à le poser sur un meuble. Ce petit éléphant n'a besoin de rien pour fonctionner. Ni pile, ni prise. Il se contente d'accueillir vos documents. Sa trompe vous permet même d'y accrocher des clés. Une idée de cadeau idéale si on cherche quelque chose pour la décoration tout en ayant un véritable usage. Hauteur : 15 cm Largeur : 20 cm Poids : 350 g Prix : 41,90 euros	On dirait un simple cube de bois. Mais cet objet, décoratif et utile, est plus perfectionné qu'il n'y paraît : le cube n'affiche l'heure que si vous le lui demandez. Comment ? Rien de plus simple : claquez des doigts ou tapez des mains et comme par magie l'heure s'affiche. Ce cube est bien entendu équipé d'une fonction alarme très simple à régler. Il fonctionne avec deux piles. Vous pouvez donc le poser n'importe où. Un cadeau à la fois utile et beau. Hauteur : 6 cm Largeur : 6 cm Poids : 200 g Prix : 34,90 euros	Cet élégant coffret renferme un véritable trésor. En effet, il peut décorer votre maison et surtout il contient des blocs de sel « Perle rose » extraits d'une mine de montagne de l'Himalaya. Leur allure de pierre précieuse apporte de l'exotisme sur votre table. Vous aurez de quoi donner du goût à vos plats mais aussi attirer l'attention de tous vos invités ! Un cadeau très original, qui ne consomme pas d'énergie mais qui sait en donner ! Hauteur : 15,3 cm Largeur : 14,3 cm Poids : 500 g Prix : 45 euros	Voici l'une des pièces de décoration les plus à la mode en ce moment : ce trophée en carton tête de cerf. Offrez ce cadeau qui n'a aucune utilité sinon celle de rendre originale une pièce de la maison. Il se présente sous la forme d'un kit très simple à construire. Cet objet respecte l'environnement : il ne consomme pas d'énergie, aucun animal n'a été tué et il a été fabriqué à partir de carton recyclé. Ce cerf peut être décoré avec de la peinture, du papier, etc. Hauteur : 44 cm Largeur : 22 cm Poids : 230 g Prix : 49,90 euros

compréhension des écrits

Activité 4

Observez les objets de l'activité 3. Pour chaque proposition et pour chaque critère proposé, mettez une croix dans la case « OUI » ou « NON ».

	1. Porte documents éléphant		2. Cube réveil en bois		3. Coffret cadeau Trésor de sol d'Himalaya		4. Trophée tête de cerf en carton	
	OUI	NON	OUI	NON	OUI	NON	OUI	NON
Décoration								
Consommation								
Poids								
Prix								

— Comparer des documents

Activité 5

Vous êtes directeur d'une entreprise en Suisse à Genève. Pour fêter la réussite d'un projet, vous souhaitez organiser une sortie d'entreprise pour vos employés. Vous recherchez une activité :
- en extérieur ;
- qui développe la créativité ;
- d'une durée de 4 heures au maximum ;
- pour des personnes ayant une bonne condition physique.

Sur un site internet, vous avez trouvé les offres suivantes. Vous comparez ces annonces.
Pour chaque annonce, cochez [X] OUI si cela correspond au critère ou NON si cela ne correspond pas.

1. Trophée du lac

Dès votre arrivée au bord du lac Léman, nos animateurs vous attendent pour une activité en plein air à bord de canoës-kayaks.
Par une activité drôle et aquatique, chaque équipe devra se déplacer, communiquer et construire des stratégies efficaces et de qualité. Ce n'est pas la création qui est mise en valeur ici, c'est surtout la capacité à s'orienter et à réfléchir pour naviguer vers différents lieux du lac et résoudre les mystères proposés par les animateurs.
Le repas n'est pas inclus dans l'activité qui dure 3 heures. L'activité s'adresse plutôt aux personnes habituées à pratiquer un sport.

SE PRÉPARER

2. Porte à porte

La journée commence à Fribourg, à 14 h, à l'intérieur du cirque. Des professionnels vous attendent pour vous enseigner quelques numéros amusants et des tours de magie.
Direction ensuite l'atelier en plein air d'un artiste peintre de la ville. Vous devrez réaliser une création artistique collective, activité qui favorise l'échange au sein d'une équipe.
La sortie se termine par un repas gastronomique dans un lieu magique.
Profitez d'une occasion unique de vivre une expérience différente pendant environ 8 heures. La sortie est ouverte à tous, sans condition d'âge et de forme physique.

3. Concours de cuisine

Cette activité permettra à vos employés de participer à un concours gastronomique dans l'une des salles et cuisines de l'Espace Gruyère.
Nous formons des équipes de 6 à 8 personnes. Chaque équipe affronte les autres en préparant une série de recettes qui permettront de désigner les chefs étoilés.
Pour gagner, vous devez savoir discuter avec vos coéquipiers et faire appel à votre créativité.
À la fin, les délicieux plats seront servis sur place autour d'un repas dans une ambiance chaleureuse.
Comptez au maximum 4 heures pour cette activité ouverte à tous.

4. Création artistique

Participez à un atelier en plein air de sculpture géante. Dans une ambiance agréable, découvrez une nouvelle forme d'expression durant cette activité créative et insolite !
Vous développerez votre esprit d'équipe et la communication pour créer votre œuvre d'art.
Un artiste professionnel vous guidera sur les différentes techniques de réalisation pendant toute l'activité.
Une pause déjeuner est prévue dans la réalisation de la sculpture, d'une durée de 6 heures.
Bonne condition physique recommandée (notamment pour déplacer les objets, parfois lourds, construire, assembler, etc.).

compréhension des écrits

	1. Trophée du lac		2. Porte à porte		3. Concours de cuisine		4. Création artistique	
	OUI	NON	OUI	NON	OUI	NON	OUI	NON
Extérieur								
Créativité								
Durée								
Capacité physique								

Activité 6

Vous êtes directeur de la même entreprise en Suisse. Cette fois, vous aimeriez organiser une sortie pour d'anciens employés, partis à la retraite. Vous recherchez une activité qui correspond aux critères suivants :
- exclusivement en intérieur ;
- favorisant la communication ;
- prévoyant un repas ;
- ne nécessitant pas de condition physique particulière.
Pour chaque proposition, cochez [X] OUI si cela correspond au critère ou NON si cela ne correspond pas.

	1. Trophée du lac		2. Porte à porte		3. Concours de cuisine		4. Création artistique	
	OUI	NON	OUI	NON	OUI	NON	OUI	NON
Intérieur								
Communication								
Repas								
Capacité physique								

SE PRÉPARER

2 Lire pour s'informer

Dégager le sens général et la structure du texte

Activité 7

Un texte peut avoir plusieurs objectifs : raconter (texte narratif), argumenter (texte argumentatif), informer (texte informatif), conseiller (texte injonctif).
Lisez les 4 textes suivants et complétez le tableau. Quel est le but de chacun des textes ? Mettez une croix dans la case correspondante et justifiez.

Texte 1

Pour ou contre les zoos ?

Julie : pour
Je suis pour les zoos et les aquariums car ils permettent de découvrir des animaux sauvages. Cependant, je ne visite pas n'importe quel zoo. Ce qui compte pour moi, avant tout, c'est que la structure garantisse à toutes les espèces une qualité de vie respectueuse de leurs habitudes et qui se rapproche de leur environnement naturel. Les parcs que je préfère sont ceux qui offrent des espaces immenses, où les animaux ont la liberté de se cacher s'ils le souhaitent. Enfin, j'aime beaucoup les zoos qui proposent des ateliers éducatifs. C'est très important pour sensibiliser la population à la protection de la vie sauvage.

Maxens : contre
Personnellement, les zoos, j'ai toujours trouvé ça un peu triste. On y voit des animaux qui s'ennuient, qui tournent en rond. D'autres sont agressifs car les cages sont souvent trop petites. Mais, ce qui me gêne le plus, ce sont les visiteurs. Ils font du bruit, prennent des photos avec le flash, frappent sur les vitres des aquariums ou distribuent de la nourriture qui n'est pas adaptée aux régimes alimentaires des animaux. C'est honteux.
Pour moi, les animaux devraient rester en liberté, tranquilles, dans leur espace naturel.

D'après *geoado.com*, mars 2019

Texte 2

Hier, je suis allée chez mes parents. Ils habitent en Normandie. Comme c'était une belle journée, on a déjeuné dehors. Ma sœur est venue, des amis aussi. On a fêté mon anniversaire tous ensemble, c'était un très beau moment. J'ai reçu de très beaux cadeaux : une bague en or qui appartenait à ma mère, un collier réalisé par une amie, des dessins de ma nièce et un abonnement d'un an au cinéma. Tout le monde sait que j'adore sortir voir des films. J'y vais seule souvent, parfois avec un ami.

L'après-midi, nous avons fait une promenade au bord de la mer. La plage était déserte, on n'entendait que le bruit des vagues et des mouettes. Il ne faisait pas assez chaud pour se baigner, mais c'était agréable de marcher, de respirer l'air frais de la mer et de profiter du soleil.

Je suis repartie chez moi le soir en train. C'était un beau dimanche d'anniversaire !

compréhension des écrits

Texte 3

Salut Léo,
Si tu veux faire un risotto aux asperges vertes pour 4 personnes, il te faut :
- 1 botte d'asperges vertes plutôt fines ;
- 300 g de riz Carnaroli (si tu ne le trouves pas, prends du Arborio) ;
- 60 g de beurre ;
- 1 petit oignon ;
- un verre de vin blanc ;
- 1 litre de bouillon de légumes chaud ;
- 100 g de parmesan râpé fin ;
- de l'huile d'olive ;
- du sel et du poivre.

Si tu n'as pas de bouillon de légumes, jette un cube déshydraté dans un litre d'eau et mets à bouillir. Pendant ce temps, lave les asperges. Retire les pieds. Coupe ce qui reste en deux : d'un côté la pointe et de l'autre le corps (si cette partie est trop longue, coupe-la en deux pour avoir des morceaux plus petits). Dans une casserole, verse de l'huile d'olive, ajoute l'oignon finement haché et ajoute l'ail (en entier et retire-le en fin de cuisson).
Remue 2 à 3 minutes avec une cuillère en bois. Quand l'oignon commence à devenir blond, ajoute le riz. Monte le feu et laisse le riz griller un peu (mais ne te brûle pas !). Ensuite, verse le verre de vin. Fais « chanter » le riz quelques minutes, en remuant bien.
Verse du bouillon chaud (il faut que le riz soit bien recouvert), baisse le feu.
Remue régulièrement et surtout n'oublie pas de verser un peu de bouillon de temps en temps pour que le riz ne sèche pas. Il faut toujours qu'il soit crémeux.
Ensuite, ajoute les asperges crues (les parties les plus grosses), directement dans le riz 10-12 minutes avant la fin de la cuisson. Puis ajoute les pointes à 4-5 minutes de la fin. En fait, il faut que tous les ingrédients arrivent à la cuisson parfaite en même temps. Arrête la cuisson lorsque le riz est cuit. Ajoute enfin le parmesan et le beurre.
Mélange bien pour qu'ils fondent. Sers très chaud.
Bon appétit !
Appelle-moi si tu as besoin,
Luca

Texte 4

Soleil et santé

Est-ce que le soleil, c'est bon pour la santé ?

Cet été, vous avez envie de profiter du soleil ? Bonne idée, car sa lumière est bonne pour la santé… à condition de ne pas en abuser ! Comme le chocolat et plein d'autres choses dans la vie, la lumière du soleil est bonne pour la santé tant qu'on n'en abuse pas. D'un côté, on en a besoin pour être en forme et, de l'autre, si on s'y expose trop, on risque des soucis de santé. À la plage, à la montagne ou en ville, lunettes, chapeau et crème solaire sont nécessaires.

SE PRÉPARER

Quels sont ses effets sur le corps ?

D'abord, la lumière du soleil permet à votre corps de fabriquer de la vitamine D : une vitamine essentielle pour la croissance et la bonne santé des os, des dents, des cheveux. Ainsi, dans certains pays d'Europe du Nord, au début du 20ème siècle, les enfants n'étaient pas assez exposés au soleil et pouvaient avoir des retards de croissance. Pas besoin cependant de rester des heures en plein soleil pour grandir. Exposer son visage quelques minutes par jour est suffisant pour avoir les réserves nécessaires en vitamine D. Ensuite, le soleil a un effet positif sur le moral. Sa lumière est perçue par l'oeil, qui envoie un message au cerveau. Ce message permet un meilleur rythme de sommeil et améliore l'humeur.

La puissance de la lumière du soleil, surtout en été

Il ne faut pas s'y exposer trop longtemps et pas à n'importe quel moment de la journée, sinon on peut attraper un coup de soleil. C'est une brûlure légère de la peau, qui peut aussi arriver au niveau des yeux. Voilà pourquoi il faut se protéger, avec des lunettes de soleil, des habits et de la crème solaire lorsqu'on s'expose au soleil… et éviter, durant l'été, les heures où le soleil est le plus chaud, entre 11 heures et 15 heures. Alors, si on faisait une sieste à l'ombre plutôt ?

Axel Planté-Bordeneuve

D'après *www.1jour1actu.com*, août 2020

	Raconter	Argumenter	Informer	Conseiller	Éléments du texte justifiant votre choix
Texte 1					....
Texte 2					....
Texte 3					....
Texte 4					....

compréhension des écrits

Activité 8
Observez le document ci-dessous. Sans lire le texte, répondez au questionnaire de la page suivante.

Comment organiser un vide-maison ?

Et si, vous aussi, vous vous laissiez aller au plaisir du vide-maison ? Un moyen de plus en plus répandu pour vous débarrasser de vos objets, en faire profiter votre voisinage mais également pour faire des bénéfices.

Le vide-maison : qu'est-ce que c'est ?
Il existe depuis longtemps de nombreux endroits où l'on peut vendre ses meubles d'occasion : vide-greniers, brocantes, foires. Organiser un vide-maison signifie mettre en vente les articles, les meubles et l'électroménager de votre maison. Contrairement au vide-grenier qui se déroule dans l'espace public et où les vendeurs se déplacent, les vide-maisons eux, sont organisés chez un particulier. Ce sont les acheteurs qui se rendent directement au domicile de la personne qui organise le vide-maison.

Bien que son origine historique reste floue, le vide-maison est pratiqué à travers le monde. Que les meubles d'occasion soient exposés à l'extérieur ou à l'intérieur de la maison, cette méthode séduit vendeurs et acheteurs depuis de nombreuses années. En France, le vide-maison est une pratique récente, contrairement au Canada ou aux Etats-Unis.

Choisir les objets à vendre
Pour commencer, un vide-maison requiert de l'ordre et de la méthode ! Faites en premier le tri dans vos meubles : choisissez ceux que vous vendez et ceux que vous voulez éventuellement garder. Dans un vide-maison, on peut littéralement tout vendre (hors alimentaire et objets neufs). Cependant, il faut se demander si le bien que l'on souhaite vendre est en assez bon état pour attirer l'attention ou s'il n'a pas de défaut qui le rendrait "inutilisable". Par exemple, il ne sera pas intéressant de mettre une table à laquelle il manque un pied ou une machine à laver sans tambour.

Fixer le bon prix
Partez du principe qu'un meuble d'occasion perd au moins 50 % de sa valeur par rapport à sa valeur à l'état neuf dès la sortie du magasin. Et peu importe si vous le revendez 4 mois ou 6 ans après achat.
Malgré tout, vendre vos meubles peut vous aider à financer une partie de l'achat de votre nouveau mobilier.

SE PRÉPARER

S'organiser avant et après
L'inconvénient du vide-maison c'est que cela demande énormément d'organisation. Tout d'abord, il est conseillé de prendre connaissance des réglementations essentielles pour l'organisation d'un vide-maison. En effet, celles-ci sont particulièrement strictes, contactez votre mairie.
Ensuite, pour faire connaître votre vide maison et donner toutes les informations utiles comme l'adresse, les horaires ou encore le mode de paiement accepté, il faudra largement diffuser votre affiche ou votre annonce au plus grand nombre (réseaux sociaux, affiches). Enfin, une fois la vente finie, il se peut qu'il vous reste quelques objets invendus. Il existe de nombreuses manières de recycler ses meubles. Par exemple, certains magasins effectuent des opérations de « recyclage de meubles » qui génèrent des bons d'achat. Il peut être également intéressant de vendre en ligne ce qu'il vous reste. Dans ce cas, prenez de belles photos de vos objets et fournissez toutes les informations utiles (année d'achat, dimensions, marque, modèle, éventuels défauts). C'est également l'occasion de proposer des promotions, voire de donner les objets qu'ils vous restent. L'objectif, avant tout, c'est bien de vider votre maison !

D'après *https://www.izidore.com/guide-vide-maison/definition*

1 - Répondez aux questions.

a. Quel est le titre de l'article ? ....

b. Quelle est la source du document ? ....

c. D'après le chapeau, quel est le sujet développé par le texte ? ....
....

d. Quelles informations apportent les sous-titres ?
....

e. Combien y a-t-il de paragraphes ? ....

f. Quelle information souligne l'illustration ? ....

2 - Faites le bilan de cette première analyse. Rédigez un texte de quelques lignes pour présenter le thème principal de l'article.
....
....
....

3 - À présent, lisez le texte dans son intégralité pour compléter votre compréhension du texte. Votre lecture confirme-t-elle ce que vous aviez noté ? Quelles nouvelles informations importantes avez-vous obtenues ?
....
....

compréhension des écrits

— Identifier les différents points de vue

Activité 9

Lisez le document ci-dessous.

> ### Un magasin sans personnel
>
> **De nouveaux magasins ouvrent : sans personnel et accessibles 24h/24.**
>
> Avec une application, un téléphone portable et une carte bancaire, il devient possible de faire ses achats en toute autonomie. Nous avons rencontré plusieurs clients et beaucoup approuvent : « *Dans mon village, il fallait faire 6 km en voiture pour faire ses courses. Depuis que ce magasin a été installé, j'adore. Je n'ai plus qu'à sortir de chez moi à pied* », s'enthousiasme Élodie. Cédric est du même avis : « *Les magasins sans personnel sont une chance pour les campagnes car ils permettent à chacun de faire ses courses à tout moment. Et puis, c'est un geste important pour l'environnement car les habitants peuvent choisir de ne plus prendre leur voiture pour faire leurs courses.* »
>
> D'autres sont plus réservés. « *Nous vivons dans un monde où le contact humain devient de plus en plus rare. Je préfère me rendre dans des magasins avec des caissières* », raconte François. « *L'automatisation généralisée va nous faire perdre de nombreux emplois* », proteste Agnès.
>
> Effectivement, ce nouveau type de magasin révèle l'évolution inquiétante de notre relation au monde. Faut-il craindre qu'à l'avenir nous en soyons réduits à n'échanger qu'avec des machines ?

2 - Parmi les verbes du texte listés ci-dessous, cochez ceux qui expriment une opinion.

a. ☐ Ouvrir.
b. ☐ Approuver.
c. ☐ Adorer.
d. ☐ S'enthousiasmer.
e. ☐ Permettre.
f. ☐ Choisir.
g. ☐ Protester.
h. ☐ Révéler.

Activité 10

Relisez le texte de l'activité 9. Quelle est l'opinion des personnes interrogées ? Pour chaque personne listée dans le tableau ci-dessous, indiquez par une croix [X] si la personne est POUR ou CONTRE l'ouverture de magasin sans personnel. Recopiez le passage du texte qui justifie votre réponse.

	POUR	CONTRE	Justification
Élodie			
Cédric			
François			
Agnès			

SE PRÉPARER

Activité 11

Quelle est la position de la journaliste sur ce phénomène ? Relevez deux phrases qui justifient votre réponse.

....

....

▬ Relever des informations précises

Activité 12

Lisez le document ci-dessous.

> ### École, travail, médecin à moins de 15 minutes, la ville qui fait gagner du temps
>
> **Dans un quartier de Nantes, les habitants ont accès à tout dans un périmètre réduit. Ce concept se nomme la « ville du quart d'heure ».**
>
> Dans un quartier à deux pas du centre-ville de Nantes, La Prairie-au-Duc, les habitants vivent à un autre rythme, avec tous les services accessibles à proximité. Ainsi, Pierre-Antoine, boulanger, a son domicile, son travail, l'école, les commerces, les loisirs et la santé près de chez lui. Tous ces lieux sont situés dans un tout petit périmètre, 5 minutes à vélo et 15 minutes maximum à pied. « *C'est vrai qu'on a des vies de plus en plus intenses, on est artisans, entrepreneurs. Le fait d'avoir tout sur place, ça permet de ne pas perdre de temps* », se réjouit Pierre-Antoine.
>
> Cette idée de « ville du quart d'heure » sort tout droit de l'imagination de Carlos Moreno, urbaniste. « *Aujourd'hui, on n'a plus de temps, on est toujours pressé, on ne voit plus sa famille, on ne voit pas grandir ses enfants.* » Cette idée, qui consiste également à créer du lien social entre les habitants avec des espaces partagés, nécessite de bien répartir les lieux, comme l'explique l'urbaniste et aménageur du quartier, David Polinière : « *Lorsque nous vendons des terrains, on définit le fait que, sur tel terrain, il pourrait y avoir telle activité. Par exemple, si on décide qu'il pourrait y avoir une banque à un endroit, il n'y aura pas de banque sur le terrain d'à côté.* »
>
> Ce projet, qui s'adapte bien aux grandes métropoles, est plus compliqué à mettre en place dans les petites villes où les zones commerciales sont souvent situées à plusieurs kilomètres du centre-ville, rendant la voiture indispensable. Pour ces villes, il faut aménager des espaces, des routes pour les vélos. Mais cela ne doit pas nécessairement coûter cher. Il s'agit de mieux utiliser les équipements qui existent déjà. Ainsi, les écoles pourraient être ouvertes le soir pour accueillir des associations. La « ville du quart d'heure », un concept d'avenir pour améliorer la qualité de vie des habitants dans leur quartier ?
>
> D'après https://www.lci.fr/population/ecole-travail-medecin-a-moins-de-15-minutes-la-ville-qui-fait-gagner-du-temps-2162610.html et https://www.franceinter.fr/emissions/l-urbanisme-demain/l-urbanisme-demain-12-septembre-2020

compréhension des écrits

1 - Il arrive qu'en lisant un texte, quelques informations ne soient pas claires pour vous. Aucune inquiétude, le contexte peut aider à comprendre beaucoup de choses.

Voici quelques expressions qui peuvent sembler difficiles à comprendre au niveau B1 mais qui sont dites différemment, ailleurs dans le texte.

Associez l'expression à son équivalent.

A. Périmètre réduit. • • 1. On n'a plus de temps.

B. Être pressé. • • 2. Mieux utiliser les équipements qui existent déjà.

C. Aménager des espaces. • • 3. 5 minutes à vélo et 15 minutes maximum à pied.

2 - Vous pouvez aussi vous aider de la composition du mot pour comprendre le texte. Analysez les mots suivants.

	Quel mot connu pouvez-vous reconnaître ?	Quelle est la signification du mot ?
Accessible	....	....
Entrepreneur	....	....

3 - Si, dans le texte, il y a des mots que vous ne comprenez pas, essayez de rechercher leur sens à partir du contexte ou de leur composition.

Vérifiez ensuite votre analyse dans un dictionnaire.

Activité 13

Relisez le texte de l'activité 12. Pouvez-vous identifier une information précise du texte ?
Lisez les 3 phrases suivantes : sont-elles vraies ou fausses ?
Cochez la bonne réponse.

1 - L'idée de « ville du quart d'heure » convient uniquement aux grandes villes.

☐ Vrai. ☐ Faux.

2 - Ce type d'aménagement nécessite un investissement financier élevé.

☐ Vrai. ☐ Faux.

3 - Pour aménager une ville selon ce principe, il faut repenser l'utilisation des lieux déjà construits.

☐ Vrai. ☐ Faux.

SE PRÉPARER

Activité 14

Savez-vous identifier les raisons et les effets d'un événement ? Lisez l'article ci-dessous. Répondez aux questions sur les causes et les conséquences du mauvais temps.

Les cultures et les agriculteurs souffrent du mauvais temps

Le climat humide de ces dernières semaines a des conséquences dramatiques sur l'agriculture. À cause de la pluie, les éleveurs du département des Vosges doivent garder les bêtes au chaud. Cette situation, en effet, les empêche de commencer la transhumance, ce déplacement des troupeaux vers la montagne qui a habituellement lieu à cette saison.

Le mauvais temps provoque également un retard des cultures. En raison d'un manque de lumière et de sols trempés, les plantes ne peuvent pas pousser. C'est pourquoi sur les marchés, vous ne trouverez pas certains fruits et légumes. Les haricots sont jaunes, les cerises restent vertes et les salades ne grandissent pas.

Cependant, le temps pourrait s'améliorer dans les prochains jours grâce à l'arrivée d'un anticyclone sur la région.

1 - D'après le texte, la pluie…

a. ☐ cause l'augmentation des prix.

b. ☐ va continuer quelques semaines.

c. ☐ a des effets négatifs sur l'agriculture.

2 - Les animaux ne peuvent pas partir en montagne…

a. ☐ parce qu'ils sont trop vieux.

b. ☐ parce que la météo est mauvaise.

c. ☐ parce que ce n'est pas encore la saison.

3 - Pour quelles raisons les cultures sont en retard ?

a. ☐ Les terres sont trop humides.

b. ☐ Les insectes ont envahi les plantes.

c. ☐ Les graines ont été plantées plus tard.

4 - Quelles sont les conséquences sur les marchés ?

a. ☐ Les fruits et légumes sont moins bons.

b. ☐ Il y a moins de fruits et légumes que d'habitude.

c. ☐ Les prix des fruits et légumes sont moins intéressants.

compréhension des écrits

5 - Lisez les mots du texte qui expriment les notions de cause et de conséquence.
Choisissez la bonne notion.

	Cause	Conséquence
À cause de		
En effet		
Provoquer		
En raison de		
C'est pourquoi		
Grâce à		

S'ENTRAÎNER

1 Lire pour s'orienter

Exercice 1 | **8 points**

- Lisez bien la consigne. Vérifiez que vous comprenez bien tous les critères.
- Lisez les textes une première fois en soulignant toutes les informations utiles pour faire votre choix.
- Les informations dans les documents sont données dans le même ordre que les critères.
- Lisez les textes une deuxième fois en indiquant, pour chaque critère, si l'annonce correspond ou non à ce que vous recherchez.

Une salle pour un anniversaire

Vous habitez à Tours. Votre meilleur ami français va bientôt avoir 30 ans. Avec sa famille, vous aimeriez lui organiser une fête surprise. Vous recherchez une salle :

— en pleine campagne ;
— pouvant accueillir une centaine de personnes ;
— proposant des activités nautiques dans les environs ;
— avec la possibilité de dormir gratuitement sur place.

Sur un site internet, vous avez sélectionné les quatre offres suivantes :

Vous comparez ces annonces. Pour chaque annonce, cochez [X] OUI si cela correspond au critère ou NON si cela ne correspond pas.

1. La Grotte de La Roche aux Fées

La Grotte de la Roche aux Fées est située dans Tours, à 2 minutes du centre-ville. Ce lieu sera idéal pour votre mariage, une fête familiale, un anniversaire, etc.

La salle est disponible toute l'année et peut accueillir jusqu'à 90 personnes. Un jardin est également à votre disposition.

La salle est proche de plusieurs centres de loisirs (canoë, balades en bateaux sur la Loire, tennis, centre équestre).

Un studio (pour la nuit ou le repos des enfants) pour 4 personnes maximum peut être également loué en supplément (contactez-nous pour déterminer les tarifs).

La Grotte de La Roche aux Fées

	OUI	NON
1. Situation	☐	☒
2. Capacité	☐	☒
3. Loisirs	☒	☐
4. Hébergement	☐	☒

compréhension des écrits

2. Château de Vaugrignon

Au-dessus de la vallée de l'Indre, le château de Vaugrignon est situé dans un immense parc en pleine nature.

À 15 km de Tours, nous vous proposons toute l'année un grand parc calme avec jardins fleuris, terrasses et salons de jardin.

La grande salle de réception peut recevoir au maximum 180 personnes. Nous vous conseillons 100 personnes pour garder un espace de danse.

Profitez de la piscine sur place et de la possibilité d'une pêche privée dans l'Indre. Canoë et équitation aux alentours.

Plusieurs chambres tout confort sont disponibles à la réservation. Les tarifs se trouvent sur notre site internet.

Château de Vaugrignon

	OUI	NON
5. Situation	☑	☐
6. Capacité	☑	☐
7. Loisirs	☑	☐
8. Hébergement	☐	☑

3. Domaine des Thomeaux

Le Domaine des Thomeaux est un hôtel restaurant situé dans le village de Mosnes, à 35 km de Tours.

L'établissement vous propose une restauration à base de produits « faits maison » dans un environnement exceptionnel. Le Domaine est conçu pour tous types de manifestations privées.

Notre salle peut accueillir 50 convives au maximum.

Sur place, vous avez la possibilité de pratiquer plusieurs activités (canoë-kayak, bicyclette, pêche, volley-ball). Une piscine est à votre disposition.

Le Domaine propose un tarif global comprenant l'hébergement, la restauration et les différentes activités de loisirs.

Domaine des Thomeaux

	OUI	NON
9. Situation	☐	☑
10. Capacité	☐	☑
11. Loisirs	☑	☐
12. Hébergement	☑	☐

4. La Maison du Portugal

Espace complètement neuf, c'est l'endroit idéal pour vos réceptions privées.

Située dans la commune de Monts, à 15 km de Tours, cette salle est en face de la gare SNCF.

Salle avec parking privé et cadre chaleureux.

La location comprend une salle principale permettant d'organiser un événement pour environ 80 personnes, un espace bar, un vestiaire, un ascenseur pour l'accès aux toilettes.

Dans la ville, vous pouvez pratiquer l'équitation, le football, aller en discothèque.

Veuillez contacter la mairie pour obtenir la liste des hôtels et chambres d'hôtes proches.

La Maison du Portugal

	OUI	NON
13. Situation	☐	☑
14. Capacité	☐	☑
15. Loisirs	☐	☑
16. Hébergement	☐	☑

S'ENTRAÎNER

CE QUE JE RETIENS

- Que me demande-t-on de faire ?
- Ai-je bien compris les critères ?
- Ai-je bien répondu à tous les critères ?
- Ai-je bien coché 16 cases ?

Exercice 2 *8 points*

Un sport pour la rentrée

Vous venez de vous installer en Corse, à Bastia, pour un nouvel emploi.
Vous souhaitez commencer une activité sportive :
— ayant lieu à partir de 18 heures ;
— 2 fois par semaine au maximum ;
— accessible en transports en commun ;
— coûtant au maximum 200 euros par an.

À la mairie de votre ville, vous avez trouvé les quatre propositions suivantes.
Vous comparez ces annonces. Pour chaque annonce, cochez [X] OUI si cela correspond au critère ou NON si cela ne correspond pas.

1. Stage de volley-ball

Venez rejoindre l'équipe du club de Calvi pour découvrir ce sport accessible à tous et faire la connaissance d'autres personnes, passionnées de volley-ball.

Programme : 10 h - 12 h : entraînement sur la plage / 12 h - 14 h : déjeuner / 15 h - 17 h : matchs / 19 h - 21 h : dîner en ville.

Le stage dure 4 jours, du vendredi matin au lundi soir.

Le club est accessible en voiture ou en bus. Un train relie Calvi depuis Bastia et Ajaccio.

Tarifs : 450 euros tout compris / 300 euros : stage seul (sans les repas et l'hébergement)

Stage de volley-ball	OUI	NON
1. Horaires	☐	☐
2. Fréquence	☐	☐
3. Accès	☐	☐
4. Prix	☐	☐

2. Cours de zumba

Vous recherchez une activité nouvelle dans une ambiance sympathique ?

Venez vous muscler sur des rythmes de musique latine pour des cours de zumba (entraînement physique proche de l'aérobic et de la danse). Les cours sont aussi l'occasion de rencontrer du monde et de s'amuser.

Les cours ont lieu le lundi (12 h 30 - 13 h 30), le mardi (18 h 15 - 19 h 15) et le jeudi (18 h 15 - 19 h 15). Vous avez la possibilité de venir quand vous voulez (1, 2 ou 3 fois par semaine). Nous sommes situés à Ville-di-Pietrabugno, à 15 minutes en voiture du centre-ville de Bastia.

L'abonnement annuel (accès illimité) coûte 300 euros.

Cours de zumba

	OUI	NON
5. Horaires	☐	☐
6. Fréquence	☐	☐
7. Accès	☐	☐
8. Prix	☐	☐

3. Club de tennis de table

Découvrez le sport individuel le plus pratiqué au monde ! Grâce au tennis de table, ou ping-pong, vous développerez des gestes rapides et précis. Ce sera également l'occasion de rencontrer des passionnés de tous âges, pour des compétitions ou des stages.

Les cours ont lieu de 20 h à 22 h, tous les mardis et vendredis.

Pour nous trouver, c'est très simple, 4 lignes de bus partant du centre-ville passent devant notre club (près du lycée Paul Vincensini).

L'adhésion aux cours est possible à partir de septembre pour 245 euros par an.

Club de tennis de table

	OUI	NON
9. Horaires	☐	☐
10. Fréquence	☐	☐
11. Accès	☐	☐
12. Prix	☐	☐

4. Cours en salle

Envie d'un cours personnalisé ? Nous vous préparons un programme sur mesure. Vous êtes seul avec votre professeur dans la salle pendant une heure. Nous avons des horaires disponibles, du lundi au vendredi de 8 h à 20 h.

Les activités proposées : musculation, Pilates, yoga, etc. Les cours se passent uniquement sur rendez-vous, une fois par semaine.

La salle se trouve derrière la caserne des pompiers (bus 1, 1b, 5, 8b, 10a et 11).

Le cours à l'unité coûte 25 euros. Il est possible de payer un abonnement mensuel à 80 euros ou annuel à 750 euros.

Cours en salle

	OUI	NON
13. Horaires	☐	☐
14. Fréquence	☐	☐
15. Accès	☐	☐
16. Prix	☐	☐

S'ENTRAÎNER

PRÊT POUR L'EXAMEN
- Comprendre les critères de recherche.
- Souligner les informations utiles dans les textes.
- Choisir pour chaque texte et chaque critère la réponse OUI ou NON

Exercice 3 *8 points*

Un restaurant pour vos employés

Vous travaillez à Besançon comme directeur d'une école de langues. Vous souhaitez donner à vos employés la possibilité de déjeuner le midi dans un restaurant du quartier. Vous cherchez un restaurant qui répond aux critères suivants :

— cuisine française ;
— menu complet (entrée, plat, dessert et boisson) pour 12 euros ;
— ouvert tous les midis, du lundi au vendredi ;
— proche de la mairie (10 minutes à pied au maximum).

Sur un site internet, vous avez sélectionné les quatre offres suivantes.
Vous comparez ces annonces. Pour chaque annonce, cochez [X] OUI si cela correspond au critère ou NON si cela ne correspond pas.

1. Les Tables d'antan

Bienvenue au restaurant Les Tables d'Antan, un établissement familial qui vous propose une cuisine traditionnelle régionale.

Si vous êtes pressé, goûtez à notre spécialité, le gratin, servi en 20 minutes. Nous proposons également un menu servi en une heure (plat, salade et dessert) pour 17 euros.

Le restaurant est ouvert les midis à partir de 12 h et les soirs à partir de 19 h.

Fermé le dimanche, lundi midi et mardi midi. Notre établissement est au cœur du centre historique de Besançon. À proximité des commerces du centre-ville, de la mairie et des musées, c'est un endroit idéal pour une pause.

Les Tables d'antan

	OUI	NON
1. Cuisine	☐	☐
2. Prix	☐	☐
3. Jours	☐	☐
4. Situation	☐	☐

compréhension des écrits

2. Brasserie La Perle

Amateurs de cuisine alsacienne, réjouissez-vous ! Avec ses jambonneaux, sa charcuterie et ses tartes flambées, la Brasserie La Perle vous propose une délicieuse cuisine maison.

Nous proposons une formule spéciale pour les professionnels : service garanti en une heure avec, pour 15 euros, une entrée, un plat, un dessert et une demi-bouteille d'eau.

Nous sommes ouverts tous les jours, déjeuners servis du lundi au dimanche, dîners du mardi au samedi.

Le restaurant se trouve rue Carnot, tout près du Casino de Besançon, à 10 minutes à pied de la mairie.

Brasserie La Perle

	OUI	NON
5. Cuisine	☐	☐
6. Prix	☐	☐
7. Jours	☐	☐
8. Situation	☐	☐

3. Chez Achour

Situé à Besançon au cœur du quartier Battant, Chez Achour est un restaurant oriental ayant fait du couscous sa spécialité.

Restaurateurs de père en fils depuis 1981, nous vous accueillons dans un cadre à la décoration typique et raffinée. Venez découvrir nos spécialités orientales pour votre pause-déjeuner (service en 45 minutes) ou pour vos dîners. Nous proposons en semaine, le midi uniquement, un menu à 12,90 € (plat, pâtisserie, thé à la menthe). Une carte riche et variée est également à votre disposition.

Le restaurant, fermé le lundi, est une adresse incontournable, à 10 minutes à pied de la mairie.

Chez Achour

	OUI	NON
9. Cuisine	☐	☐
10. Prix	☐	☐
11. Jours	☐	☐
12. Situation	☐	☐

S'ENTRAÎNER

4. À la Bonne Heure

À la Bonne Heure, c'est le plaisir de découvrir un restaurant rempli de tous les parfums de la cuisine française.

Composez votre entrée en choisissant parmi des bases de salades et des sauces au choix. Personnalisez vos desserts avec des fruits frais et des accompagnements (bonbons, sauces). Si besoin, vous pourrez ainsi manger rapidement (50 minutes en moyenne) et bien !

Formule complète (entrée, plat, dessert et boisson) à 11 euros.

Ouverts tous les jours, midi et soir, nous vous attendons dans notre établissement, à 7 km de Besançon (15 minutes en voiture).

À la Bonne Heure

	OUI	NON
13. Cuisine	☐	☐
14. Prix	☐	☐
15. Jours	☐	☐
16. Situation	☐	☐

compréhension des écrits

2 Lire pour s'informer

Exercice 4   8 points

Vous lisez cet article dans un journal.

> ▶ Avant de commencer à lire le texte, prenez le temps de l'observer. Prenez connaissance de tout ce qui peut être facilement identifié dans le texte, comme par exemple :
> – le titre ;
> – la source du document ;
> – le chapeau de l'article (petit paragraphe qui introduit le thème) ;
> – les sous-titres ;
> – les paragraphes ;
> – les illustrations ;
> – les mots en gras, surlignés ou en italique ;
> – les nombres.
> ▶ Avant la lecture de l'article, prenez également connaissance du questionnaire. Cela vous permettra d'avoir une idée de ce qu'on attend de vous au moment de lire le document.
> ▶ Pendant la première lecture, surlignez ou entourez toutes les informations pertinentes.

Le vélo électrique a de beaux jours devant lui

Les agents marketing parlent depuis plusieurs années du phénomène du vélo électrique comme d'une « révolution ». Le terme est excessif, toutefois il est vrai qu'aujourd'hui le vélo est autant mécanique qu'électrique. Une récente étude paneuropéenne le prouve à nouveau. En France, 7 % de la population possède déjà un vélo électrique et 1 habitant sur 5 est « *susceptible d'en acheter ou d'en utiliser un* » dans l'année à venir. Ces chiffres montrent une tendance qui se confirme année après année et on prévoit même un million de vélos vendus en 2024 ou 2025. Comme raisons principales de cet attrait pour le vélo électrique, les Français citent majoritairement la volonté « *d'exercer une activité physique bonne pour la santé* » et de « *réduire son empreinte écologique* ».

« *Des aventuriers aux cyclistes urbains, il y a à présent un vélo électrique pour chacun*, explique, enthousiaste, Jeroen Van Vulpen, employé chez Shimano, un fabricant de cycles japonais. *Il y a aujourd'hui une forte demande pour l'espace personnel, ce qui suscite un intérêt croissant pour le marché du vélo électrique.* »

Le vélo électrique profite aussi de l'attrait actuel pour les deux roues, autant sur les ventes que sur la fréquentation des routes, favorisé par l'État via le Plan Vélo. Cette popularité apparente n'est qu'accentuée par l'usage plus important du vélo électrique : d'après une récente étude norvégienne, les utilisateurs du vélo électrique parcourent 9,2 km par jour en moyenne contre 2,1 km seulement pour ceux qui possèdent un vélo « classique ».

Une seule chose empêche encore le nombre de vélos électriques de vraiment augmenter : le prix, la plupart du temps compris entre 2 000 et 7 000 euros. Un montant qui n'est pas

S'ENTRAÎNER

ouvert à tous, mais heureusement allégé grâce à des aides publiques. Pour un vélo neuf, il est en effet possible de bénéficier d'aides locales, dont le montant varie selon la région d'origine mais qui peut aller jusqu'à 600 euros en Ile-de-France, et d'un complément auprès de l'État sous la forme d'un « bonus vélo ».

D'après *L'Équipe*, Corentin Parbaud, septembre 2020

▶ Répondez au questionnaire. Les questions suivent toujours l'ordre du texte.
▶ QCM : lisez bien chaque proposition. Ne cochez qu'une seule réponse.
▶ Vrai/Faux : Cochez soit la case « Vrai » soit la case « Faux ».
▶ Même si vous n'êtes pas sûr de votre réponse, essayez de répondre à toutes les questions. Vous n'aurez pas de notation négative si vous répondez faux, mais avec un peu de chance, vous pourriez en gagner si vous répondez juste.

1 - D'après le journaliste, parler de « révolution » pour évoquer le vélo électrique est… `1 point`

a. ☐ insuffisant.
b. ☐ réaliste.
c. ☑ exagéré.

▶ Cette première question est une question à choix multiples (QCM). Il s'agit de comprendre le point de vue du journaliste.

2 - Qu'est-ce qui attirent les Français vers le vélo électrique ? `1,5 point`

a. ☐ La baisse des prix à l'achat.
b. ☐ L'évolution technique récente.
c. ☑ L'impact écologique de son utilisation.

▶ Cette deuxième question est également un QCM. Vous devez montrer que vous avez compris la raison pour laquelle les Français sont attirés par le vélo électrique.

3 - Le vélo électrique convient à tous les types de cyclisme. `1 point`

a. ☑ Vrai
b. ☐ Faux

▶ Les questions Vrai/Faux sont des questions de compréhension détaillée.

4 - L'utilisation du vélo est encouragée par… `1 point`

a. ☐ les fabricants.
b. ☐ les entreprises.
c. ☑ le gouvernement.

compréhension des écrits

5 - Que remarque-t-on au sujet des utilisateurs du vélo électrique ? *(1,5 point)*
a. ☐ Qu'ils l'utilisent plus fréquemment.
b. ☑ Qu'ils font de plus longues distances.
c. ☐ Qu'ils habitent principalement en ville.

6 - Le marché du vélo électrique est accessible à toutes les classes sociales. *(1 point)*
a. ☐ Vrai
b. ☑ Faux

7 - Les régions participent au développement des vélos électriques. *(1 point)*
a. ☐ Vrai
b. ☑ Faux

▶ N'oubliez pas de relire vos réponses.

CE QUE JE RETIENS

▶ D'après l'observation du texte (titre, sous-titres, paragraphes, source, etc…), de quoi parle le document ?
▶ Quelle est l'idée principale du texte ?
▶ Est-ce que j'ai bien lu les questions ?
▶ Ai-je répondu à l'ensemble du questionnaire ?

Exercice 5 *(8 points)*

Vous lisez cet article.

Le choix de l'école à la maison

Emeline est une jeune maman. Cette année, en plus de son rôle de mère, elle prend celui de professeur. Elle ne souhaite pas remettre ses enfants à l'école.

Un phénomène croissant
Emeline a lancé un appel pour trouver d'autres familles qui ont décidé, comme elle, de faire l'instruction en famille. Elle est loin d'être la seule. Sur les réseaux sociaux, elle a échangé avec de nombreux parents qui souhaitent notamment proposer un rythme d'apprentissage adapté à leur enfant.
Au ministère de l'éducation nationale, on constate effectivement que « *les demandes augmentent depuis plusieurs années* ». La scolarisation étant obligatoire dès 3 ans, ceux qui ont fait le choix d'une instruction en famille doivent déclarer leur situation aux autorités éducatives locales qui organisent une inspection annuelle.

Du temps et de la pédagogie
Franchir cette étape ne s'improvise pas. Ses filles étant à la maternelle, Emeline s'est équipée en jeux et activités manuelles. « *J'ai des puzzles, de la peinture, des activités pour éveiller la motricité* », explique la maman.

S'ENTRAÎNER

Elle, qui de métier est esthéticienne, a aussi beaucoup lu pour se former à la pédagogie. *« J'essaie d'aller à leurs rythmes, d'utiliser mon environnement pour faire les exercices sous forme de jeux »*, explique la mère de famille. Compter les haricots ou ranger les casseroles par ordre de grandeur, tout est bon pour faire cours.

La question de la socialisation

Régulièrement, Emeline fréquente une association d'école à la maison. *« Avec d'autres mamans, nous nous retrouvons à la ludothèque ou dans des parcs pour que nos enfants se rencontrent »*, explique Emeline.

Cette socialisation est primordiale pour le sociologue François Dubet. *« Il faut que les enfants voient d'autres personnes qui n'ont pas la même culture qu'eux. Cela devient même vital pour les adolescents. Quel que soit l'âge, il est nécessaire de vivre ensemble et de se confronter aux autres ! C'est comme ça que l'on se construit »*, assure le sociologue.

Le sociologue lance une alerte. *« Certaines années scolaires sont fondamentales et tout le monde ne peut pas devenir professeur »*.

D'après *France 3 Gironde*, septembre 2020

Pour répondre aux questions, cochez [X] la bonne réponse.

1 - Le choix que fait Emeline pour l'éducation de ses enfants est temporaire. `1 point`

a. ☐ Vrai
b. ☐ Faux

2 - Pour quelle raison certaines familles décident de faire l'école à la maison ? `1,5 point`

a. ☐ Pour contrôler les fréquentations de leurs enfants.
b. ☐ Pour mieux répondre aux besoins de leurs enfants.
c. ☐ Pour faire progresser plus rapidement leurs enfants.

3 - Ces dernières années, la demande d'école à la maison est en hausse. `1 point`

a. ☐ Vrai
b. ☐ Faux

4 - Comment peut-on être autorisé à faire l'instruction à la maison ? `1 point`

a. ☐ Il faut suivre une formation.
b. ☐ Il faut faire une demande officielle.
c. ☐ Il faut acheter l'équipement nécessaire.

5 - Emeline s'est préparée à son nouveau rôle… `1 point`

a. ☐ en s'appuyant sur les livres.
b. ☐ par des observations de classe.
c. ☐ grâce à une expérience passée.

6 - Selon François Dubet, pour bien grandir, les enfants ont besoin… `1,5 point`

a. ☐ d'avoir accès à des activités culturelles.
b. ☐ de rencontrer des personnes différentes.
c. ☐ de fréquenter les associations d'école à la maison.

compréhension des écrits

7 - François Dubet est confiant dans les compétences pédagogiques de l'ensemble des parents.

1 point

a. ☐ Vrai
b. ☐ Faux

PRÊT POUR L'EXAMEN

- Bien observer le texte, le titre, les paragraphes pour définir l'idée générale du texte.
- Prendre le temps de bien comprendre les questions et toutes les propositions de réponses.
- Souligner dans le texte tous les éléments de réponses.

Exercice 6

8 points

Vous lisez cet article dans un magazine.

L'habitat participatif, remède à l'individualisme

Dans une résidence, les habitants partagent des espaces communs, du matériel, mais surtout un état d'esprit.

« L'idée de copains qui montent un habitat partagé est très éloignée de la réalité », affirme Régis Verley, 75 ans, qui fut l'un des fondateurs du projet. Des vingt personnes à la retraite qui s'étaient lancées dans l'aventure il y a 7 ans, elles ne sont plus que trois. Mais depuis un an, dans ce bâtiment neuf de trois étages, vivent des familles, des couples ou des personnes seules. Chacun chez soi, tout en partageant beaucoup : une grande salle commune où s'organisent les débats et goûters d'anniversaire, un studio entièrement aménagé pour recevoir de la visite, un jardin, une salle pour les machines à laver, un atelier pour le bricolage.

Régis Verley évoque également les liens qui se sont créés entre les voisins. « Nous ne sommes ni des amis ni des parents, mais il y a une vraie solidarité », explique-t-il. « On connaît tout le monde et on se rend des services mutuels : garde d'enfants, animation d'ateliers, courses, dépannage », confirme Jean-Pierre, musicien de 40 ans et père de deux petites filles. « Je suis assez bricoleur, alors on vient souvent me chercher ! » Parfois, il y a des tensions. « C'est normal, on est 45 humains dans un bâtiment », dit-il.

Jean-Pierre apprécie l'aspect intergénérationnel de cet habitat partagé qui réunit des familles avec des personnes âgées. Tous viennent aider la plus âgée, Marie-Hélène, qui ne peut plus conduire. « L'habitat participatif n'est pas pour autant une alternative à la maison de retraite. Chacun doit rester autonome », souligne Régis.

Mais quand Thérèse, 65 ans, veut sortir au cinéma, elle trouve toujours quelqu'un pour l'accompagner. Cette ancienne orthophoniste va même bientôt devenir propriétaire de son appartement. Dans la résidence, il y a des logements sociaux qui sont loués.

S'ENTRAÎNER

Une mixité sociale rendue possible grâce au partenariat avec la ville.

Dernier projet des habitants de la résidence : pour améliorer la performance énergétique du bâtiment, ils envisagent d'installer des panneaux solaires.

D'après *Paris Match*, Mariana Grépinet, 14/09/2019

Pour répondre aux questions, cochez [X] la bonne réponse.

1 - La résidence présentée dans l'article a été projetée par…   `1 point`

a. ☐ la municipalité.
b. ☐ des associations.
c. ☐ plusieurs retraités.

2 - Les résidents ont la possibilité d'accueillir de la famille dans un appartement indépendant.   `1 point`

a. ☐ Vrai
b. ☐ Faux

3 - Les résidents partagent des liens familiaux entre eux.   `1 point`

a. ☐ Vrai
b. ☐ Faux

4 - Qu'est-ce qui est fondamental pour les habitants de la résidence ?   `1,5 point`

a. ☐ L'entraide.
b. ☐ Le confort.
c. ☐ La sécurité.

5 - Pour quelle raison les résidents font-ils souvent appel à Jean-Pierre ?   `1 point`

a. ☐ Parce qu'il sait réparer les objets.
b. ☐ Parce qu'il peut animer des ateliers.
c. ☐ Parce qu'il adore garder les enfants.

6 - Thérèse va bientôt pouvoir…   `1,5 point`

a. ☐ louer
b. ☐ vendre   … son appartement.
c. ☐ acheter

7 - Le prochain investissement de la résidence est d'ordre écologique.   `1 point`

a. ☐ Vrai
b. ☐ Faux

PRÊT POUR L'EXAMEN

- Ne cocher qu'une seule réponse dans les QCM.
- Prendre le temps de relire ses réponses.

compréhension des écrits

Exercice 7 9 points

Vous lisez cet article dans un journal.

Adieu terrains de foot, bonjour espaces de jeux collectifs !

De plus en plus d'écoles et de collèges réaménagent leurs cours afin de restituer aux filles les mètres carrés occupés par les garçons.

La géographe Edith Maruéjouls a déjà suivi une trentaine de projets de réaménagement de cours d'école afin de favoriser l'égalité. « *La cour de récréation est une microsociété où les garçons occupent une place centrale, alors que les filles doivent se contenter de jouer à l'écart. Le terrain de foot, qui occupe en général 80 % de l'espace, marque la différence entre ce qui est important, à savoir les garçons, et ce qui ne le serait pas, c'est-à-dire les filles* », résume-t-elle.

C'est ainsi que, dans les nouvelles cours d'école, les terrains de foot disparaissent au profit de terrains de jeux collectifs mixtes, installés dans la largeur de la cour. Autour des activités sportives, certaines écoles ont aussi délimité une zone où personne n'a le droit de courir. « *Il faut en finir avec la performance individuelle pour favoriser la mixité*, explique Edith Maruéjouls. *D'ailleurs, cela fera aussi du bien aux garçons, pour qui la compétition permanente est dure à vivre.* »

La designer sociale Célia Ferrer, qui intervient à ses côtés, conseille aussi de mettre à disposition « *un mobilier que les enfants peuvent s'approprier. Des blocs de hauteurs différentes qui se déplacent, peuvent être escaladés, permettent de s'asseoir, de s'isoler, de sauter… Des choses très simples* ». Des espaces végétalisés, des coins au calme permettant la détente, la discussion et la lecture sont également prévus.

Elle encourage aussi les écoles à proposer la mixité dans les jeux en constituant les équipes au hasard. Même chose à la cantine, où filles et garçons devraient obligatoirement se mélanger autour des tables.

Edith Maruéjouls considère que cette division des espaces de loisirs des jeunes enfants est loin d'être anecdotique, comme en témoignent les chiffres relevés ces dernières années par le Haut Conseil à l'égalité entre les femmes et les hommes : 75 % des budgets publics destinés aux loisirs des jeunes profitent aux garçons, toutes activités confondues.

D'après *Le Monde*, Stéphanie Marteau, 28 août 2020

Pour répondre aux questions, cochez [X] la bonne réponse.

1 - Les modifications évoquées dans l'article concernent la manière d'enseigner. 1 point

a. ☐ Vrai
b. ☐ Faux

2 - Pourquoi le football pose-t-il problème dans les cours d'écoles ? 1,5 point

a. ☐ Parce qu'il provoque des disputes.
b. ☐ Parce que seuls les plus forts y jouent.
c. ☐ Parce que ce sport monopolise l'espace.

S'ENTRAÎNER

3 - Dans certains établissements scolaires, il existe des espaces où il est interdit de…   (1,5 point)

a. ☐ faire du bruit.
b. ☐ faire la course.
c. ☐ faire des équipes.

4 - Pour favoriser les activités collectives, il est recommandé d'avoir un équipement qui s'adapte à différentes utilisations.   (1 point)

a. ☐ Vrai
b. ☐ Faux

5 - Dans les cours, il vaut mieux éviter de créer des espaces où les enfants pourraient être seuls.   (1 point)

a. ☐ Vrai
b. ☐ Faux

6 - Quelle suggestion donne Célia Ferrer pour développer les échanges entre les filles et les garçons ?   (1,5 point)

a. ☐ Inciter les enfants à déjeuner ensemble.
b. ☐ Laisser les enfants proposer des activités.
c. ☐ Organiser des temps de réflexion en classe.

7 - Pour ce qui est des loisirs, les collectivités dépensent…   (1,5 point)

a. ☐ moins
b. ☐ autant   … pour les filles que pour les garçons.
c. ☐ plus

Exercice 8   (9 points)

Vous lisez cet article sur Internet.

Un café pour réparer ses objets bientôt créé dans la région

En projet depuis près d'un an, le café *Réparons* devrait enfin voir le jour. Un premier atelier est prévu le 7 décembre.

« Je suis allé voir un café du même type à Marseille plusieurs fois, et j'ai trouvé cela super intéressant. Alors j'ai voulu en créer un près de chez nous », explique Jacqueline Foyer, présidente de l'association *La maison écolo*. Qu'est-ce que va proposer ce café ? Un lieu qui propose des ateliers pour réparer des objets. Il y en a des centaines en France, en Belgique et en Suisse et leur nombre ne cesse de croître. Depuis le début de l'année, Jacqueline travaille en collaboration avec un café à Nice et d'autres personnes de la région intéressées par le projet.

Les bénévoles adopteront un format mensuel et proposeront à chaque fois un atelier de 14 à 18 heures dans une commune du département. Les cinq premiers se dérouleront à Castellane. L'objectif de ces ateliers ? Réparer et sensibiliser. Chacun pourra emmener un objet qu'il souhaite réparer, mais *« ce n'est pas une simple réparation, les gens doivent venir pour apprendre à réparer. L'idée est de montrer que l'on peut toujours les réparer ou leur donner une nouvelle utilité et qu'il ne faut pas toujours avoir le réflexe de jeter »*, détaille Jacqueline Foyer.

compréhension des écrits

Pour cela, Jacqueline compte sur le soutien et la générosité de tous. Si une dizaine de bénévoles constituent déjà l'équipe, l'association aimerait s'agrandir : « *Plus il y aura de monde, mieux ce sera.* » À l'accueil ou au bricolage, plusieurs postes sont encore à pourvoir. En ce qui concerne le matériel, l'association *La maison écolo* va se faire prêter une caisse à outils pour débuter. Mais le projet se base sur la débrouille avant tout. « *L'idée est que chacun amène quelques affaires et que l'on essaye de faire le plus possible avec cela* ».

Générosité des bénévoles, et du public. À chaque rendez-vous mensuel, l'association installera une tirelire pour récolter de l'argent afin de rendre le projet plus solide.

Pour répondre aux questions, cochez [X] la bonne réponse.

1 - Jacqueline Foyer a eu l'idée de créer le café *Réparons*…   (1,5 point)
a. ☐ après avoir lu un article dans la presse.
b. ☐ à la suite de la visite d'un lieu semblable.
c. ☐ parce qu'elle cherchait un atelier pour elle.

2 - Ce type de cafés est en croissance constante.   (1 point)
a. ☐ Vrai
b. ☐ Faux

3 - À quelle fréquence auront lieu les ateliers ?   (1,5 point)
a. ☐ Tous les jours.
b. ☐ Toutes les semaines.
c. ☐ Tous les mois.

4 - Grâce à ces ateliers, les participants pourront…   (1,5 point)
a. ☐ s'échanger des objets de valeur.
b. ☐ apprendre à fabriquer des objets.
c. ☐ donner une seconde vie aux objets.

5 - Actuellement, l'équipe de l'association est au complet.   (1 point)
a. ☐ Vrai
b. ☐ Faux

6 - Dans les ateliers, c'est le matériel technique des participants qui sera utilisé.   (1 point)
a. ☐ Vrai
b. ☐ Faux

7 - Le café *Réparons* compte sur une aide financière…   (1,5 point)
a. ☐ des cafés semblables déjà créés.
b. ☐ des communes du département.
c. ☐ des participants à ses futurs ateliers.

Prêt pour l'examen!

Communication

- Choisir
- Conseiller
- Décrire
- Expliquer
- Exprimer des émotions
- Exprimer son accord
- Exprimer son point de vue
- Exprimer un désaccord
- Informer
- Raconter

Socioculturel

Pour identifier le type de document :

Comprendre des textes simples d'annonces (restaurants, hôtels, activités, stages, etc…)

Identifier un événement ou un fait dans l'actualité

Utiliser des sources d'informations variées : radio, presse, télévision, Internet

Grammaire

Temps et modes
Indicatif
Conditionnel présent
Subjonctif présent
Impératif
Passif

Connecteurs temporels
Connecteurs logiques
Pronoms relatifs
Phrases complexes

Vocabulaire

- Actualité
- Études
- Idées
- Loisirs
- Médias, information
- Restaurants
- Travail

STRATÉGIES

1. Je lis une première fois le texte sans chercher à tout comprendre.

2. Je souligne toutes les idées importantes du texte.

3. J'essaie de comprendre les mots inconnus à l'aide du contexte ou de leur composition.

4. Je réponds aux questions dans l'ordre (les questions suivent l'ordre de présentation des informations du texte).

compréhension des écrits

POUR COMPRENDRE

Informer
- Voici une information importante.
- L'enquête nous montre que les Français partent de plus en plus en vacances en France.
- Je vous annonce que la rencontre aura lieu dimanche.
- Le jury du festival vient de communiquer son palmarès.

Choisir
- Je prendrais bien un café.
- Si vous voulez passer de belles vacances, réservez au plus vite !
- Je vais réfléchir avant de faire mon choix.

Conseiller
- Si vous partez ce week-end, nous vous conseillons d'éviter les autoroutes.
- Le chef recommande d'acheter des légumes frais.
- Si vous voulez un conseil, ne travaillez pas à la maison.
- À votre place, j'aurais accepté l'offre d'emploi.

Exprimer son point de vue
- Il me semble que le tourisme est en pleine croissance dans cette région.
- D'après le journaliste, les négociations vont mal se passer.
- Personnellement, je suis pour la baisse des impôts.

Exprimer son accord
- Effectivement, je suis tout à fait d'accord avec vous.
- Nous sommes du même avis.
- Ce que vous dites est vrai.
- C'est exact.
- Absolument.

Exprimer son désaccord
- Les jeunes se sont exprimés contre le nouveau projet de loi.
- Il se trompe lorsqu'il parle de progrès scientifiques.
- Vous avez tort.
- C'est inacceptable.
- Je ne suis pas sûre que cette idée fonctionne.
- Comme d'habitude, tout le monde exagère.

Exprimer ses émotions
- Nous sommes ravis de participer à cette rencontre.
- L'actualité est parfois déprimante.
- Je m'inquiète pour son avenir.
- Il ne faut pas avoir peur.
- Ce changement le rend furieux.
- Je trouve ça incroyable. C'est surprenant.

Parler d'actualité
- Une information
- Un fait
- Un entretien
- Une enquête
- Une réaction
- Une négociation

Parler de travail
- Un poste
- Un employé
- Un responsable
- Un fonctionnaire
- Un ouvrier
- Un atelier
- Un secteur économique
- Un contrat de travail à temps partiel

Je suis prêt(e) ?

Les 4 questions à se poser

1. Est-ce que je comprends bien la consigne ?
2. Suis-je capable de comprendre l'idée générale d'un texte d'après son titre, son organisation et ses éventuelles illustrations ?
3. Est-ce que je comprends la position de l'auteur ou des personnes qui donnent leur avis dans le texte ?
4. Est-ce que je peux comprendre le sens d'un mot d'après son contexte ou sa construction (préfixe, suffixe, famille) ?

Prêt pour l'examen !

À faire

avant l'examen

- ☐ **S'entraîner** à effectuer des **choix sur Internet**
  (choisir un restaurant, un hôtel, un sport, un stage, etc.)

- ☐ **Lire** régulièrement la **presse francophone**
  (articles courts de la vie quotidienne)

- ☐ **Créer** des **listes de vocabulaire et d'expressions utiles**

le jour de l'examen

- ☐ analyser la structure du texte :
  repérer sa fonction et son organisation
- ☐ bien lire la consigne et les questions
  avant de lire le texte
- ☐ souligner les réponses dans le texte
  (attribuer des numéros correspondant
  aux numéros des questions)

Production écrite

COMPRENDRE

L'ÉPREUVE

La production écrite est la troisième épreuve collective de l'examen du DELF B1.

■ Durée totale de l'épreuve	❯ 45 MINUTES
■ Nombre de points	❯ 25 POINTS
■ Nombre d'exercices	❯ 1 EXERCICE
■ Quand commencer à écrire ?	❯ Après avoir bien lu et analysé la consigne, avoir réfléchi aux éléments de réponse et au plan à suivre
■ Combien de mots écrire ?	❯ 160 mots minimum

OBJECTIFS DES EXERCICES

Exercice — Exprimer une attitude personnelle sur un thème relatif à l'éducation ou au monde professionnel

Écrire un texte construit et cohérent de 160 mots minimum

LES SAVOIR-FAIRE

Il faut principalement être capable de :

- **Décrire, raconter, exposer des faits**

  > **Les statistiques montrent que** dans les grandes villes, les gens vont au travail de plus en plus à vélo même si la voiture reste encore le premier moyen de transport.

- **Exprimer ses sentiments, faire part de ses réactions**

  > **Je suis d'avis que** les salariés doivent prendre conscience que les déplacements quotidiens ont un impact sur l'environnement et **on peut se réjouir** de l'évolution des pratiques.

- **Donner son opinion et la justifier**

  > C'est pourquoi **il me semble important que** les employeurs prennent aussi des mesures financières **pour** encourager les transports « écologiques ».

- **Écrire un texte construit et cohérent**
  - ▶ introduction : **Quel sujet ?**
  - ▶ développement : **Quelle(s) question(s) ? Quelle(s) réponse(s) ?**
  - ▶ conclusion : **Quelle opinion personnelle ?**

  > **Si on veut que** la planète reste propre, **il sera utile** de développer des moyens de transport qui deviennent de moins en moins polluants.

production écrite

LES EXERCICES ET LES DOCUMENTS

Exercice	Supports possibles	Type de production	Nombre de points
Rédiger un message simple Domaine éducationnel ou professionnel	▶ Situations ayant trait à des situations scolaires ou de formation ou relatives au monde du travail.	Une lettre formelle ou informelle Un essai dans le cadre d'un forum, d'un blog sur internet Un article de journal	**25 points**

LA CONSIGNE

Une consigne générale indique toujours le contexte, le statut du rédacteur et du destinataire. La situation est donnée et la consigne précise les événements ou les faits à décrire et les sentiments ou l'opinion à développer.

Le format de lettre permet de répondre à une personne (*Monsieur, Cher Pierre, Bonjour*…), de réagir à une proposition et, en dernière partie, de remercier ou demander une réponse.

Le format d'un essai permet de s'exprimer spontanément et librement. Le texte peut être lu par un grand nombre de personnes parce qu'il peut paraître sur Internet (forum, réseau social…).

Le format d'un article permet de s'adresser à un public déjà informé sur un thème connu. Le texte propose des idées ou des expériences nouvelles qui développent le sujet général (journal de quartier, magazine des étudiants, bulletin de l'entreprise…).

LES RÉPONSES

L'objectif de la production est de décrire des faits ou événements et de faire part de ses réactions (sentiments, opinion).
L'exercice doit présenter un texte construit et cohérent avec trois ou quatre parties distinctes.
Le nombre de mots doit être respecté :
au minimum 160 mots.

PRÊT POUR L'EXAMEN

- Respecter la situation culturelle du rédacteur et du destinataire (formel, informel).
- Écrire des paragraphes avec des mots de liaison et des connecteurs logiques (cause, conséquence, concession).
- Traiter le sujet demandé à partir de vos expériences personnelles ou connaissances générales.
- Éviter les répétitions, varier le vocabulaire.
- Compter une dernière fois le nombre de mots et indiquer précisément le nombre de mots utilisés à la fin du texte.

SE PRÉPARER

1 Écrire un texte construit

— Compter les mots

Activité 1

Lisez le texte et comptez le nombre exact de mots.

> En 2016, la ville de Lille fait son retour dans le *Guide gastronomique* Michelin grâce à un nouveau chef. Âgé de 46 ans, Nicolas Pourcheresse a été formé chez les plus grands chefs gastronomiques français. Entre 2011 et 2013, il a fait le tour du monde pour découvrir d'autres cuisines. C'est un spécialiste des produits locaux et des herbes aromatiques. « *Ma cuisine doit être pure et brute !* ».

Nombre de mots exact : ....

Activité 2

Lisez le texte et notez le nombre 10 après chaque groupe de 10 mots. Quel est le nombre total ?

> Pendant la première semaine du climat à l'école française, du 5 au 10 octobre 2015, un groupe d'assurances a fait une enquête nationale. Il voulait connaître l'avis des parents et des professeurs sur « l'éducation à l'environnement et au développement durable ». On voit que la majorité est d'accord pour donner une large place à ces thèmes à l'école. 94 % des parents et 96 % des professeurs sont sûrs que cela profitera aux enfants.

Nombre de mots exact : ....

— Structurer un texte

Activité 3

Vous écrivez un message à un ami. Vous avez trouvé un job d'été dans un restaurant de bord de mer. La première journée a été difficile et vous ne savez pas si vous allez rester 4 semaines dans ce travail. Vous demandez des conseils à votre ami. Rédigez ce message.

Écrivez 2 ou 3 phrases pour les différentes parties du message selon le plan suivant :
1. la situation générale
2. les problèmes rencontrés
3. la demande de conseils

....

....

Activité 4

Un ami ou une amie veut arrêter ses études. Vous lui envoyez un message électronique pour donner votre avis en parlant de votre situation personnelle d'étudiant (80 mots environ).

Vous donnez des exemples précis pour illustrer votre avis.
Expressions à utiliser : *Je vais prendre un exemple… - Ça me rappelle… - Imagine que… - Ça me fait penser à… - Ce que je veux dire, c'est que… - Finalement…*

Activité 5

Le responsable de votre service vous demande de présenter les avantages de placer 3 ou 4 employés dans un même bureau (80 mots environ).

Vous organisez les avantages en utilisant au choix :
tout d'abord, en premier lieu, de plus, ensuite, par ailleurs, pour terminer, en définitive.

SE PRÉPARER

— Rédiger des types de texte

Activité 6

Classez les expressions dans la bonne colonne.

Cher Monsieur / amicalement / je t'ai dit que j'avais un nouveau travail ? / j'aimerais tout d'abord préciser / certaines personnes disent que les robots sont utiles à la maison / la tablette numérique, ça n'a aucun intérêt ! / En revanche, il est urgent de prendre cette mesure très rapidement / la population devra accepter la révolution numérique / J'en suis sûr, Internet c'est la fin des bibliothèques.

Lettre personnelle	Article de journal	Note professionnelle

Activité 7

Écrivez trois textes sur le même sujet selon le type de texte demandé.

Sujet : Vous pensez que le travail à distance est plus pratique, efficace et économique que la présence quotidienne au bureau. Vous rédigez en 80 mots environ :

Un témoignage sur un forum Le style est libre et familier.	Un article pour un magazine Les informations sont structurées et générales.	Une lettre formelle Vous parlez à une personne supérieure, le style est précis.

2 Décrire, exposer des faits

▬ Exprimer des informations sur le lieu, le temps, la manière, la cause

Activité 8

Vous êtes secrétaire de l'association des parents d'élèves. Vous envoyez un message aux familles des élèves correspondants qui vont passer deux semaines dans l'école de vos élèves.
Vous expliquez quelle est la localisation de l'école dans votre ville. Vous devez rassurer les parents (transports faciles, proximité de services, de commerces, sécurité…). (100 mots environ)

Vous pouvez utiliser : *se trouver, être situé, proche de, éloigné de, au centre de, près de, au nord/au sud…de, entre, devant/derrière, à l'extérieur de, au coin de…*

....
....
....

Activité 9

Vous êtes le directeur d'une chaîne de boulangeries dans la région. Vous écrivez à tous les responsables des magasins pour décrire les obligations d'ouverture de chaque boulangerie (horaires, jours de travail, ouverture pour les fêtes, pendant les vacances…). (80 mots environ)

Vous pouvez utiliser : *durer, continuer, recommencer, de… à, jusqu'à, pendant, depuis, quotidien, hebdomadaire, continu, tôt/tard, de temps en temps, tous les…, trimestre, période, matinée/soirée.*

....
....
....

Activité 10

Un magazine recherche des témoignages : « Quelle était la vie professionnelle de vos grands-parents ? »
Vous racontez le début de carrière, les changements de vie, le départ en retraite.
(100 mots environ)

Vous pouvez utiliser : *à ce moment-là, alors, ancien, vieux, récent, autrefois, pendant que, avant, commencer, au début, à partir de…, s'arrêter, à la fin.*

....
....
....

SE PRÉPARER

Activité 11

Une grande enquête de la ville est lancée auprès de toute la population pour répondre à la question « Comment améliorer la qualité de vie à l'école ? »

Choisissez votre rôle : élève, parent, commerçant, employé scolaire, professeur…

Vous décidez d'envoyer un courrier pour répondre. (80 mots environ)

Vous pouvez utiliser : *intérêt, qualité, juger, évaluer, apprécier, meilleur, accepter, satisfaire, satisfaisant/insuffisant/acceptable, corriger, correspondre à, succès, réussir, obtenir, arriver à, avoir besoin de, habitude/surprise.*

....
....
....
....
....
....
....
....

Activité 12

Pour des raisons environnementales, l'entreprise ferme définitivement le parking automobile à tous les employés. Vous êtes le responsable du personnel et vous expliquez pourquoi dans la lettre mensuelle de l'entreprise.
(80 mots environ)

Pour exprimer la cause, **vous pouvez utiliser** :
parce que, en raison de, du fait de, causer, provoquer, car, étant donné que, la cause, la raison..

....
....
....
....
....
....
....

production écrite

▬ Organiser une présentation factuelle

Activité 13

Vous écrivez à un ami ou une amie français(e) qui vient d'obtenir son diplôme et qui veut venir travailler dans votre pays. Vous lui présentez comment on recherche un premier emploi dans votre pays. (80 mots environ)

Vous pouvez utiliser : *c'est… que* ou *ce sont… qui*.

Vous répétez avec un pronom : *La responsable,* **elle** *est vraiment sympa. / Ce travail, je* **le** *connais bien.*

Vous mettez en évidence : *Remarquez bien que… / Attention, / Pour être clair / Ce que je veux dire, c'est que…*

Activité 14

Sur un forum francophone, beaucoup de lecteurs veulent savoir comment se passe un jour férié en France pour le commerce. Vous choisissez un jour ou une fête célèbre en France et vous présentez ce qui se passe pendant cette journée. (80 mots environ)

Vous pouvez faire : *une liste d'actions, préciser le temps, la durée, les lieux, les habitudes.*

SE PRÉPARER

3 Raconter une situation passée ou possible

— Introduire et développer une histoire

Activité 15

Vous lisez cette affiche à l'université.

À l'occasion de la 16ᵉ journée nationale du sommeil, le Pôle universitaire vous invite à deux temps de pause en mars.

Vous êtes invités à mettre l'université en « pause » !

Une expérience unique
- à votre bureau,
- en amphi,
- au café...

Essayez la sieste flash !

La vraie sieste flash :
Éteignez vos téléphones portables.
Asseyez-vous sur une chaise, si possible la tête posée.
Laissez vos deux bras libres et prenez dans une main vos clés par exemple.
Détendez-vous pour vous mettre à l'aise et fermez les yeux.
Vous n'avez plus qu'à vous laisser rêver et peut-être vous endormir !
Lorsque les muscles seront détendus, les clés tomberont au sol et cela vous permettra de reprendre vos esprits.
Vous vous serez ainsi reposé(e) en quelques minutes.

D'après *https://www.univ-rennes2.fr/simpps/actualites/journee-nationale-sommeil*

Vous faites l'expérience et vous racontez cela à un ami. Pour parler de cette histoire, vous présentez en deux phrases la situation générale, puis vous introduisez votre expérience et exprimez le sentiment que vous avez ressenti. (60 mots environ)

production écrite

Activité 16

Vous envoyez votre réaction à la rédaction de la lettre mensuelle de votre entreprise qui a publié l'annonce suivante : « *L'entreprise ne financera plus les repas de midi et il sera interdit de manger dans les bureaux. Vous devrez prendre une pause de 20 minutes minimum et sortir de l'entreprise pour déjeuner.* » Vous réagissez en introduisant l'exemple d'un ami qui travaille dans une autre entreprise et qui a le droit de manger dans son bureau. (80 mots environ)

Vous pouvez utiliser : *à propos de…, ça me fait penser à…, j'aimerais vous parler de…, et si je vous disais que…*

Activité 17

Vous venez d'apprendre que, dans votre entreprise, les vacances d'été seront plus courtes cette année. Vous envoyez un message à un ami pour lui donner cette information qui vous semble inacceptable. (100 mots environ)

Vous pouvez utiliser : *Écoute, tu sais que…, je t'ai dit que… ?, j'ai appris que…, il faut que je te dise…, tu ne connais pas la nouvelle ?*

Activité 18

Vous recevez ce message.

> Alors, qu'est-ce qu'on fait pour le cadeau de départ de Baptiste ? Il va partir pour six mois en stage en Afrique et il va nous manquer dans le groupe de copains. Tu sais quoi ? J'ai l'idée de lui offrir un album photos avec tous nos plus belles et folles soirées. Ce serait comme un souvenir de nous qu'il emporte avec lui. Qu'est-ce que tu en penses ?

Vous répondez. Vous n'êtes pas d'accord et vous proposez une autre idée. (80 mots environ)
Faites 2 ou 3 phrases pour les différentes parties du message selon le plan suivant :

SE PRÉPARER

Plan à respecter :
1. Vous expliquez pourquoi l'idée n'est pas bonne.
2. Vous introduisez l'autre idée de cadeau.
3. Vous décrivez l'intérêt de ce cadeau.

....
....
....
....

Activité 19

Souvenirs d'école

Racontez votre plus beau souvenir de l'école primaire.
Vous rédigez 5 phrases pour présenter le plan de votre texte.

D'abord… ....

D'ailleurs,… ....

Ensuite, … ....

Enfin,… ....

En conclusion… ....

▬ Exprimer les notions de temps, d'hypothèse

Activité 20

Comment le temps de travail change-t-il les habitudes de repas ?
Vous répondez à la question avec des exemples entendus dans votre famille.
1 - Autrefois, les parents de mes grands-parents travaillaient tous les jours… mais ils prenaient des petits-déjeuners très variés…

....
....
....
....

2 - Pour mes grands-parents, le travail était… et le déjeuner se passait à la maison avec toute la famille…

....
....
....
....

3 - Quand j'étais enfant, mes parents travaillaient jusqu'à 17 h et après ils… On se retrouvait le soir à la maison et nous mangions…

....
....
....
....

4 - Aujourd'hui, je travaille toute la journée et ma pause déjeuner se passe… Le soir, je mange parfois dans la cuisine mais je ne prépare pas beaucoup….

....
....
....
....

SE PRÉPARER

5 - J'espère que dans 10 ans, la vie au travail sera plus agréable… On m'apportera des plats… Et le soir, je pourrai choisir mes repas…

....
....
....
....

Activité 21

Préparez l'avenir de votre quartier ! Écrivez à l'association « Des projets plein la tête » pour proposer des changements réalistes pour le confort des habitants (transport, sécurité, espaces verts, vie des familles, commerces…).

Faites 8 phrases environ.

Vous pouvez utiliser : *si, au cas où, en cas de, je voudrais, j'aimerais que…*

4 Exprimer des sentiments

— Exprimer les émotions

Activité 22

Classez les expressions en fonction de l'émotion exprimée : *J'en ai assez - tu n'as pas l'air bien - ça m'angoisse - je suis ravi - je suis tellement content - ça m'inquiète - ça me rassure - ça me va très bien.*

Tristesse ➔ ....

Peur ➔ ....

Joie ➔ ....

Satisfaction ➔ ....

Activité 23

> Ils sont quatre copains et copines, Daoud, Paul, Yolaine et Chloé, qui ont décidé que les bords de Loire méritaient un petit nettoyage. Dimanche matin, ils sont donc partis pour enlever le plus de plastique possible. A la fin de la journée, ils avaient rempli quatre gros sacs ! Ils comptent bien continuer leur action tout l'été.
>
> D'après *la Nouvelle République*, 27 juillet 2020.

Vous écrivez un message au journal pour exprimer aussi votre inquiétude devant tous les déchets de plus en plus nombreux au bord des rivières. (60 mots environ)

....

....

....

Activité 24

> **L'école donne envie de lire !**
> Une initiative très intéressante est lancée à l'école : des auteurs, des dessinateurs de BD, des libraires viennent une fois par semaine pendant la pause déjeuner pour rencontrer les élèves qui le souhaitent. C'est une chance incroyable de parler avec des adultes qui aiment, qui créent des livres et qui peuvent aussi raconter des histoires à haute voix. Et ça marche, de plus en plus d'enfants viennent à la bibliothèque !

Votre enfant participe régulièrement à cette expérience très positive et vous racontez pourquoi vous êtes satisfait(e) de l'initiative. (80 mots environ)

....

....

....

SE PRÉPARER

Activité 25

Que détestez-vous le plus ?

Exprimez votre insatisfaction en une phrase.

Au travail ➔ ....

Dans les transports ➔ ....

Dans la rue ➔ ....

Au restaurant ➔ ....

En voiture ➔ ....

▬ Interagir à propos de sentiments

Activité 26

> **L'Atelier des bricoleurs chez Leroy Malin**
>
> Du mercredi au dimanche, venez réaliser de nombreux objets et concrétiser vos projets. Nous mettons à disposition gratuitement nos machines. Vous pourrez couper, bricoler, peindre, imprimer en 3D…

Vous êtes venu(e) la semaine dernière chez Leroy Malin pour bricoler mais rien n'a fonctionné : les machines étaient en panne, il y avait trop de clients et pas de vendeur pour vous conseiller. Vous écrivez au responsable du magasin pour lui faire des reproches et réclamer un meilleur service. (100 mots environ)

....

....

Activité 27

Cette semaine, votre enfant est en voyage scolaire à l'étranger. Il(elle) est très inquiet(-iète) parce que son petit chat est très malade. Après votre visite chez le vétérinaire, vous envoyez un message à votre enfant pour le(la) rassurer. (50 mots environ)

....

....

▬ Faire part de ses réactions

Activité 28

En face de chez vous, la ville a décidé de construire un centre commercial avec coiffeur, banque, supermarché, services médicaux. Il y aura un grand parking pour accueillir les habitants de la banlieue. Dans le journal de la ville, vous voulez publier un texte pour exprimer votre réaction.
Écrivez deux textes. (60 mots environ pour chaque texte)

production écrite

1 - Vous êtes content, exprimez votre accord mais avec quelques réserves. Vous expliquez pourquoi et proposez d'améliorer le projet.

....

....

2 - Vous êtes très mécontent et exprimez votre désaccord. Vous proposez une autre solution et vous l'expliquez.

....

....

Activité 29

> Notre nouvelle auberge de jeunesse ouvre ses portes le 5 octobre !
> Cet immeuble de quatre étages et de 200 places respecte toujours une politique de prix très bas, l'excellente qualité des équipements et un environnement très favorable aux rencontres.

L'office de tourisme vous a invité à passer la nuit du 5 au 6 octobre au moment de l'ouverture de l'auberge de jeunesse. Vous devez ensuite écrire un texte pour motiver les étudiants à venir. (80 mots environ)

....

....

....

Activité 30

> **Le bibliobus du quartier nord de la ville recherche un animateur.**
>
> Chaque jour, notre bus vert s'installe dans les rues pour aller rencontrer les habitants du quartier qui ne peuvent pas se déplacer, par exemple les enfants, les familles nombreuses, les personnes âgées ou avec un handicap…
>
> Dans notre bus, nous transportons ente 3 000 et 4 000 livres, des BD, des albums jeunesse, des magazines.
>
> Si cela vous intéresse, envoyez-nous votre lettre de motivation et les projets que vous pourrez développer avec le bibliobus.

Vous êtes intéressé(e) et vous envoyez votre lettre de motivation. Vous vous présentez et vous donnez votre opinion sur cette action. Vous faites des propositions pour animer le bibliobus. (environ 120 mots)

....

....

S'ENTRAÎNER

1 Le courrier

Exercice 1 *25 points*

- Bien comprendre le sujet : qui écrit à qui ? Pour faire quoi ? Pour exprimer quoi ?
- Donner la priorité aux deux critères les plus importants : présenter les faits, exprimer sa pensée.
- Bien gérer son temps, les 45 minutes passent vite !
- Construire un plan logique en deux ou trois parties.
- Bien compter les mots : minimum de 160 mots mais pas de limite maximale !
- Relire son texte pour l'orthographe et la grammaire.

Un ami vous écrit ce message.

> « Ça y est, j'ai une idée de commerce ! Je vais ouvrir une librairie moderne. Tu sais aujourd'hui, tout le monde achète ses livres sur Internet mais il manque un lieu où se rencontrer. Je veux un magasin un peu spécialisé en BD, en mangas, en science-fiction, en littérature jeunesse où on peut s'arrêter, discuter avec d'autres passionnés de lecture. Ici, il y aura un café, des tables, des canapés et un coin pour enfants. J'ai trouvé le lieu mais j'ai besoin encore d'un peu d'argent. Tu peux m'aider ? »

Vous répondez à votre ami. (160 mots minimum)

....
....

- Vous avez reçu le message d'un ami, donc vous répondez de manière informelle.
- L'ami est très positif, content de son projet, vous pouvez alors l'encourager et le féliciter pour cette bonne idée. Vous êtes au début du message d'accord avec lui.
- Vous pouvez donner votre avis sur les librairies : lieu pour acheter des livres mais aussi pour partager sa passion. Peut-être pouvez-vous aussi raconter votre expérience des librairies.
- La dernière partie est plus difficile parce que vous devez décider si, oui ou non, vous lui prêtez de l'argent et combien. Vous devez expliquer votre décision.

CE QUE JE RETIENS

▶ Quel ton est-ce que j'emploie : formel ou informel ?
▶ La consigne propose-t-elle plusieurs parties à respecter ?
▶ Comment je compte les mots ?
▶ Est-ce que j'utilise des connecteurs logiques entre les idées ?
▶ Mon vocabulaire est-il varié et précis ?
▶ Est-ce que je réponds bien à la situation pratique du sujet ?

production écrite

Proposition de corrigé :
Salut,
Mais c'est une super idée ! Bravo ! Je suis d'accord avec toi : on dit que les gens sont isolés maintenant avec Internet, qu'ils achètent et se parlent seulement « en ligne » mais je rencontre souvent des gens qui me disent qu'ils sont insatisfaits de cette situation. Bien sûr, les gens ont encore envie de se parler et d'échanger !
Tu sais, quand je visite une nouvelle ville, je cherche toujours la librairie principale pour découvrir des nouveaux livres ou des BD. Ce que je remarque, c'est que chaque libraire a son style préféré de littérature et donc organise sa librairie autrement. Par exemple, j'ai vu qu'à la grande librairie de Lille, les BD occupaient tout le premier étage et, à Nancy, le rayon pour enfants avec les livres, les magazines et les jeux, est à côté d'un bar très confortable.
C'est pourquoi je suis favorable à ton idée. Je peux donc peut-être te prêter de l'argent mais je voudrais discuter de la somme et des conditions pour le remboursement.
Le plus simple est de se voir très vite pour en parler.
J'attends ton message, à bientôt.
B.

Nombre exact de mots : 191.

Exercice 2

25 points

Le magazine TOUS EN SPORT de votre ville cherche des entreprises pour participer financièrement à un club de sport de votre choix. (160 mots minimum)

Vous répondez au magazine. Vous envoyez un courrier à la rédaction.
– Votre entreprise est d'accord pour aider un club, vous expliquez le choix du sport.
– Vous racontez votre expérience de ce sport.
– Vous donnez votre opinion sur l'intérêt social, économique, culturel de ce sport dans la ville.

PRÊT POUR L'EXAMEN

- Choisir une simple mise en page pour le courrier (date, nom et adresse du destinataire... non obligatoires) car elle n'est pas notée.
- Bien lire le sujet pour bien le comprendre : ici, « on recherche des entreprises pour donner de l'argent à un club sportif de son choix » !
- Penser à la présentation du texte sur votre page : paragraphes séparés par des espaces.
Bien suivre les indications du sujet : introduction (accord/désaccord), 1re partie (le thème choisi), 2e partie (les raisons).
- Varier le vocabulaire et les structures de phrase.

S'ENTRAÎNER

Exercice 3 25 points

Vous êtes parent d'un enfant en école primaire. Vous recevez le message suivant de l'école.

> Chers parents,
> Aujourd'hui, les enfants apprennent vite et mieux avec les outils numériques. Pour l'année prochaine, nous avons le projet d'équiper tous les enfants avec un ordinateur et un téléphone portables.
> Nous avons besoin de connaître votre avis : les enfants devront-ils utiliser ce matériel seulement à l'école pendant les cours ou pourront-ils le prendre à la maison le week-end et les vacances ? Merci d'avance de vos réponses.
> Cordialement,
> Le personnel de l'école

Vous écrivez une lettre pour répondre à ce message. Vous donnez votre avis. (160 mots minimum)

……
……

PRÊT POUR L'EXAMEN

- Écrire un message formel pour donner son avis.
- Bien préciser qui vous êtes, ce que vous pensez de la situation.
- Utiliser des verbes et des expressions pour parler du futur ou de situations possibles.
- Écrire les mots français du vocabulaire électronique ou informatique (*courriel, portable, naviguer, fichier, télécharger...*).
- Développer votre opinion et les explications en donnant des exemples.

2 L'essai

Exercice 4 25 points

Vous faites partie du comité de santé de votre entreprise et vous voulez ouvrir une salle de sport à l'intérieur de l'entreprise pour tous les employés et leur famille. Vous envoyez au directeur cette proposition. Vous présentez les sports que les personnes pourraient faire et les horaires d'ouverture de la salle. Vous donnez votre opinion sur les avantages de faire du sport sur le lieu du travail. (160 mots minimum)

production écrite

Monsieur le Directeur,
Le sport, c'est la santé ! Et au travail, c'est la performance !...
....
....
....

▸ **Attention, 45 minutes passent très vite !**
– 10 minutes pour réfléchir et faire le plan.
Lisez bien le sujet : quel projet ? pour qui ? où ? pour quoi faire ?
Préparez votre plan rapidement.
– 30 minutes pour écrire.
Pensez au vocabulaire du sport, de la santé.
Reliez bien les idées et introduisez les paragraphes.
– 5 minutes pour compter les mots et corriger des erreurs.
▸ Minimum 144 mots absolument (160 mots minimum – 10 %) !
▸ Lisez une dernière fois pour trouver les erreurs d'orthographe ou de grammaire.

Proposition de corrigé :

Monsieur le Directeur,
Le sport, c'est la santé ! Et au travail, c'est la performance ! Dans le comité de santé de notre entreprise, nous avons remarqué que beaucoup de salariés étaient absents à cause de la fatigue ou d'une vie monotone. Pourtant, vous avez déjà proposé de financer des abonnements à un club de sport mais personne n'en profite. Par conséquent, il est urgent d'avoir une action forte dans l'entreprise, pendant les heures de travail. Nous proposons donc de vous rencontrer pour vous présenter notre nouveau projet : nous voudrions aménager une salle de sport dans l'entreprise, à côté de la cafétéria par exemple, dans le but d'encourager les employés à venir se détendre ou s'entraîner physiquement. C'est bon pour les muscles et pour le corps, donc c'est bon pour la tête ! D'ailleurs, cette salle pourrait rester ouverte tous les jours de 6 heures du matin à 20 heures pour que les familles viennent également. Dans cette atmosphère, nous sommes sûrs que les salariés seront plus heureux et satisfaits d'être au bureau.
Dans l'attente de votre réponse pour un rendez-vous prochain, nous vous souhaitons une excellente journée.
Le comité de santé

Nombre exact de mots : 193.

CE QUE JE RETIENS

▸ Est-ce que mon plan est logique ?
▸ Mon essai respecte-t-il la consigne ?
▸ Comment j'organise mon temps (préparation, rédaction, relecture) ?
▸ Mes idées sont-elles reliées par des connecteurs ?
▸ Les formes verbales sont-elles variées (passé, présent, conditionnel…) ?
▸ Est-ce que j'ai le temps de corriger mes dernières erreurs ?

S'ENTRAÎNER

Exercice 5

Dans le journal régional, vous lisez cette annonce :

25 points

LE PROJET DE LA FUTURE GARE

Le projet de la future gare « multimodale » (connexion plus grande entre train, bus, métro, piétons) est présenté à l'hôtel de ville pendant quatre semaines.

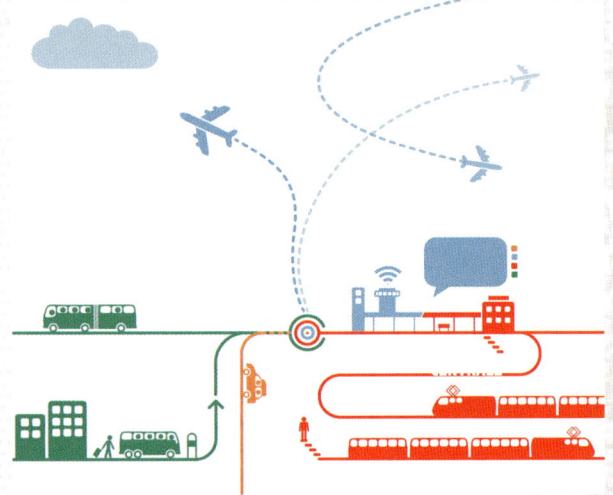

Pendant cette période, les habitants pourront s'informer à notre point Informations et donner leur opinion dans un cahier d'enquête publique.

Vous êtes très intéressé(e) par ce projet pour des raisons familiales et professionnelles.
Vous écrivez le texte que vous voulez laisser dans le cahier d'enquête publique.
Vous décrivez votre expérience de la gare actuelle, pour vous et pour votre famille,
et vous donnez votre avis sur ce nouveau projet et les avantages attendus. (160 mots minimum)

PRÊT POUR L'EXAMEN

- Bien reprendre l'idée générale dans l'introduction.
- Mobiliser le vocabulaire des transports, des voyages et des déplacements.
- Parler de son expérience réelle ou fictive.
- Donner son opinion personnelle.
- Écrire le nombre exact de mots utilisés à la fin du texte.

production écrite

Exercice 6 **25 points**

FORUM POUR LA PROMOTION DES ÉCHANGES INTERNATIONAUX
Vivre une expérience interculturelle et linguistique exceptionnelle à l'étranger

Apprendre une autre langue ;
Vivre « comme dans le pays » ;
Découvrir des cultures différentes ;
Trouver de nouvelles amitiés.

Vous lisez cette page de forum et vous voulez contribuer à la promotion des échanges internationaux. Vous aussi, vous avez participé à un échange (scolaire, universitaire, sportif…). Vous envoyez votre témoignage où vous racontez votre expérience.
Vous donnez des conseils pour bien réussir l'échange international. (160 mots minimum)

PRÊT POUR L'EXAMEN

- Respecter les parties de la consigne (expérience, conseils).
- Compter bien les mots, au minimum 160 mots !
- Écrire un essai et non une lettre personnelle.
- Utiliser les expressions du conseil, de la suggestion (*rassurer, encourager*…).
- Organiser votre texte en trois ou quatre parties maximum.

S'ENTRAÎNER

3 L'article

Exercice 7 — 25 points

Le ministère de l'Éducation nationale fait une enquête :
« Faut-il apprendre plusieurs langues étrangères très jeune ? ».
Il publiera les articles intéressants dans la presse spécialisée.
Vous envoyez votre texte.
Vous racontez comment vous avez appris une ou des langues étrangères. Vous donnez votre avis sur l'âge idéal pour apprendre les langues.
(160 mots minimum)

Proposition de corrigé :

L'enquête du ministère de l'Éducation nationale m'intéresse beaucoup pour différentes raisons. D'abord, la question d'apprendre plusieurs langues étrangères me concerne parce que j'ai étudié différentes langues depuis ma naissance. Ensuite, la question de l'âge est importante parce que, dans mon pays, on apprend l'anglais à partir de 5 ans et une deuxième langue à 11 ans.

Pour commencer, je dirais que c'est un avantage de parler plusieurs langues. On peut parler avec les gens quand on voyage, on peut trouver plus facilement du travail. Bien sûr, parler différentes langues, ce n'est pas toujours parler parfaitement mais ce n'est pas grave. Le plus important est de communiquer avec les autres.

Ensuite, on peut dire que les enfants apprennent très vite d'autres langues. Quand j'étais à l'école primaire, on apprenait très vite l'anglais parce qu'on faisait des concours, des jeux et on voulait gagner des cadeaux ! Donc l'âge idéal, c'est 5 ou 6 ans car on commence à écrire et à comprendre des histoires complexes.

Enfin, en raison de la mondialisation, parler plusieurs langues permet de garder la culture et les traditions de chacun et de découvrir les autres dans leur différence !

Nombre exact de mots : 194 mots

CE QUE JE RETIENS

▶ Est-ce que je peux raconter un souvenir ou une expérience passée ?
▶ Comment j'exprime mes émotions ?
▶ L'expression de mon accord ou désaccord est-elle claire ?
▶ Est-ce que je sais relier les idées et les phrases ?
▶ Le choix de vocabulaire est-il adapté au sujet ?

production écrite

Exercice 8 [25 points]

Le journal *Mobilité internationale* veut aider les personnes qui parlent le français à venir travailler dans un pays francophone. Le projet est de publier chaque semaine sur son site le témoignage d'une personne qui a fait cette expérience.

Vous envoyez votre article parce que vous avez travaillé (un été, quelques semaines ou quelques mois) dans un pays francophone. Choisissez le pays et la durée, racontez votre expérience professionnelle dans un secteur précis et donnez des conseils pour motiver les lecteurs. (160 mots minimum)

PRÊT POUR L'EXAMEN
- Raconter son expérience en utilisant les temps du passé et des expressions de temps et de durée.
- Raconter une expérience professionnelle en utilisant le vocabulaire spécifique.
- Donner des conseils : utiliser le conditionnel et les expressions pour encourager.
- Garder 5 ou 7 minutes à la fin pour relire et améliorer votre texte.

Exercice 9 [25 points]

APPEL À PARTICIPATION À NOTRE JOURNAL DE QUARTIER

Donnons la parole à tous les habitants !
Notre problème le plus important, c'est le manque d'informations sur le quartier !
Nous avons besoin de savoir comment on peut participer à la vie de notre quartier !
Il faut que l'information arrive aux habitants.
Il faut aussi donner la parole aux habitants.

Vous habitez dans ce quartier depuis quelques mois et vous vous associez à cette initiative. Vous écrivez un texte pour demander plus d'informations, plus de débats et que les habitants participent activement : vous les invitez à envoyer leurs idées, leurs initiatives, leurs critiques, leurs envies… (160 mots minimum)

PRÊT POUR L'EXAMEN
- Écrire quelques phrases, complètes ou non, sur un papier brouillon.
- Suivre le plan indiqué dans le sujet.
- Chercher des idées personnelles et des exemples que vous connaissez.
- Développer chaque idée à l'écrit dans des paragraphes.
- Écrire l'idée principale (et la réponse au sujet) dans la conclusion.

Prêt pour l'examen !

Communication
- Décrire et exposer des faits
- Exprimer des notions d'hypothèse
- Faire part de ses opinions
- Interagir à propos de sentiments
- Organiser une présentation factuelle
- Raconter une situation passée ou à venir

Socioculturel
- **Les formules de politesse ou le style informel**
  Monsieur le directeur, Salut les amis
- **La ponctuation**
  Trop bien !
  Pendant une semaine, j'ai travaillé là. Êtes-vous d'accord ?
- **La mise en page**
  À la fin d'un paragraphe, sauter une ligne
- **Les majuscules des acronymes et des sigles**
  UNESCO, TGV, DRH

Grammaire
Les adjectifs et adverbes
bien/bon, vite/rapide, trop, peu, quelques

Les connecteurs logiques

Les temps du passé :
passé composé, imparfait, plus-que-parfait, passé récent

L'hypothèse
le conditionnel : *peut-être, vraisemblablement, si*

Les phrases complexes
que, parce que, bien que, dans la mesure où

Vocabulaire
- Activités quotidiennes
- Actualités
- Études et formation
- Monde du travail
- Opinions
- Relations commerciales
- Sentiments

 STRATÉGIES

1. J'utilise l'ensemble des 45 minutes pour réfléchir, puis écrire et enfin corriger.

2. Avant d'écrire mon texte, je note le vocabulaire qui se rapporte au thème et à la situation demandée.

3. J'écris d'abord sur un brouillon pour construire un plan logique et cohérent.

4. Je note mes idées et j'ajoute des mots et expressions de sentiment ou d'opinion.

5. Je compte, à la fin, le nombre de mots utilisés selon la règle du DELF (un mot est toujours entre deux espaces) et j'écris plus de 160 mots.

production écrite

POUR DIRE

▸ **Écrire un texte structuré**

D'abord, il faut mettre des chaussures de sécurité, ensuite on met des lunettes de protection et enfin, on doit prendre son matériel.
Tout d'abord, je vous présenterai les causes.
En conclusion, on peut dire que les progrès profitent à tous les habitants du quartier.

▸ **Exposer des faits**

Dans une semaine, les enfants seront en vacances.
L'appartement est à 10 km de son travail.
Le nouveau directeur voudra faire une réunion tous les vendredis.
L'entreprise est construite dans une zone dangereuse.
On commençait la journée à 4 heures du matin et l'après-midi, on dormait.

▸ **Exprimer un sentiment**

J'étais vraiment triste d'apprendre cette nouvelle.
Elle a été trop contente de me voir en visioconférence !
Les collègues seront vraiment enthousiastes de cette idée.
J'en ai assez : on nous propose de travailler 6 jours par semaine !
Mais c'est dommage d'arrêter tes études.

▸ **Exprimer une opinion**

Je ne peux pas accepter cette solution.
Cela me semble tout à fait possible.
On pourrait le penser mais...

▸ **Introduire une histoire**

Il faut vraiment que je vous raconte ça !
Pour préciser ma pensée, il est important que je vous explique la raison de cela.
Dans un premier temps, la situation était vraiment compliquée.
En effet, ça fait dix ans que nous attendons ces travaux.

▸ **Faire part de ses réactions**

Elle ne pourra jamais comprendre ta décision.
Figure-toi que j'ai raté le bus à une minute près !
Nous vous remercions sincèrement de votre invitation.
Je vous prie de bien vouloir répondre à ma demande.
Vous semblez mécontent de votre voyage, pour quelle raison ?

▸ **Exprimer une éventualité**

J'espère que cela ira enfin mieux !
Il paraît que l'équipe de France peut encore gagner la victoire.
Ce serait bien si on pouvait rester travailler à la maison.
Notre stagiaire a l'impression d'être inutile, mais je crois qu'il pourrait aussi prendre plus d'initiatives.

Je suis prêt(e) ?

Les 4 questions à se poser

1. Est-ce que je peux exprimer mon opinion et mes sentiments sur le sujet demandé ?

2. Est-ce que je suis capable de présenter un texte avec des paragraphes et une ponctuation correcte ?

3. Est-ce que je peux me relire, trouver des erreurs et les corriger ?

4. Est-ce que je suis capable d'écrire des phrases complexes avec différents connecteurs logiques ?

Prêt pour l'examen !

À faire

avant l'examen

- **Réviser** le **vocabulaire** thématique
  écrire des listes de mots ou expressions sur les thèmes de la vie scolaire, universitaire ou professionnelle, connaître les synonymes et les contraires

- **Réviser** la **grammaire**
  les temps des verbes
  les verbes de modalisation
  les relations logiques
  l'accord des adjectifs, des noms

- **S'entraîner** à écrire des petits textes sur des sujets d'actualité et développer une opinion

le jour de l'examen

- lire attentivement la consigne pour comprendre quel rédacteur vous êtes et à qui vous devez écrire
- présenter un texte organisé et facile à lire
- éviter les longues descriptions impersonnelles
- soigner son orthographe et sa grammaire
- évaluer la longueur de son texte pendant sa rédaction

Production orale

COMPRENDRE

L'ÉPREUVE

La production orale est la quatrième et dernière épreuve de l'examen du DELF B1. Elle est individuelle.

■ Durée totale de l'épreuve	❯ 10 MINUTES DE PRÉPARATION
	❯ 15 MINUTES DE PASSATION
■ Nombre de points	❯ 25 POINTS
■ Nombre d'exercices	❯ 3 PARTIES
■ Nombre de productions	❯ 3 PRODUCTIONS
■ Quand commencer à parler ?	❯ Dès le début de l'épreuve, après les 10 MINUTES de préparation
■ Combien de temps faut-il parler ?	❯ Il faut parler environ 2 à 3 MINUTES pour la partie 1, 3 à 4 MINUTES pour la partie 2, et 5 à 7 MINUTES pour la partie 3 (dont 3 MINUTES sous forme de monologue)
■ Quand commencer la préparation ?	❯ Après avoir lu le document candidat, uniquement pour la partie 3

OBJECTIFS DES EXERCICES

Exercice 1   Entretien dirigé
Exercice 2   Exercice en interaction
Exercice 3   Monologue suivi

LES SAVOIR-FAIRE

Il faut principalement être capable de :

- Respecter des règles de politesse
- Faire face sans préparation à des situations de la vie quotidienne (même inhabituelles)
- Parler de soi, de ses activités, de ses centres d'intérêt avec une certaine assurance
- Expliquer pourquoi il y a une difficulté et proposer des solutions, comparer des alternatives
- Parler de son passé, de son présent et de ses projets
- Exprimer son opinion sur un sujet d'intérêt général
- Répondre sans préparation à des questions sur des sujets familiers
- Organiser sa présentation de manière assez claire

production orale

LES EXERCICES ET LES DOCUMENTS

	Supports possibles	Type d'exercice	Nombre de points
Exercice 1 L'entretien dirigé	▶ Questions de l'examinateur	Entretien (2 à 3 minutes)	4 points
Exercice 2 L'exercice en interaction	▶ Deux sujets à tirer au sort	Dialogue entre vous et l'examinateur (3 à 4 minutes)	4 points
Exercice 3 Le monologue suivi	▶ Deux sujets à tirer au sort (courts articles extraits de la presse francophone)	Exposé personnel puis échange entre vous et l'examinateur (5 à 7 minutes)	4 points

Le niveau linguistique est noté sur **13 points** :
- ▶ Lexique : **5 points**
- ▶ Grammaire : **4 points**
- ▶ Phonétique et prononciation : **4 points**

LA CONSIGNE

Pour l'épreuve individuelle du DELF B1, vous recevrez un document candidat qui présente le déroulement de l'épreuve et les consignes pour chaque partie.
Avant l'épreuve, vous tirerez au sort deux sujets pour la partie n° 3. Vous choisirez le sujet que vous préférez. Vous aurez ensuite 10 minutes pour vous préparer.
Le sujet de la partie n°2 vous sera proposé dès que vous aurez fini la partie n°1. Vous tirerez au sort deux sujets et vous choisirez le sujet que vous préférez.

LES QUESTIONS ET LES RÉPONSES

L'épreuve se déroule en trois parties.

▶ **Partie 1 : Entretien dirigé :** Cette activité a pour objectif de mieux vous connaître et de vous mettre à l'aise. Vous n'avez pas de temps de préparation. L'examinateur vous demande de vous présenter. Vous parlez de vous, de votre famille, de vos loisirs, de votre travail, etc. Vous répondez ensuite à quelques questions.

▶ **Partie 2 : Exercice en interaction :** Vous n'avez pas de temps de préparation. Vous choisissez un sujet parmi les deux que vous avez tirés au sort. Vous jouez un rôle dans un dialogue de 3 à 4 minutes.

▶ **Partie 3 : Monologue suivi :**
Vous présentez votre point de vue sur un sujet d'intérêt général (à partir d'un court article de presse). Vous devez introduire le sujet et faire une présentation claire pendant environ 3 minutes. L'examinateur peut vous poser quelques questions.

CONSEILS

- Respecter les règles de politesse (saluer l'examinateur au début et à la fin de l'épreuve, être souriant).
- Ne pas écrire de longues phrases pendant la préparation. Noter les idées principales, faire des schémas.
- Choisir les sujets sur lesquels on a le plus de choses à dire.
- Essayer de faire des réponses complètes, donner des détails.

SE PRÉPARER

1 Préparer l'entretien dirigé

— Se présenter

Activité 1

Associez chaque question à sa réponse.

1. Est-ce que vous pouvez vous présenter ?

2. Quelle est votre date de naissance ? Où êtes-vous né ?

3. Où habitez-vous ?

4. Quelle est votre situation familiale ?

5. Quels sont vos loisirs, vos passe-temps favoris ?

a. Je suis en couple depuis 3 ans avec une Française. Nous avons un enfant qui a maintenant 2 ans.

b. J'habite à Fiumicino, au sud-ouest de Rome. On a un petit appartement avec vue sur la mer.

c. Oui, bien sûr ! Je m'appelle Giovanni Rosso.

d. Je fais de l'escalade depuis 3 ans maintenant. J'en pratique en club deux fois par semaine. Je joue de la guitare et j'aime chanter. Et j'aime beaucoup lire : magazines, romans…

e. Je suis né le 5 janvier 1988 à Valladolid, en Espagne.

Activité 2

À partir des informations suivantes, racontez les grandes étapes de la vie de Victor Hugo.

Lieu et date de naissance : Besançon, 26 février 1802.
Nom et prénom : Victor Hugo.
Passions : écriture, poésie, théâtre.
Prix : 1819, prix de poésie de l'Académie des jeux floraux de Toulouse.
Métier : poète, dramaturge, romancier, critique, homme politique.
Livres : premier grand roman historique : *Notre-Dame de Paris* (1831) ; *Les Misérables* (1862).
Poésie :
– *Les Orientales* (1829) ;
– *Les Rayons et les Ombres* (1840) ;
– *Les Contemplations* (1856).
Exil : Île de Jersey, île de Guernesey.

production orale

— Parler des loisirs

Activité 3

Associez des loisirs à chaque personne.

1 - Moi, je suis une rurale, j'adore la nature : la campagne, les grands espaces, me dépenser, c'est un besoin vital ! J'aime parcourir de grandes distances, découvrir de nouveaux paysages et c'est pour cela que je me suis mise à l'équitation et au golf.

2 - Je trouve que c'est tellement important d'avoir une activité physique régulière. Personnellement, j'aimerais participer à mon premier semi-marathon à l'automne prochain. Une vingtaine de kilomètres, j'espère que j'y arriverai !
Pour l'instant, je m'entraîne régulièrement en équipe.

3 - Rien de tel que le travail de la terre, c'est excellent ! D'abord pour soi, une vraie détente, et quel plaisir ensuite de récolter le fruit de son travail.
C'est sûr que ça m'occupe bien, mais c'est tellement valorisant au bout du compte !

4 - En ville, c'est vraiment facile de sortir, il y a tellement d'activités culturelles proposées toute l'année ! J'adore y participer, on ne s'ennuie jamais !
Manger avec ses amis dans un endroit puis prolonger le moment en découvrant un nouveau spectacle par exemple, franchement, je trouve ça passionnant !

A. n° : .... **B.** n° : .... **C.** n° : .... **D.** n° : ....

E. n° : .... **F.** n° : .... **G.** n° : .... **H.** n° : ....

SE PRÉPARER

Activité 4

À partir des photos, créez votre propre fiche mémo et exprimez vos goûts de manière positive ou négative en classant les expressions suivantes :

Ce qui m'intéresse, c'est… - j'ai horreur de… - j'adore… - j'aime (beaucoup) … - je n'aime pas… - je déteste… - j'aime bien… - ce qui me passionne, c'est… - ce que je trouve abominable, extraordinaire, horrible, c'est…

A  B  C  D

E  F  G

H  I  J  K

— Parler du caractère

Activité 5

D'après vous, quelles sont les qualités d'un bon manager/directeur/responsable de service ? Et ses défauts ?

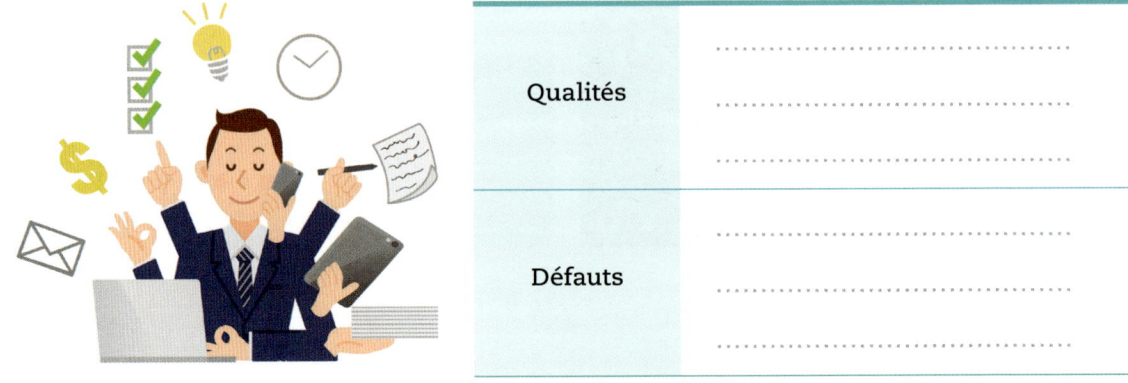

Qualités	....
	....
	....
Défauts	....
	....
	....

production orale

— Parler d'un livre ou d'un film

Activité 6

Retrouvez les différentes parties de la présentation d'Adeline du livre de Frédérique Bedos.

J'ai découvert le livre *La petite fille à la balançoire*, de Frédérique Bedos, à la télévision, ils en parlaient aux informations. C'est l'histoire vraie d'une petite fille, Frédérique Bedos elle-même, dont la maman tombe lentement dans la maladie mentale. Et cette petite fille va être accueillie par Michel et Marité, un couple incroyable, qui adopte plein d'enfants. Et pour tous ces enfants, c'est un nouvel espoir. C'est un livre qui parle d'amour avec un grand A. En le lisant, j'avais sans arrêt envie de pleurer et de rire en même temps, car ce qu'elle raconte est vraiment extraordinaire.
À la fin du livre, on a le sentiment d'avoir rencontré de belles personnes, comme des héros anonymes, et c'est ce qui m'a beaucoup plu.

Adeline

Présentation générale du livre : ....
....

Résumé de l'histoire (ce que raconte le livre et présentation des personnages principaux) : ....
....

Thème principal de l'histoire : ....
....

Opinion sur le livre : ....
....

Adjectifs pour qualifier le livre : ....

Mots pour exprimer l'émotion : ....

Activité 7

Retrouvez les différentes parties de la présentation de Rémi du film *Bis*.

Bis est une comédie française qui est sortie en 2015. Ce film raconte l'histoire de deux amis d'une quarantaine d'années qui ne sont pas très heureux dans leur vie. Un jour, après une soirée, ils se réveillent… en 1986 ! Et ils ont à nouveau 17 ans. Kad Merad et Franck Dubosc sont vraiment deux acteurs que j'aime beaucoup et le duo fonctionne très bien dans ce film. Il y a plein de scènes très rigolotes et des répliques tellement drôles aussi ! Et ce film est vraiment une belle reconstitution des années 1980, ce qui m'a beaucoup touché puisque, moi aussi, je suis né dans les années 1980. Que de souvenirs ! On passe un bon moment, c'est une comédie que je trouve très réussie.

Rémi

SE PRÉPARER

Présentation générale du film : ....

....

Résumé de l'histoire (ce que raconte le film et présentation des personnages principaux) : ....

....

Thème principal du film : ....

....

Opinion sur le film : ....

....

Adjectifs pour qualifier le film : ....

Mots pour exprimer l'émotion et l'opinion : ....

▬ Parler de ses projets passés, présents et futurs

Activité 8

Associez chaque question à sa réponse.

1. Qu'avez-vous fait pendant vos dernières vacances ?

2. Quels projets aimeriez-vous réaliser dans les deux-trois années à venir ?

3. Que faites-vous dans la vie ?

a. Je viens de finir mon master 1 en relations internationales à l'université de Rome et je recherche actuellement un stage sur Paris.

b. Je suis allé à Venise. J'ai toujours rêvé de découvrir cette ville. J'ai beaucoup aimé et ma compagne aussi.

c. J'aimerais trouver du travail, en France, si possible. Nous aimerions habiter en banlieue parisienne. Et si ça ne fonctionne pas, je voudrais habiter à Bruxelles où je pense pouvoir trouver du travail plus facilement. Mais j'ai besoin de perfectionner encore plus mon français d'ici là.

Activité 9

Guillaume parle de son passé. Complétez sa présentation à l'aide des mots suivants : *l'année dernière - il y a 18 mois - hier - quand j'étais plus jeune - depuis toujours - à 17 ans*

........................, j'ai envie d'être pilote d'avion. ...., il y avait un aéroport à côté de la maison et je rêvais d'en piloter un. ...., j'ai fait mon premier stage dans une grande compagnie. ...., j'ai rejoint une école à Toulouse. ...., j'ai piloté mon premier avion en tant que pilote diplômé. Et ...., j'ai fêté cette première fois : déjà une année, le temps passe si vite !

Activité 10

Que fait Mouna aujourd'hui ? Utilisez des expressions de temps pour préciser vos réponses :
aujourd'hui - ce matin - cet après-midi - ce soir.

Activité 11

Quels sont les projets de ce couple ?
Imaginez des informations sur Sébastien et Anke, donnez des explications et des détails :

avoir/construire une maison - avoir une voiture - avoir/fonder une famille - partir en vacances - passer/avoir son permis de conduire - finir ses études - trouver un travail - voyager - …

....

....

Activité 12

Dao parle de ses projets futurs. Complétez ses propos à l'aide des expressions de temps suivantes :
quand je serai à la retraite - à la rentrée prochaine - cet été - plus tard - dans deux ans - demain - jamais.

........................, c'est déjà la fin de l'année scolaire. ...., je souhaiterais partir en vacances avec des amis. ...., je vais commencer ma troisième année à l'université. Si tout va bien, ..., je serai diplômé. ...., je voudrais voyager grâce à mon métier. Je ne voudrais .... rester trop longtemps dans le même endroit. Mais ...., j'aimerais vivre définitivement dans le sud de la France !

SE PRÉPARER

2 Préparer l'exercice en interaction

Comprendre la consigne

Activité 13

Lisez chaque sujet et complétez le tableau.

Sujet 1 :
Vous avez réservé un séjour à Lyon qui comprend un dîner dans un restaurant gastronomique. Une fois sur place, vous apprenez que le dîner est remplacé par la visite d'un musée. Vous n'êtes pas d'accord. Vous discutez avec l'employé de l'agence pour trouver une solution.
L'examinateur joue le rôle de l'employé.

Sujet 2 :
Vous regardez le programme de télévision avec un(e) ami(e). Et vous n'êtes pas d'accord sur le choix du programme pour la soirée. Il/Elle insiste. Vous essayez de convaincre votre ami(e) de choisir le même programme que vous.
L'examinateur joue le rôle de votre ami(e).

Sujet 3 :
Vous apprenez le français dans une école à Bordeaux. Comme vous n'avez pas beaucoup de temps, vous ne rendez jamais à votre professeur les activités à faire à la maison. Votre professeur s'inquiète et souhaite vous parler. Vous lui expliquez la situation et vous essayez de trouver une solution.
L'examinateur joue le rôle du professeur.

	Sujet 1	Sujet 2	Sujet 3
a. Qui parle ? De quelle nature est la relation entre les interlocuteurs : amicale, éducative ou commerciale ?	....	....	....
b. Est-ce que je vais utiliser « tu » ou « vous » ?	....	....	....
c. Quel registre de langue vais-je utiliser ?	☐ Familier ☐ Standard ☐ Formel	☐ Familier ☐ Standard ☐ Formel	☐ Familier ☐ Standard ☐ Formel
d. Quelle(s) action(s) précise(s) dois-je faire ? Remarque : Certaines actions ne sont pas représentées dans les trois sujets.	☐ S'excuser ☐ Expliquer ☐ Convaincre ☐ Protester ☐ Exprimer un désaccord ☐ Proposer	☐ S'excuser ☐ Expliquer ☐ Convaincre ☐ Protester ☐ Exprimer un désaccord ☐ Proposer	☐ S'excuser ☐ Expliquer ☐ Convaincre ☐ Protester ☐ Exprimer un désaccord ☐ Proposer

production orale

— Demander, vérifier et confirmer des informations, s'excuser

Activité 14

Lisez les 3 énoncés ci-dessous. Pour chaque situation, identifiez les expressions pour :

	Situation 1	Situation 2	Situation 3
a. S'assurer de la bonne compréhension de l'interlocuteur			
b. Présenter ses excuses			

1 - Vous n'avez pas la carte d'abonnement correspondant à la réduction de votre billet.
Je suis désolé, mais vous allez devoir payer une amende. Vous comprenez ?

2 - Je vous prie de nous pardonner, je comprends bien votre frustration, mais je ne peux pas céder car si je le fais pour vous, je dois appliquer la même règle pour tous. Est-ce que vous me suivez ?

3 - Veuillez m'excuser Monsieur, je crois que vous n'avez pas bien entendu ma collègue, mais si vous souhaitez être remboursé, vous devez, en effet, me prouver que le problème ne vient pas de chez vous, est-ce que c'est clair ?

Activité 15

Complétez le dialogue avec les expressions suivantes : *C'est bien ça ? - Pourriez-vous me renseigner sur… - Oui, tout à fait ! - Tout est clair - Bien sûr ! - Pouvez-vous me dire…*

— Bonjour, Monsieur ! Puis-je vous aider ?
— Oui, nous sommes intéressés par la visite du château. Et je suis un peu perdu. .... les tarifs, s'il vous plaît.
— .... ! 15 euros par adulte. De 4 à 15 ans, c'est 10 euros. L'entrée est gratuite pour les enfants de moins de 4 ans.
— Très bien ! Nous sommes 2 adultes et 3 enfants, dont un de moins de 4 ans, ce qui ferait 50 euros, ...
— ....
— J'ai une autre question à vous poser : .... si nous pouvons pique-niquer sur place ? J'ai vu sur votre site qu'il y avait une zone prévue à cet effet mais je n'ai pas compris si elle était à l'intérieur du château ou s'il fallait ressortir.
— Vous pouvez tout à fait manger sur place, en effet ! L'espace prévu à cet effet se trouve bien à l'intérieur du château.
— Merci beaucoup ! ...., maintenant !
— Vous voulez d'autres informations ?
— Non, merci ! C'est parfait !
— Au revoir !
— Au revoir, Monsieur !

SE PRÉPARER

— Expliquer, justifier, convaincre

Activité 16

Sujet : Vous aviez prévu de vous rendre à l'anniversaire de votre collègue. Malheureusement, vous avez eu un problème chez vous. Vous lui téléphonez pour lui expliquer la raison.

Lisez le sujet et complétez le dialogue ci-dessous en expliquant la situation.

> – Allô Michel ?
> – Allô !
> – C'est Catherine, au téléphone. Je t'appelle concernant ta soirée d'anniversaire. Je suis vraiment désolée, je ne vais pas pouvoir venir. Je vais t'expliquer pourquoi : en fait,..........................
> ....
> ....
>
> – Je suis déçu mais je comprends bien. Ce sera pour une prochaine fois !
> – Oui, tout à fait !
> – On se voit demain au travail !
> – À demain !

Activité 17

Sujet : Vous arrivez pour la troisième fois de la semaine en retard à votre cours de langue. Le professeur vous demande, cette fois, d'aller trouver le directeur. Vous vous justifiez.

Lisez le sujet et remettez les phrases du dialogue dans l'ordre.

a. Excusez-moi, mais je vous promets, ce n'est vraiment pas de ma faute ! J'essaie vraiment d'arriver à l'heure pour le cours. Je prépare mes affaires la veille, je mets bien mon réveil et je pars dans les temps.
b. Bonjour Ela ! Asseyez-vous. Le professeur m'a expliqué que vous étiez arrivée en retard pour la troisième fois cette semaine. Ça fait beaucoup !
c. Je vais vous expliquer. En fait, ce n'est pas de ma faute. Il y a des problèmes avec les transports en commun. C'est pour ça que je suis en retard.
d. Bonjour Monsieur !
e. Bien ! Je compte sur vous pour faire attention à l'avenir… Essayez de prendre un autre itinéraire.
f. Trois fois dans la même semaine… C'est étrange car je n'ai entendu parler ni de grève ni de perturbation.

1	2	3	4	5	6

Activité 18

Vous regardez le programme télévision avec un(e) ami(e). Et vous n'êtes pas d'accord sur le choix du programme pour la fin d'après-midi. Vous essayez de convaincre votre ami(e) de choisir le même programme que vous.

France 2
17.20 **Dans la peau d'un chef**
Masterclass avec un grand chef.

M6
17.25 **Les reines du shopping**
4 femmes sont en compétition shopping.

production orale

Aidez-vous des phrases suivantes ou inventez votre propre dialogue.

> Je préfère regarder France 2 car l'émission est plus intelligente, je trouve.

> J'ai toujours l'impression que les candidats font semblant.

> Ce programme dure trop longtemps.

> C'est vrai que j'aime la mode, mais je n'aime pas cette émission !

> Je ne supporte pas la présentatrice de l'émission.

▬ Encourager, donner des conseils

Activité 19

Arnaud, votre ami, a gagné au loto. Il ne sait pas quoi faire des 10 000 euros de gain. Il vient vous voir. Vous lui donnez des conseils.

Activité 20

Quelles sont les expressions qui marquent l'encouragement ? Quelles sont celles qui permettent de féliciter quelqu'un ?

a. ☐ Bon, c'est raté, n'est-ce pas ?
b. ☐ Bravo ! Tu as réussi !
c. ☐ Oh là là ! Mais ça ne va pas du tout !
d. ☐ Quel travail ! Félicitations !
e. ☐ Allez, courage ! Tu vas y arriver !
f. ☐ Ben, dis donc ! On peut dire que c'est mauvais !

▬ Exprimer un désaccord, un mécontentement, menacer, protester

Activité 21

Reliez les phrases à ce qu'elles expriment.

1. Je ne suis pas d'accord avec toi.
2. Reculez ou j'appelle la police.
3. Vous vous trompez !
4. Je ne suis pas du tout satisfait de ce produit.
5. Je suis vraiment fâché !
6. Je vous préviens, je ne me laisserai pas faire !
7. Je ne suis pas du même avis.

- a. exprimer un désaccord
- b. exprimer un mécontentement.
- c. menacer

SE PRÉPARER

Activité 22

Sujet : Vous avez acheté un vêtement. Mais quand vous rentrez chez vous, vous vous apercevez qu'en enlevant l'antivol, le vendeur a fait un trou dans le vêtement. Vous revenez au magasin où vous tentez d'obtenir le remboursement de l'achat.

Cochez les phrases que vous pourriez utiliser pour protester :

a. ☐ Je tiens à être remboursé, ce n'est pas possible, je viens d'acheter ce vêtement !

b. ☐ J'ai un problème : j'ai un trou dans le vêtement que je viens juste d'acheter.

c. ☐ C'est ma faute, j'ai complètement oublié mon porte-monnaie.

d. ☐ Ce trou vient de l'antivol, c'est certain !

e. ☐ Je n'ai pas envie de payer !

f. ☐ C'est inadmissible! J'exige d'échanger ce vêtement.

Activité 23

N'oubliez pas l'importance de l'intonation pour faire passer un message.
Reliez les phrases en prenant en compte l'intonation pour trouver le sens qu'elle communique.

1. Il va y arriver ↗ •   • a. Tu crois qu'il va y arriver ?

2. Il va y arriver ↘ •   • b. Mais si, j'en suis sûr et certain, il va y arriver !

3. Il va y arriver → •   • c. Il y arrivera, pas de problème.

production orale

3 Préparer le monologue suivi

— Comprendre le sujet

Activité 24

Prenez connaissance du document et répondez aux questions.

Le logement intergénérationnel et solidaire : une autre forme de cohabitation

Le logement intergénérationnel et solidaire est une formule économique et conviviale. Il permet de réunir sous le même toit des jeunes à la recherche d'un logement (les hébergés) et des seniors (les hébergeurs) à la recherche d'une compagnie pouvant leur rendre quelques services pour des tâches quotidiennes définis à l'avance : une présence à certaines heures, le soir, la nuit, les week-ends, la lecture, un brin de causette*, quelques courses…

Hébergés et hébergeurs s'engagent donc les uns vis-à-vis des autres. Mais, comme la cohabitation est sous le signe de la convivialité et du partage, il s'instaure souvent une relation de vie familiale. En conclusion, le logement intergénérationnel et solidaire est un engagement généreux, un mode d'hébergement pas tout à fait comme les autres. Bref, une formule à découvrir et à vivre !

Publié le 5 juin 2020, d'après https://www.infos-jeunes.fr/se-loger/connaitre-les-differents-types-de-logements/le-logement-intergenerationnel-et-solidaire-une

* Petite conversation

Cochez la bonne réponse.

1 - Quelle est la nature de ce document ?

☐ Un article. ☐ Un exposé. ☐ Une publicité.

2 - De quoi parle ce document ?

☐ D'une forme de colocation.

☐ De la location d'un bien.

☐ De l'achat d'un bien.

3 - Quelle est l'idée principale présentée dans ce texte ?

☐ Les nouvelles habitations favorisent la mixité sociale.

☐ La solidarité s'applique au domaine du logement.

☐ Le logement intergénérationnel n'intéresse pas les jeunes.

4 - Classez les expressions surlignées dans la bonne catégorie.

Pour résumer	Pour exprimer la cause	Pour exprimer la conséquence	Pour conclure

SE PRÉPARER

5 - Classez les expressions suivantes dans le tableau. Et enrichissez-le !
à cause de - alors - grâce à - car - en bref - pour terminer - c'est pourquoi - par conséquent - en résumé, finalement - pour finir - puisque - en effet

Pour résumer	Pour exprimer la cause	Pour exprimer la conséquence	Pour conclure
....	....	....	....
....	....	....	....

▬ Trouver les mots justes

Activité 25

Réécrivez maintenant les phrases en changeant l'expression surlignée. Veillez à garder le même sens.

1 - Hébergés et hébergeurs s'engagent donc les uns vis-à-vis des autres.

....

2 - Comme la cohabitation est sous le signe de la convivialité et du partage, il s'instaure souvent une relation de vie familiale.

....

3 - En conclusion, le logement intergénérationnel et solidaire est un engagement généreux.

....

4 - Bref, une formule à découvrir et à vivre !

....

Activité 26

Prenez connaissance du document suivant et répondez aux questions.

Bientôt un "permis vélo" pour les enfants !

Le vélo est un moyen de transport formidable, à la fois économique et écologique. Mais c'est aussi un moyen de transport dangereux, comme en attestent les récents résultats en matière de sécurité routière. Rien qu'au mois de février, 18 cyclistes ont perdu la vie sur les routes de France. À l'heure où le gouvernement souhaite promouvoir cette forme de mobilité, le besoin de formation se fait de plus en plus prégnant*. C'est dans ce contexte que les pouvoirs publics s'apprêtent à lancer une formation de dix heures à la pratique du vélo à destination des enfants âgés de 6 à 11 ans.

Publié le 12 avril 2019, source : caradisiac.com
https://www.caradisiac.com/bientot-un-permis-velo-pour-les-enfants-175679.htm

* Fort

production orale

1 - Quelle est l'idée principale présentée dans ce texte ?
☐ Apprendre aux enfants à faire du vélo sans roulettes.
☐ Sensibiliser les enfants aux déplacements à vélo.
☐ Initier les enfants aux moyens de transport écologiques.

2 - Pour éviter les répétitions, reliez chacun des mots suivants à leur synonyme.

formidable • • mourir
récent • • un apprentissage
perdre la vie • • extraordinaire
promouvoir • • pour
une formation • • dernier
à destination (de) • • favoriser

Activité 27

Lisez le document, puis répondez aux questions.

Réseaux sociaux : sous le même toit mais pas dans le même univers… un nouveau défi pour la famille

Un dimanche où ses trois enfants de 14 ans, 9 ans et 6 ans, vautrés dans le canapé, chacun devant son écran, n'échangeaient pas un mot, André a piqué une crise. Ce père de famille exaspéré a demandé à tout le monde de poser son téléphone portable ou sa tablette pour choisir un film qu'ils pourraient regarder et commenter ensemble.
« J'avais l'impression que ma famille était en train de se déliter* sous mes yeux. J'étais chez moi comme en terre étrangère, dans un lieu sans écoute, sans partage, sans capacité à se créer une histoire commune », rapporte-t-il. Comme lui, des milliers de parents s'inquiètent de voir les réseaux sociaux absorber leurs enfants. Et certains reconnaissent qu'eux aussi ont du mal à lâcher leur smartphone au moment de passer à table…

Publié le 9 avril 2019, source : lefigaro.fr
https://www.lefigaro.fr/actualite-france/sous-le-meme-toit-mais-pas-dans-le-meme-univers-un-nouveau-defi-pour-la-famille-20190409

*Se décomposer

1 - Par quel(s) mot(s) pourriez-vous remplacer les expressions ou les mots suivants ?

« vautrés dans le canapé » : ....

« n'échangeaient pas un mot » : ....

« André a piqué une crise » : ....

« exaspéré » : ....

2 - De qui parle-t-on dans la dernière phrase : « Et certains reconnaissent qu'eux aussi ont du mal à lâcher leur smartphone au moment de passer à table… » ?

....

3 - Trouvez le mot dans le texte qui exprime le but.

....

SE PRÉPARER

Activité 28

Souligner les expressions qui expriment le but et notez comment elles sont construites :

1 - Ce père de famille exaspéré a demandé à tout le monde de poser son téléphone portable ou sa tablette pour choisir un film qu'ils pourraient regarder et commenter ensemble.

....

....

2 - Ce père de famille exaspéré a demandé à tout le monde de poser son téléphone portable ou sa tablette pour que tous choisissent un film qu'ils pourraient regarder et commenter ensemble.

....

....

Connaissez-vous d'autres expressions de but ? Complétez le tableau.

Exprimer le but	
	....
	....
	....
	....
	....
	....

Activité 29

Continuez les phrases suivantes pour exprimer l'opposition.

1 - J'aime beaucoup passer du temps sur les écrans. **En revanche**, ...

....

....

2 - Chaque réseau social permet de s'exprimer d'une certaine manière, je trouve que c'est intéressant ! Sur Twitter, il faut écrire des messages très courts **alors que** ....

....

....

3 - J'entends parfois que les réseaux sociaux sont une perte de temps, **mais** ....

....

....

4 - Les réseaux sociaux peuvent relier les gens, **cependant** ....

....

production orale

▬ Organiser ses idées et donner son point de vue

Activité 30

Lisez le document, puis répondez aux questions pour le présenter.

Robot : allié dans la crise sanitaire, ennemi pour l'emploi ?

Quand les contacts humains doivent être limités au maximum, ils peuvent sauver des vies et des usines. Mais ces robots, plus visibles que jamais depuis le début de la pandémie de coronavirus, vont-ils aussi amplifier le chômage provoqué par la crise ?
C'est un bras articulé qui sert des demis* dans un bar de Séville, un humanoïde qui prend la température et oriente les patients à hôpital universitaire

d'Anvers, un chien-robot qui distribue du gel hydroalcoolique dans un centre commercial de Bangkok, une glacière télécommandée qui livre ses courses à une famille de Washington... Ces images se sont multipliées au fur et à mesure** que le virus se répandait, et que le monde se confinait.

Publié le 16 juin 2020, source : https://www.letelegramme.fr/
https://www.letelegramme.fr/monde/robot-allie-dans-la-crise-sanitaire-ennemi-pour-l-emploi-16-06-2020-12567253.php

* des verres de bière
** progressivement, petit à petit

1 - Présentez le document.

Il s'agit de ....

Il parle de ....

L'idée principale présentée dans ce texte est la suivante :

....

....

2 - Cochez la réponse qui convient. La problématique de ce texte est :

☐ Les robots envahissent notre quotidien, ils sont partout autour de nous.

☐ Les robots vont finir par remplacer les gens et menacent ainsi leur métier.

☐ Une nouvelle génération de robots a été créée, toujours plus performante.

3 - Pour argumenter, vous pouvez organiser vos idées selon le schéma :
– pour / contre,
– causes / conséquences.
Ou selon des thématiques :
– illustrer vos argumentaires avec des exemples issus de votre vie personnelle ou de votre quotidien culturel.

> **CONSEILS**
>
> ▪ Je dois éviter d'utiliser toujours la même phrase type : « je pense que... parce que... » et montrer que je connais d'autres expressions :
> – À mon avis, ... car...
> – Il me semble que...
> – Moi, je crois que...
> – Personnellement, je trouve que... . En effet, ...
> – Pour moi, ...

SE PRÉPARER

Pour exprimer votre point de vue sur ce sujet, complétez le plan selon le schéma :
– pour / contre.

Pour 3 arguments + exemples	Contre 3 arguments + exemples
1 -	1 - ....
2 -	2 - ....
3 -	3 - ....
Exemple :	Exemple : ....

▬ Réagir à une opinion

Activité 31

Classez les expressions de la liste ci-dessous.
je ne suis pas (tout à fait) d'accord - je suis du même avis - je suis tout à fait d'accord - il est vrai que… cependant, je trouve que… - je partage votre opinion.

Être d'accord : ....

Être en désaccord : ....

Réagissez aux opinions suivantes :

1 - À mon avis, le football est un sport qui n'a pas d'avenir car les gens sont choqués par les salaires des joueurs.
2 - Il me semble que les émissions culturelles sont de plus en plus rares à la télévision. C'est triste !
3 - Moi, je crois que les éoliennes sont des solutions énergétiques d'avenir !
4 - Personnellement, je trouve que le niveau de mathématiques des élèves est bien meilleur aujourd'hui qu'il y a 30 ans.
5 - Pour moi, 60 % des métiers dans 30 ans restent à inventer. En effet, le salariat est un concept totalement dépassé. L'avenir est aux travailleurs polyvalents et indépendants.

Partager le même avis	Être en désaccord et apporter une nuance
1 - *Je suis tout à fait d'accord. Les footballeurs sont vraiment trop payés.*	1 -
2 -	4 -
3 -	
5 -	

production orale

Activité 32

Réagissez aux affirmations suivantes. Trouvez pour chaque affirmation un argument et un exemple pour appuyer votre opinion. Nuancez vos propos si besoin.

1 -

« Dans 20 ans, il n'y aura plus que des robots. Ce sera génial ! »

Argument : ....
....
....

Exemple : ....
....
....

2 -

« Moi, je pense que les robots ne devraient pas exister ! Même pas un seul ! »

Argument : ....
....
....

Exemple : ....
....
....

3 -

« Je ne suis pas certain que tous les secteurs d'activités soient touchés par l'automatisation des tâches. »

Argument : ....
....
....

Exemple : ....
....
....

S'ENTRAÎNER

1 L'entretien dirigé

Exercice 1
(4 points)

Le jour de l'examen, voici la consigne donnée pour la première partie de l'épreuve :
Vous parlez de vous, de vos activités, de vos centres d'intérêt. Vous parlez de votre passé, de votre présent et de vos projets. L'épreuve se déroule sur le mode d'un entretien avec l'examinateur qui amorcera le dialogue par une question (exemples : *Bonjour… Pouvez-vous vous présenter, me parler de vous, de votre famille… ?*).

▶ Cette première partie se fait sans préparation et dure 2 à 3 minutes.
▶ Pour réussir cette épreuve, suivez ces quelques conseils :
– Respectez les règles de politesse. N'oubliez pas de saluer l'examinateur en entrant dans la salle. Vous pouvez utiliser des formules comme : « Bonjour Madame », « Bonjour Monsieur », « Comment allez-vous ? ».
– Cette première partie a pour objectif de faire connaissance et de vous mettre à l'aise. Essayez d'être détendu et souriant.
– Faites une présentation simple et organisée d'environ 1 minute 30.

1. Commencez par donner des informations sur votre nom, prénom, âge, nationalité, situation familiale, lieu d'habitation.

2. Vous parlerez ensuite de vos goûts, de vos loisirs, de ce que vous aimez ou n'aimez pas faire.

3. Vous pourrez ensuite donner des informations sur ce que vous faites comme travail ou études.

4. Enfin, terminez en parlant de vos projets (votre futur métier, vos études, vos prochains voyages).

– L'examinateur vous posera quelques questions (1 minute environ). Il s'agit de développer certains points de votre présentation ou de vous questionner sur d'autres informations vous concernant (vos dernières vacances, votre apprentissage du français, etc.).
– Utilisez le vocabulaire que vous connaissez bien. Ne faites pas de phrases trop compliquées.
– Parlez clairement et articulez bien. Regardez l'examinateur pendant votre présentation.

Exemple d'entretien :

Examinateur : Bonjour, pouvez-vous vous présenter, me parler de vous, de votre famille ?
Candidat : Bonjour, je m'appelle Cyryl Nowak. J'habite en Pologne avec ma famille. J'ai un grand frère qui a 28 ans et une petite sœur qui a 18 ans. Mes parents sont propriétaires d'un hôtel-restaurant à Zakopane. Mon père travaille comme chef de cuisine et ma mère s'occupe de la gestion de l'hôtel. } *Informations sur soi et sa famille*

production orale

J'aime passer du temps avec mon frère et ma sœur. Nous adorons tous les trois le sport et nous en faisons beaucoup ensemble : de l'escalade, du vélo, des randonnées en montagne et du ski en hiver. J'aime aussi voir mes amis pour des sorties culturelles. Nous nous retrouvons pour aller au cinéma, voir des expositions ou des concerts. — **Les loisirs**

Depuis 2 ans, je suis étudiant à l'université de Varsovie. J'étudie l'économie politique. L'objectif de cette discipline, c'est de trouver des explications et des solutions à des problèmes économiques et sociaux. J'étudie donc le fonctionnement des institutions publiques, des entreprises, des services publics. C'est vraiment très intéressant ! — **Les études**

Je ne sais pas encore exactement ce que je vais faire plus tard. Je voudrais continuer mes études encore quelques années et passer du temps à l'étranger. Ensuite, je travaillerai peut-être comme journaliste ou bien dans des banques ou de grandes entreprises. Mais, je n'ai pas encore décidé. — **Des projets**

Examinateur : D'accord. Quand vous parlez de passer du temps à l'étranger, est-ce que vous savez où vous aimeriez aller et ce que vous pourriez faire ?

Candidat : Oui, j'aimerais effectuer un master en sciences économiques en Allemagne, à Francfort en particulier. C'est une formation qui m'intéresse beaucoup car elle propose une spécialisation en finances publiques. Et puis, j'adore l'Allemagne. J'y suis allé plusieurs fois en vacances avec des amis. C'est un pays qui me plaît beaucoup. En plus, comme ce n'est pas très loin de la Pologne, je pourrais revenir assez régulièrement à la maison. — **Réponse sur un point de la présentation à développer**

Examinateur : Oui, j'ai l'impression que c'est important pour vous. Pourriez-vous me raconter vos dernières vacances en famille ?

Candidat : Bien sûr. La dernière fois que nous sommes allés en vacances tous les cinq, c'était à Gdansk. Nous sommes partis une semaine, à la fin du mois d'août. Gdansk est une très belle ville. Il y a beaucoup de monuments, de musées et de théâtres. Nous avons loué une voiture et nous avons eu la chance d'aller au festival de musique de Sopot, à quelques kilomètres de Gdansk. C'est un festival très connu en Pologne. C'était génial ! Nous avons découvert la région des lacs de Mazurie où nous avons fait du kayak. C'était très amusant. — **Réponse sur un élément nouveau (ici les vacances)**

Examinateur : Merci Cyryl. Nous allons passer à la deuxième partie de l'épreuve.

CE QUE JE RETIENS

▶ Suis-je capable de parler de moi sur des sujets variés (famille, loisirs, travail, études, projets) ?

▶ Est-ce que je peux me présenter clairement et avec suffisamment d'assurance ?

▶ Suis-je capable de répondre à des questions sur un sujet familier me concernant ?

S'ENTRAÎNER

Exercice 2 — 4 points

Lisez le sujet suivant.

Vous parlez de vous, de vos activités, de vos centres d'intérêt. Vous parlez de votre passé, de votre présent et de vos projets. L'épreuve se déroule sur le mode d'un entretien avec l'examinateur qui amorcera le dialogue par une question (exemples : *Bonjour… Pouvez-vous vous présenter, me parler de vous, de votre famille… ?*).

▶ Préparez votre présentation en parlant de vous, de votre famille, de vos loisirs, de votre travail ou de vos études et de vos projets.

Répondez aux questions que pourrait vous poser l'examinateur :

Sur le passé :
– Où avez-vous passé vos dernières vacances ?
– Parlez-moi de ce que vous avez fait le week-end dernier.
– Parlez-moi de vos études lorsque vous étiez plus jeune.

Sur le présent :
– Parlez-moi de vos passe-temps préférés.
– Décrivez-moi une de vos journées ordinaires.
– Parlez-moi du lieu où vous vivez.

PRÊT POUR L'EXAMEN
- Saluer l'examinateur.
- Faire une présentation claire.
- Organiser sa présentation par thématique.
- Répondre aux questions de l'examinateur en développant ses réponses.

Exercice 3 — 4 points

Lisez le sujet suivant.

Vous parlez de vous, de vos activités, de vos centres d'intérêt. Vous parlez de votre passé, de votre présent et de vos projets. L'épreuve se déroule sur le mode d'un entretien avec l'examinateur qui amorcera le dialogue par une question (exemples : *Bonjour… Pouvez-vous vous présenter, me parler de vous, de votre famille… ?*).

▶ Préparez votre présentation en parlant de vous, de votre famille, de vos loisirs, de votre travail ou de vos études et de vos projets.

Répondez aux questions que pourrait vous poser l'examinateur :

Sur vos projets :
– Pourriez-vous me parler plus précisément de votre travail (ou de vos études) ?
– Quels sont vos projets pour cette année ?
– Comment voyez-vous votre avenir dans 5 ans ?
– Quel pays rêveriez-vous de visiter ?
– Quel serait votre travail idéal ?

PRÊT POUR L'EXAMEN
- Sourire et regarder l'examinateur.
- Prendre le temps de bien prononcer les mots.
- Utiliser du vocabulaire connu.
- Choisir les formes grammaticales que l'on maîtrise bien.

production orale

2 L'exercice en interaction

Exercice 4 (4 points)

Lisez la consigne donnée pour la deuxième partie de l'épreuve :
Vous tirez au sort deux sujets et vous en choisissez un. Vous jouez le rôle qui vous est indiqué.
Le genre masculin est utilisé pour alléger le texte. Vous pouvez naturellement adapter la situation en adoptant le genre féminin.

- ▶ Cette deuxième partie se fait sans préparation et dure 3 à 4 minutes.
- ▶ L'examinateur vous propose plusieurs sujets, vous en prenez deux et vous en choisissez un.
  - – Prenez le temps de lire chaque sujet.
  - – Cet exercice est une simulation d'interaction. Vous devez jouer un rôle. Choisissez la situation avec laquelle vous êtes à l'aise.
  - – Prenez le temps de bien comprendre le sujet. Essayez de le reformuler.
  - – Réfléchissez rapidement à la situation. S'agit-il d'une situation formelle (utilisation du « vous ») ou non formelle (utilisation du « tu ») ?
  - – Saluez votre interlocuteur.
  - – Présentez-lui la situation : dites-lui qui vous êtes, expliquez-lui le problème et parlez de la solution que vous proposez.
  - – Donnez poliment votre avis sur les propositions et les remarques de votre interlocuteur. Essayez de défendre votre opinion mais aussi de proposer des solutions alternatives si vous n'êtes pas d'accord.
  - – Lorsque vous trouvez un accord avec votre interlocuteur, remerciez-le et prenez congé.

Sujet choisi :
Vous avez réservé une chambre dans un hôtel à Hendaye pour plusieurs nuits. Un couple, dans la chambre voisine, s'est disputé toute la nuit et vous avez très mal dormi. Vous décidez de parler au réceptionniste de l'hôtel le lendemain matin pour trouver une solution.
L'examinateur joue le rôle du réceptionniste.

Exemple d'interaction entre un candidat et un examinateur :

Examinateur : Bonjour Monsieur. Je peux vous aider ?

Candidat : Oui, je suis hébergé chez vous dans la chambre 114. Je suis arrivé hier, la chambre est confortable, elle est bien équipée et la vue sur la mer est superbe mais il y a un gros problème. Cette nuit, le couple de la chambre 116 s'est disputé. Ils parlaient très fort et cela a duré toute la nuit. J'ai très mal dormi. Je souhaiterais donc changer de chambre.

Examinateur : Je comprends tout à fait, Monsieur, et je suis vraiment désolé. Malheureusement, nous n'avons plus de chambre au même tarif que la vôtre. L'hôtel est pratiquement

S'ENTRAÎNER

complet actuellement. Je peux vous offrir des bouchons d'oreilles pour vous protéger du bruit si vous voulez.

Candidat : Je vous remercie, mais je ne peux pas dormir avec cet objet. Vous dites que l'hôtel est pratiquement complet. Cela signifie donc qu'il y a quelques chambres libres ?

Examinateur : Oui, nous avons trois chambres de catégorie supérieure. Elles sont très spacieuses, agréables et elles donnent toutes les trois sur la mer. Nous les vendons avec un supplément de 100 euros par nuit. Si cela vous intéresse, je peux vous en réserver une.

Candidat : Cela m'intéresse effectivement, mais j'espérais que vous me la proposiez gratuitement. C'est tout de même à cause de la mauvaise isolation entre les chambres de l'hôtel que je n'ai pas pu dormir la nuit dernière. Vous ne pourriez pas faire un geste commercial ?

Examinateur : Je regrette, Monsieur, je ne suis que réceptionniste. Je ne peux pas vous faire ce type d'offre. Si vous souhaitez faire une réclamation, il faudrait contacter Mme Barreau. Mais elle est en congés actuellement, elle ne revient que dans trois jours.

Candidat : Je vois. Dans ce cas, vous ne pourriez pas parler au couple de la chambre 116 ? Vous ne pourriez pas leur dire de faire moins de bruit ?

Examinateur : C'est délicat, Monsieur. Ces deux personnes viennent chez nous depuis longtemps, ce sont des clients fidèles et nous n'avons jamais eu de problème avec eux. Je ne voudrais pas les fâcher.

Candidat : Si vous les connaissez, pourquoi ne pas leur proposer une autre chambre ? Ils accepteraient sûrement.

Examinateur : Non, car ils s'en vont demain matin. Soyez patient.

Candidat : Mais, j'ai besoin de dormir tranquille. Je refuse de prendre à nouveau le risque de passer une nuit comme celle d'hier.

Examinateur : Je comprends. Écoutez, j'ai peut-être une solution. J'ai une dernière chambre de libre. Je ne vous l'ai pas proposée car c'est une chambre qu'on ne vend presque jamais. C'est une chambre plus petite, sans vue sur la mer. Elle est très calme. Le seul problème, c'est que la salle de bains est dans le couloir de l'hôtel. Est-ce que vous accepteriez d'y passer une nuit ? Vous pourriez retrouver votre chambre actuelle dès demain matin, au départ des clients de la chambre 116.

Candidat : Bon, si c'est le seul moyen de passer une bonne nuit, sans dépenser plus, j'accepte. Mais à condition de retrouver ma chambre demain et de ne pas avoir d'autres ennuis ensuite.

Examinateur : C'est promis, Monsieur. Nous y ferons attention.

Candidat : Je vous remercie, Monsieur. Je vais donc préparer mes affaires.

Examinateur : Oui, appelez-nous quand vous êtes prêt, nous vous porterons les valises dans votre nouvelle chambre. Bonne journée.

Candidat : Merci, bonne journée également !

CE QUE JE RETIENS

- ▶ Est-ce que j'ai bien compris le rôle qu'on me demande de jouer (respect de la situation, des règles de politesse) ?
- ▶ Est-ce que je suis capable de présenter la situation à mon interlocuteur ?
- ▶ Est-ce que je suis capable de donner mon opinion, de la défendre, d'apporter des précisions et de confirmer des informations ?
- ▶ Est-ce que je peux adapter mes propositions aux réponses de mon interlocuteur ?

production orale

Exercice 5 — 4 points

1 - Vous avez tiré au sort deux sujets pour la deuxième partie de l'épreuve. Vous en choisissez un.

> **Sujet choisi :**
> Vous passez une semaine de vacances avec votre ami français et sa famille dans une maison de location. Depuis le début du séjour, c'est vous qui faites les courses et qui préparez les repas. Vous n'êtes pas satisfait de cette situation. Vous parlez avec votre ami pour trouver une solution.
> *L'examinateur joue le rôle de votre ami.*

2 - Jouez le rôle qui vous est indiqué.

PRÊT POUR L'EXAMEN

- Lire plusieurs fois la consigne avant de commencer à parler. Il est important de bien comprendre la situation.
- Décrire la situation ou le problème de manière claire et polie.
  Il est possible de commencer par parler des points positifs avant de se concentrer sur les points négatifs.
- Faire des propositions simples et concrètes à son interlocuteur.
- Tenir compte des remarques de son interlocuteur pour faire de nouvelles propositions.
- À la fin de l'interaction, remercier et saluer son interlocuteur.

Exercice 6 — 4 points

1 - Vous avez tiré au sort deux sujets pour la deuxième partie de l'épreuve. Vous en choisissez un.

> **Sujet choisi :**
> Vous étudiez le français pendant un mois à Nice. Votre professeur utilise souvent l'anglais pour expliquer des mots car tout le monde comprend cette langue. Vous n'êtes pas d'accord avec ce choix. Vous parlez à votre professeur pour le convaincre de changer sa méthode de travail.
> *L'examinateur jour le rôle de votre professeur.*

2 - Jouez le rôle qui vous est indiqué.

PRÊT POUR L'EXAMEN

- Utiliser du vocabulaire connu et maîtrisé. Essayer de varier vos formulations (synonymes, expressions).
- Choisir des structures de phrases qui ne posent pas de problème.
  Faire des phrases simples correctes et essayer de produire quelques phrases complexes (pronoms relatifs, complétives).
- Utiliser des temps et modes variés (indicatif, conditionnel, subjonctif).
- Parler de manière claire, ni trop vite ni trop lentement, en articulant.
  S'exercer et enregistrer sa voix en français pour améliorer la prononciation.

S'ENTRAÎNER

3 Le monologue suivi

Exercice 7

4 points

Lisez la consigne donnée pour la troisième partie de l'examen.

Vous tirez au sort deux sujets et vous en choisissez un. Vous dégagez le thème soulevé par le document et vous présentez votre opinion sous la forme d'un exposé personnel de 3 minutes environ. L'examinateur pourra vous poser quelques questions.

▶ Pour cette troisième partie, vous avez 10 minutes de préparation, avant le déroulement de l'épreuve. Cette partie dure entre 5 et 7 minutes en tout (exposé et échange avec l'examinateur).

▶ L'examinateur vous propose plusieurs sujets, vous en prenez deux et vous en choisissez un.
— Prenez le temps de lire chaque sujet.
— Choisissez le sujet sur lequel vous avez le plus de choses à dire.

Le journalisme participatif ou le journalisme citoyen

Depuis quelques années, avec le développement d'Internet, le cycle de l'information a été bouleversé et, petit à petit, le rapport public-journalistes a évolué. Ainsi, le public non-journaliste devient, grâce à un accès facile et universel à Internet, un citoyen-acteur qui a la possibilité de participer à la production et à l'élaboration de l'information : blog, photos, vidéos,... Tout un chacun qui le souhaite témoigne de ce qu'il voit, analyse ce qu'il entend, fait un reportage sur ce qu'il constate. Alors, tous journalistes ?

▶ Vous avez 10 minutes pour préparer votre présentation.
— Pendant la préparation, n'écrivez pas toutes les phrases de votre exposé.
— Notez vos idées de manière efficace (sous forme de plan détaillé, de carte ou de schéma).

Exemple de plan détaillé :

Introduction : Journalisme participatif ou journalisme citoyen, présentation de cette forme de journalisme

1. État des lieux du journalisme participatif
    1.1. Un monde hyperconnecté
    1.2. Des citoyens actifs

2. Les conséquences
   2.1. Question des compétences, de la valeur de l'information.
   2.2. Le journalisme participatif, une valeur ajoutée

3. Les limites de cette nouvelle forme de journalisme
   3.1. Opinions vs faits
   3.2. Qualité des informations reçues

Conclusion : Il est important qu'il y ait un espace et un cadre pour cette nouvelle forme de journalisme.

Exemple de présentation développée par un candidat :

Le sujet que je souhaite vous présenter a pour thème le journalisme participatif. Dans cet article, l'auteur nous présente ce qu'est le journalisme participatif dans un contexte où le cycle de l'information a été complètement transformé : rapidité et facilité de l'accès à l'information et rapidité et facilité de l'accès à la diffusion de cette même information. **Nous allons tout d'abord** faire un état des lieux du journalisme participatif, **puis nous parlerons** des conséquences qu'il implique. **Enfin,** nous analyserons ces limites.

Tout d'abord, on peut faire le constat suivant : tout le monde peut participer de manière active à la diffusion de l'information sur les réseaux sociaux, les blogs, les chroniques en ligne, etc. **Et c'est ainsi que** les contenus que l'on peut qualifier d'amateurs sont de plus en plus présents, qu'on le veuille ou non, dans les médias et ces contenus côtoient des articles publiés par des journalistes professionnels. On est ainsi passé du simple statut de « consommateur » de l'information à celui de « producteur » de l'information.

Voyons à présent quelles en sont les conséquences. Cette nouvelle façon de voir le journalisme pose la question des compétences. Le journalisme, l'information, c'est du travail. On peut **donc** se poser la question de la valeur qu'a l'information aujourd'hui. Il ne s'agit ni de sacraliser le métier de journaliste, ni de le dénigrer mais de se demander si et comment le journalisme participatif modifie ou non le journalisme professionnel et le métier de journaliste. À moins que les deux ne travaillent main dans la main. **Par ailleurs, notons que** par sa liberté de parole et de ton, le journalisme participatif crée le débat, ce qui est, selon moi, une vraie valeur ajoutée.

On en arrive à mon dernier point qui porte sur les limites du journalisme participatif. On pourrait se demander si le journalisme participatif ne privilégie pas l'opinion plutôt que les faits, chacun présentant l'information d'après son expérience ou avec son angle de vue. **Par ailleurs,** beaucoup d'informations qui circulent sur le net sont fausses, biaisées ou incomplètes. On peut se demander si ce phénomène n'est pas amplifié par le fait que tout un chacun participe à l'information et par la surabondance d'informations.

Pour conclure, il ne s'agit pas ici de présenter et de confronter de façon simplifiée et incomplète le journalisme participatif et le journalisme professionnel. Je crois, au contraire, que le journalisme participatif complète le journalisme professionnel. **Toutefois,** je pense qu'il doit être transparent et trouver une place adaptée, avec le courrier des lecteurs, par exemple, ou encore avec les émissions de radio qui invitent les auditeurs à s'exprimer à l'antenne. **En tout cas,** il me semble primordial, pour nous aujourd'hui, de savoir analyser l'information que l'on reçoit **et puis** de prendre le temps de s'interroger sur les informations que l'on reçoit avant de les relayer. **Enfin,** il serait juste de mettre en place, le plus tôt possible, une éducation aux médias pour tous.

S'ENTRAÎNER

CE QUE JE RETIENS

▶ Est-ce que je suis capable de préparer ma présentation sous forme de notes ?
▶ Est-ce que je peux introduire le sujet de manière simple ?
▶ Est-ce que je peux exprimer mon point de vue avec suffisamment de précision ?
▶ Mon discours est-il organisé et facile à suivre ?
▶ Est-ce que je connais les expressions utiles pour donner mon opinion ?

Exercice 8 (4 points)

1 - Vous avez tiré au sort deux sujets pour la troisième partie de l'épreuve. Vous en choisissez un.

Quand les grands-parents deviennent des parents "bis"

Parent bis, auxiliaires, les sociologues ont un autre nom pour ces papys et mamies hyper présents : la grand-parentalité intensive. "Il s'agit de grands-parents qui s'engagent très fortement dans la prise en charge de leurs petits-enfants", définit Morgan Kitzmann, sociologue spécialisé dans l'étude des rapports entre les deux générations.

Presque 20% des grands-parents fournissent une aide logistique régulière à leurs enfants. Ils font alors partie intégrante de la logistique familiale, soulagent les parents épuisés, leur permettent de faire des activités sans leur progéniture, voire de travailler plus.

Les grands-parents ont en fait toujours été autant présents quantitativement mais leur positionnement se rapproche désormais de celui de parent. Ils fournissent une aide logistique autant qu'éducative.

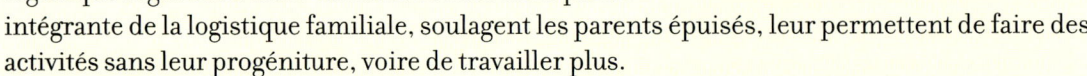

Publié le 17 novembre 2019, source : lexpress.fr
https://www.lexpress.fr/actualite/societe/famille/quand-les-grands-parents-deviennent-des-parents-bis_2106216.html

2 - Vous préparez votre exposé pendant 10 minutes. Vous présentez votre opinion personnelle pendant environ 3 minutes.

3 - Après votre présentation, l'examinateur pourra vous poser quelques questions, comme par exemple :
– Pour vous, qu'est-ce qui vous semble le plus important pour que cette aide fonctionne ?
– Que pensez-vous de cette solidarité familiale ? Est-ce une bonne idée ?
– Nous avons parlé d'aide logistique et d'aide éducative. Que pourraient apporter d'autres les grands-parents ?

PRÊT POUR L'EXAMEN

■ Préparer sa présentation sous forme de notes.
■ Donner son point de vue en s'appuyant sur les informations dans l'article et son expérience personnelle.
■ Répondre aux questions de l'examinateur en donnant le plus d'éléments possibles.

production orale

Exercice 9   4 points

1 - Vous avez tiré au sort deux sujets pour la troisième partie de l'épreuve. Vous en choisissez un.

"Clean challenge", le défi écolo des cités

Les défis lancés sur les réseaux sociaux ne sont pas tous idiots. Certains sont à l'origine de mouvements civiques et vertueux*. Début août, les habitants de Garges-lès-Gonesse (région parisienne), ont été mis au défi de nettoyer leur cité de fond en comble, et armés de pelles et de sacs, les jeunes n'ont pas ménagé leur peine. Et depuis, d'autres villes ont suivi l'exemple et ont relevé le "clean challenge" à travers toute la France.

Dans une cité de Saint-Denis (région parisienne), une trentaine d'habitants sont prêts à traquer les déchets, à la suite du challenge lancé par une ville voisine. Armés de pinces, ils récupèrent des boites, des mégots, des canettes et autres bouteilles en plastique. "*C'est beau à voir (...) les jeunes sont là, et ils ont assumé ce défi*", se réjouit une habitante.

Publié le 27 août 2019, source : franceinfo.fr
https://www.francetvinfo.fr/politique/banlieues/clean-challenge-le-dem-ecolo-des-cites_3593185.html

* respectable, moral

2 - Vous préparez votre exposé pendant 10 minutes. Vous présentez votre opinion personnelle pendant environ 3 minutes.

3 - Après votre présentation, l'examinateur pourra vous poser quelques questions, comme par exemple :
– Connaissez-vous d'autres exemples d'initiatives écologiques dans votre pays ou en France ?
– Quels sont les problèmes d'environnement qui vous touche le plus ?
– Selon vous, quelle est la meilleure solution pour inciter les gens à garder nos villes propre ?
– Participeriez-vous à ce type de projet ?

PRÊT POUR L'EXAMEN

- Pendant la préparation, bien réfléchir à l'introduction et à la conclusion.
- Organiser ses idées de façon logique.
- Respirer avant le début de l'exposé et parler clairement.

Prêt pour l'examen !

Communication

- Accepter
- Conclure
- Conseiller
- Décrire une situation
- Demander une autorisation
- Développer un thème
- Entrer en contact
- Faire une transition
- Introduire un sujet
- Proposer
- Refuser
- Saluer
- Se présenter

Socioculturel

Être capable d'interagir dans une situation imprévue

Percevoir les différences de registres dans les discours

Savoir minimiser, corriger en s'excusant, adapter son opinion

Savoir décrire les caractéristiques de la société

Être capable de comprendre le point de vue de l'interlocuteur

Grammaire

Les temps des verbes
Les connecteurs logiques
Les phrases simples
Les phrases complexes
Les temps et les modes
L'hypothèse
Les tournures impersonnelles
Les pronoms
(possessifs, interrogatifs, indéfinis)

Vocabulaire

- Famille
- Études
- Loisirs
- Opinion
- Projets
- Sentiments
- Travail

 STRATÉGIES

1. Pendant la préparation de l'examen, je me concentre sur les informations que je suis capable d'exprimer.

2. Si j'ai un doute ou si je n'arrive plus à me rappeler un mot, j'essaie d'expliquer ce que je veux dire par une définition ou un synonyme.

3. Je n'hésite pas à me corriger si je me rends compte d'une erreur (mot, accord, choix d'un temps).

production orale

POUR DIRE

▶ Se présenter
- Je me présente, je m'appelle…
- Je suis d'origine mexicaine.
- Je suis votre nouveau voisin.

▶ Proposer
- Je vous propose de prendre un taxi pour rentrer.
- Et si on sortait dîner ensemble demain soir ?
- Pourquoi ne viendrais-tu pas nous rendre visite en Italie ?

▶ Demander une autorisation
- Est-ce qu'on pourrait utiliser l'imprimante, s'il vous plaît ?
- Est-ce que tu me permets de sortir ce soir ?
- Ça te va si j'accompagne Marc à la bibliothèque ?
- Si tu le permets, j'aimerais bien préparer le dîner ce soir.
- Je souhaiterais envoyer un courriel.

▶ Introduire un sujet
- J'aimerais vous parler du problème du logement à Paris.
- Nous allons voir ensemble l'importance de la famille dans notre société.
- Le premier point que je voudrais expliquer…
- Premièrement, il faut rappeler que…

▶ Développer un thème
- Cette nouvelle façon de travailler est une révolution.
- De la même manière, on peut voir qu'Internet est un média essentiel pour les jeunes.
- Cela me fait penser à un film que j'ai vu récemment.

▶ Faire une transition
- Je passe maintenant à mon deuxième point.
- Passons à la question suivante.

▶ Conclure
- Pour terminer, je dirais que…
- En conclusion, nous devons nous interroger sur l'avenir.
- Pour résumer, voici les points essentiels à retenir.
- Finalement, il est possible de vivre de cette façon

▶ Parler de la famille
- Un état civil
- Un époux
- Une épouse
- Un compagnon
- Une compagne
- Un enfant
- Un mariage
- Une séparation
- Vivre ensemble

▶ Parler des loisirs
- Le temps libre
- Adorer
- Détester
- Préférer
- Se passionner pour
- S'intéresser à
- Se distraire
- Un goût
- Un intérêt
- Un spectacle
- Une réservation
- Un jeu de hasard
- Le jardinage
- Le bricolage

▶ Parler des projets
- Un but
- Un objectif
- Une intention
- Chercher à
- Rechercher
- Afin (de + infinitif / que + subjonctif)

▶ Donner son opinion
- Un avis
- Réfléchir
- Conclure
- Déduire
- Supposer
- Observer
- Constater
- Généraliser
- Vérifier
- Prouver
- Démontrer

▶ Exprimer des sentiments
- Un espoir
- La confiance
- La fierté
- Le calme
- L'ennui
- La haine
- L'amour
- La tendresse
- Ressentir
- Adorer

Je suis prêt(e) ?

Les 4 questions à se poser

1. Est-ce que je suis capable de me présenter (2 minutes environ) ?
2. Est-ce que je peux répondre à des questions me concernant ?
3. Suis-je capable de discuter pour trouver une solution à une situation problématique ?
4. Est-ce que je suis capable de présenter mon opinion sur un sujet d'intérêt général ?

Prêt pour l'examen !

À faire

avant l'examen

- ☐ **Enrichir** son **vocabulaire**
  chercher des synonymes pour donner des informations personnelles et son opinion

- ☐ **Réviser** la **syntaxe**
  les phrases simples et complexes
  les conjugaisons des verbes permettant de se présenter et de donner son opinion
  l'utilisation des différents temps et modes
  l'utilisation des prépositions, des adjectifs possessifs et démonstratifs

- ☐ **S'entraîner** à parler à voix haute devant un miroir, devant un ami, s'enregistrer

le jour de l'examen

- ☐ respirer et se détendre
- ☐ saluer l'examinateur
- ☐ bien lire les consignes
- ☐ parler clairement
- ☐ penser à organiser son discours avec des connecteurs (*tout d'abord, de plus, d'ailleurs*, etc.)
- ☐ chercher à mobiliser un vocabulaire varié
- ☐ faire des réponses détaillées, riches en informations

AUTO-ÉVALUATION

Compréhension de l'oral	Oui	Pas toujours	Pas encore
Je peux comprendre une information factuelle sur des sujets de la vie quotidienne.			
Je peux comprendre les points principaux d'une interaction entre locuteurs natifs, d'une émission de radio ou d'un enregistrement sur des sujets familiers.			
Je peux identifier des points de vue ou des récits d'expérience portant sur des sujets d'intérêt personnel.			

Compréhension des écrits	Oui	Pas toujours	Pas encore
Je peux comprendre des textes rédigés dans une langue courante ou en relation avec mes intérêts (mon travail, mes loisirs, etc.)			
Je peux identifier l'information pertinente dans des écrits quotidiens (lettres, dépliants et courts documents officiels).			
Je peux sélectionner et réunir des informations provenant de différentes parties du texte ou de textes différents afin d'accomplir une tâche spécifique.			
Je peux reconnaître les idées principales d'un article de journal sur un sujet familier et non complexe.			

Production écrite	Oui	Pas toujours	Pas encore
Je peux écrire des textes articulés présentant des descriptions d'événements, ou des comptes rendus d'expériences portant sur des sujets familiers.			
Je peux écrire des textes d'intérêt personnel exprimant des sentiments ou des réactions sur des sujets variés familiers.			
Je peux apporter des informations et donner des explications sur des sujets abstraits et concrets.			

Production orale	Oui	Pas toujours	Pas encore
Je peux parler de moi avec une certaine assurance et répondre à des questions sur des sujets familiers.			
Je peux me débrouiller dans des situations même un peu inhabituelles de la vie quotidienne.			
Je peux présenter mon point de vue de manière assez claire sur des sujets familiers d'intérêt général.			

Épreuve blanche 1 Option tout public DELF B1

Compréhension de l'oral   25 minutes   25 points

Vous allez écouter plusieurs documents. Il y a 2 écoutes. Avant chaque écoute, vous entendez le son suivant.
Dans les exercices 1, 2 et 3, pour répondre aux questions, cochez (X) la bonne réponse.

Exercice 1   7 points   PISTE 43

Vous écoutez une conversation.
Lisez les questions. Écoutez le document puis répondez.

1. Romain annonce à son père qu'il veut... *1 point*
A. ☐ travailler à temps complet.
B. ☐ arrêter définitivement ses études.
C. ☐ suivre un autre parcours universitaire.

2. La décision de Romain s'explique par... *1,5 point*
A. ☐ le coût des études.
B. ☐ la difficulté des cours.
C. ☐ le nombre d'heures de cours.

3. Le père de Romain lui propose de... *1 point*
A. ☐ suivre des cours à domicile.
B. ☐ l'aider à chercher du travail.
C. ☐ s'inscrire dans une autre université.

4. Romain pense que les premiers mois à l'université ont été utiles parce qu'il... *1,5 point*
A. ☐ a dépensé très peu d'argent.
B. ☐ a les idées claires sur son avenir.
C. ☐ a pu se passer de l'aide de ses parents.

5. Romain pense gagner un peu d'argent en travaillant pour... *1 point*
A. ☐ rembourser ses parents.
B. ☐ continuer à payer ses études.
C. ☐ financer des cours de soutien.

6. Finalement, le père de Romain... *1 point*
A. ☐ choisit d'en reparler plus tard.
B. ☐ accepte la décision de son fils.
C. ☐ trouve le projet trop compliqué.

Épreuve blanche 1 Option tout public DELF B1

Exercice 2   9 points

Vous écoutez la radio.
Lisez les questions. Écoutez le document puis répondez.

1. Le document présente l'évolution…   1 point
A. ☐ des habitudes de recherche d'emploi.
B. ☐ des exigences des employeurs.
C. ☐ des compétences des candidats.

2. D'après l'enquête, une partie des Français trouve que la candidature spontanée pour trouver un emploi…   1 point
A. ☐ oblige à utiliser Internet.
B. ☐ donne de bons résultats.
C. ☐ dépend de la taille de l'entreprise.

3. Les demandeurs d'emploi qui s'adressent surtout à leurs relations personnelles sont…   1,5 point
A. ☐ les moins âgés et les plus diplômés.
B. ☐ les moins âgés et les moins diplômés.
C. ☐ les plus âgés et les moins diplômés.

4. Les plus jeunes préfèrent que les entreprises…   1,5 point
A. ☐ aient des réseaux sociaux.
B. ☐ publient leurs emplois dans une revue.
C. ☐ organisent des rencontres professionnelles.

5. Le document donne l'exemple d'une entreprise qui recrute…   1,5 point
A. ☐ grâce à la publicité des salariés.
B. ☐ grâce aux conseils de son directeur.
C. ☐ grâce aux jeunes diplômés recrutés.

6. D'après le document, on utilise déjà beaucoup Internet pour…   1 point
A. ☐ ses études.
B. ☐ sa vie familiale.
C. ☐ ses besoins personnels.

7. Le journaliste pense que le recrutement en ligne devra…   1,5 point
A. ☐ augmenter le nombre d'offres d'emploi.
B. ☐ obliger les entreprises à modifier leurs pratiques.
C. ☐ développer les techniques de recherche d'emploi.

Épreuve blanche 1 Option tout public DELF B1

Exercice 3 9 points

Vous écoutez la radio.
Lisez les questions. Écoutez le document puis répondez.

1. D'après le directeur des études, Frédéric Micheau, de très nombreux Français veulent maintenant.... 1 point
- A. ☐ vendre...
- B. ☐ changer...   ...les objets qu'on utilise quotidiennement.
- C. ☐ garder...

2. D'après l'enquête, les Français préféreraient surtout louer... 1,5 point
- A. ☐ leurs appareils ménagers.
- B. ☐ leurs objets électroniques.
- C. ☐ leurs biens immobiliers.

3. Pour Frédéric Michaud, le directeur des études, certains produits technologiques...
1,5 point
- A. ☐ sont très solides.
- B. ☐ vieillissent très vite.
- C. ☐ peuvent être réparés.

4. Face à ces changements de consommation, les entreprises... 1 point
- A. ☐ essaient de vendre davantage.
- B. ☐ proposent des produits à bas prix.
- C. ☐ réagissent en offrant de nouveaux services.

5. Ce nouveau mode de consommation a des conséquences... 1 point
- A. ☐ politiques.
- B. ☐ écologiques.
- C. ☐ scientifiques.

6. Les Français achètent des produits récents s'ils sont... 1,5 point
- A. ☐ solides.
- B. ☐ à bon prix.
- C. ☐ indispensables.

7. Ce qui est nouveau aujourd'hui, c'est qu'on vend d'abord... 1,5 point
- A. ☐ le recyclage...
- B. ☐ la technologie...   ...d'un objet.
- C. ☐ le service rendu...

Compréhension des écrits   45 minutes   25 points

Exercice 1   8 points

Vous partez en France pour une mission professionnelle d'une semaine à Reims.
Vous recherchez un logement qui réponde aux critères suivants :
– accessible à pied depuis la gare ;
– connexion à Internet dans la chambre ;
– petit-déjeuner inclus dans le tarif ;
– possibilité de dîner sur place.
Vous comparez ces annonces. Pour chaque annonce, cochez (X) OUI si cela correspond au critère ou NON si cela ne correspond pas.

L'Abri du voyageur

Situé dans le centre-ville de Reims, l'établissement se trouve à 5 minutes à pied de la gare. L'hôtel, une entreprise familiale, vous propose des chambres équipées d'une connexion Wi-Fi gratuite.

Les hébergements sont également équipés d'une télévision, d'une salle de bains privée avec sèche-cheveux et articles de toilette.

L'hôtel comporte un bar servant boissons froides et chaudes. Un petit-déjeuner buffet est servi tous les matins pour un supplément de 11 euros par jour.

Pour vos repas, déjeuners ou dîners, l'hôtel travaille en partenariat avec plusieurs restaurants du quartier. N'hésitez pas à demander conseil aux propriétaires !

L'abri du voyageur

	OUI	NON
1. Situation	☐	☐
2. Internet	☐	☐
3. Petit-déjeuner	☐	☐
4. Dîner	☐	☐

Appart'Hôtel

Situé dans le centre de Reims, à 200 mètres de la gare SNCF, Appart'Hôtel propose des studios indépendants, disposant d'une télévision, d'un bureau et d'une salle de bains. Leur cuisine est équipée d'un four à micro-ondes, d'une plaque de cuisson et d'un réfrigérateur. Vous bénéficierez d'une connexion Wi-Fi dans le hall de l'immeuble et d'un parking public à proximité. Un petit-déjeuner est servi chaque matin pour 10 euros. Des restaurants sont installés à quelques minutes de marche de l'établissement pour les autres repas.
Appart'Hôtel est la solution parfaite pour ceux qui veulent découvrir seuls la ville.

Appart'Hôtel

	OUI	NON
1. Situation	☐	☐
2. Internet	☐	☐
3. Petit-déjeuner	☐	☐
4. Dîner	☐	☐

Maison Duverny

Situé à 15 km de Reims, la Maison Duverny vous propose un séjour familial à la campagne. Il est possible de venir vous chercher à la gare. Si vous êtes en voiture, le stationnement sur place est gratuit.

Chaque chambre possède une connexion à Internet, une télévision et une salle de bains privative avec une douche.

Le petit-déjeuner, compris dans le tarif de la chambre, est servi tous les matins sur la terrasse.

Le soir, profitez d'un repas préparé et servi par les propriétaires.

Vous pourrez profiter d'un service de prêt de vélos pour visiter la région.

Maison Duverny

	OUI	NON
1. Situation	☐	☐
2. Internet	☐	☐
3. Petit-déjeuner	☐	☐
4. Dîner	☐	☐

La Demeure sacrée

Située près de Reims – la gare se trouve à 15 minutes en voiture – la maison d'hôtes « La Demeure sacrée » vous propose des hébergements élégants ainsi qu'un grand jardin.

Décorées dans un style contemporain, toutes les chambres comportent un coin salon, une télévision et une connexion Wi-Fi gratuite. Certaines possèdent une terrasse.

Le petit-déjeuner est inclus dans le tarif de la chambre, les autres repas sont à votre charge. Tous les repas sont faits maison.

De plus, vous pourrez profiter d'un salon commun pour discuter avec les propriétaires ou simplement vous détendre.

La Demeure sacrée

	OUI	NON
1. Situation	☐	☐
2. Internet	☐	☐
3. Petit-déjeuner	☐	☐
4. Dîner	☐	☐

Exercice 2 — 8 points

Vous lisez cet article.

La radio pour donner la voix aux autres

À 23 ans, Alexis Durand, étudiant en journalisme, anime sa propre émission radio. Une émission sportive dans laquelle il accueille des présidents de clubs de sport, des joueurs ou de simples amateurs. Alexis s'est en particulier engagé à donner la parole aux athlètes à besoins spéciaux. « *Il nous faut un environnement garantissant les mêmes chances de réussite à tous* », indique-t-il.

Alexis cherche également à mettre en valeur le sport féminin, insistant sur l'importance de donner plus de visibilité aux femmes athlètes, notamment dans les sports dits masculins comme le football, le catch ou le basket-ball. Il a beaucoup d'admiration pour Amale Dib, une ancienne enseignante qui est devenue la première catcheuse française à intégrer la plus grande fédération de catch au monde

Fait surprenant pour un présentateur radio, Alexis confie avoir été un garçon « *assez timide* ». « *À l'école, je n'osais pas m'exprimer. Ayant eu une jeunesse assez compliquée et des difficultés scolaires, j'ai dû plusieurs fois changer d'école* », confie-t-il.

Il dit n'avoir « *pas choisi d'être journaliste, encore moins journaliste sportif, c'est le journalisme qui m'a choisi* ». Le jeune homme raconte qu'avant même de débuter ses études universitaires, il a connu ses premières expériences professionnelles en accompagnant un ami pour filmer des interviews avec les plus grandes stars du basket-ball, diffusées sur les réseaux sociaux. En parallèle, le jeune étudiant a eu plusieurs petits boulots : agent d'accueil à l'hôpital, serveur dans des restaurants ou gardien d'immeuble, l'expérience ne manque pas à Alexis qui, en plus de ses études et de son emploi actuel en tant que présentateur radio, s'est récemment lancé dans des études en marketing numérique. « *Ce n'est évidemment pas facile de gérer sa formation et son travail, surtout quand on est journaliste : il faut rechercher de nouveaux sujets, préparer un bon contenu… Cela prend beaucoup de temps et demande un fort engagement* », estime-t-il. L'ambitieux étudiant, qui a comme devise « *Si tu y crois, tu y arriveras* », souhaite un jour créer sa propre émission de télévision documentaire.

Pour répondre aux questions, cochez (X) la bonne réponse.

1. L'émission d'Alexis est spécialisée dans le sport de haut niveau. — 1 point
- A. ☐ Vrai
- B. ☐ Faux

2. Pour Alexis, il est fondamental que, dans le sport, … — 1,5 point
- A. ☐ tout le monde puisse rêver de réussir.
- B. ☐ tous les clubs aient les mêmes moyens.
- C. ☐ toutes les populations soient représentées.

3. Qu'est-ce qui est particulièrement remarquable chez Amale Dib ? — 1 point
- A. ☐ Son ancien métier.
- B. ☐ Son parcours sportif.
- C. ☐ Son combat féministe.

4. Alexis a toujours eu des facilités à prendre la parole. 1 point
A. ☐ Vrai
B. ☐ Faux

5. Alexis a commencé dans le journalisme à travers son cercle… 1 point
A. ☐ amical.
B. ☐ familial.
C. ☐ universitaire.

6. D'après Alexis, pour être journaliste, il faut… 1,5 point
A. ☐ se sentir libre.
B. ☐ être très disponible.
C. ☐ avoir d'autres métiers.

7. Alexis souhaite continuer dans le secteur du journalisme. 1 point
A. ☐ Vrai
B. ☐ Faux

Exercice 3 — 9 points

Vous lisez cet article sur Internet.

La classe dehors : pourquoi c'est une bonne idée

Dans une école maternelle en Bretagne, des enfants passent tous leurs mercredis matin dehors, dans un bois ou dans un potager. « *On sort, peu importe le temps ou la saison* », explique Thomas Charles, instituteur et directeur de l'établissement.

Avant de parcourir le kilomètre qui sépare l'école du bois, les élèves s'habillent chaudement et chacun apporte un goûter pour une pause vers 10 heures. Thomas Charles expérimente cette technique depuis trois ans. Il en est ravi : « *On travaille beaucoup mieux qu'en classe. Je me souviens d'un enfant qui avait des difficultés pour retenir les formes géométriques. Le fait de les réaliser avec des petits bâtons dans la forêt a été pour lui un déclic. Et certains participent plus dehors qu'en classe.* »

Les bouts de bois sont à la base de tout : construction de cabane, pistolet virtuel ou balayage des feuilles. Ce mercredi-là, l'objectif est d'aligner cinq bouts de bois dans l'ordre croissant. Un travail à effectuer avant la partie exploration libre, la préférée des enfants.

Il n'y a que deux règles : ne pas faire mal et ne pas se faire mal. Les élèves apprennent leurs limites. Ils sont aussi naturellement plus solidaires. « *Si quelqu'un demande de l'aide, un de ses camarades viendra* », se réjouit l'instituteur.

Pour faire sortir les élèves, aucune autorisation, ni du maire, ni du directeur d'académie, n'est nécessaire. « *Au Danemark, dont c'est originaire, ça a commencé car ils manquaient de salles*, rappelle Thomas Charles. *Tous les professeurs de primaire peuvent faire classe dehors. À terme, j'aimerais que toute l'école le fasse* ».

En France, les écoles qui adoptent cet exemple restent marginales mais il y en a de plus en plus. Anastasia Brodin, une enseignante qui expérimente cette pédagogie depuis septembre, s'interroge : « *La classe dehors m'a amenée à me questionner sur ma pratique en classe les autres jours de la semaine.* »

Effectivement, si l'apprentissage fonctionne mieux dehors, pourquoi s'enfermer en classe ?

D'après Paul LOPEZ, *www.actu.fr*, 4 décembre 2020

Pour répondre aux questions, cochez (X) la bonne réponse.

1. L'article présente une école où les enfants sont dehors...   1,5 point
- **A.** ☐ tous les matins.
- **B.** ☐ une fois par semaine.
- **C.** ☐ dès que le temps le permet.

2. Quelle est l'opinion de Thomas Charles concernant l'école à l'extérieur ?   1,5 point
- **A.** ☐ Il en a assez.
- **B.** ☐ Il n'en pense rien.
- **C.** ☐ Il en est très satisfait.

3. Thomas Charles se sert de l'espace extérieur pour...   1,5 point
- **A.** ☐ approfondir certaines matières.
- **B.** ☐ modifier sa manière d'enseigner.
- **C.** ☐ que les élèves s'entraident en classe.

4. Pour enseigner à l'extérieur, Thomas Charles apporte beaucoup de matériel.   1 point
- **A.** ☐ Vrai
- **B.** ☐ Faux

5. Dehors, les enfants apprennent à mieux contrôler leur corps.   1 point
- **A.** ☐ Vrai
- **B.** ☐ Faux

6. Pour pouvoir aller dehors avec ses élèves, Thomas Charles a dû obtenir l'accord de la ville.   1 point
- **A.** ☐ Vrai
- **B.** ☐ Faux

7. En France, on remarque que ce type d'expérimentation...   1,5 point
- **A.** ☐ diminue.
- **B.** ☐ stagne.
- **C.** ☐ augmente.

Production écrite

45 minutes 25 points

Vous êtes étudiant en Belgique. Afin de préparer son prochain numéro, le journal de votre université lance un appel à témoignages sur le thème suivant :
« Faut-il faire une année de pause dans ses études ? »

Vous décidez de participer. Vous donnez votre avis en vous appuyant sur votre expérience et vos observations. Vous présentez vos idées et donnez des exemples concrets (160 mots minimum).

ÉPREUVE INDIVIDUELLE 1

Épreuve blanche 1 Option tout public DELF B1

Production et interaction orales

15 minutes 25 points

Exercice 1 Entretien dirigé 2 à 3 minutes environ

Sans préparation

Objectif : Décrire ses expériences

Vous parlez de vous, de vos activités, de vos centres d'intérêt. Vous parlez de votre passé, de votre présent et de vos projets. L'épreuve se déroule sur le mode d'un entretien avec l'examinateur qui amorcera le dialogue par une question (exemples : *Bonjour... Pouvez-vous vous présenter, me parler de vous, de votre famille...*).

Les questions peuvent aborder les thèmes suivants :
- Où avez-vous passé vos dernières vacances ?
- Qu'est-ce que vous êtes en train d'étudier ?
- Que voulez-vous faire plus tard ?
- Parlez-moi de vos passe-temps préférés.

Exercice 2 Exercice en interaction 3 à 4 minutes environ

Sans préparation

Objectif : Affirmer son point de vue

Vous tirez au sort deux sujets et vous en choisissez un. Vous jouez le rôle qui vous est indiqué.

Sujet 1 Vous êtes étudiant à l'université de Bordeaux. Votre professeur de français vous demande régulièrement des travaux à faire seul. Vous aimeriez travailler en groupe car vous pensez que c'est intéressant pour votre formation. Vous rencontrez votre professeur pour lui présenter vos idées et chercher à le convaincre.

L'examinateur joue le rôle du professeur.

Sujet 2 Un ami français et sa famille sont en vacances chez vous. Vous aimeriez partager des activités ensemble (repas, sorties) mais c'est impossible car ils n'ont pas le même rythme que vous (ils se lèvent et se couchent tard). Vous discutez avec votre ami pour lui présenter le problème et trouver une solution.

L'examinateur joue le rôle de l'ami.

Sujet 3 Vous travaillez dans une entreprise francophone. Votre collègue a pris l'habitude de toujours compter sur vous pour finir à temps les projets que vous menez ensemble. Vous n'acceptez plus cette situation. Vous allez voir votre collègue pour lui parler et trouver une solution.

L'examinateur joue le rôle du collègue.

Sujet 4 Depuis quelques mois, votre voisin français loue souvent son appartement à des touristes. Votre vie quotidienne est devenue difficile (bruit, fêtes la nuit, arrivées et départs à toute heure de la journée, poubelles laissées dans la cour, etc.). Vous rencontrez votre voisin pour expliquer le problème et trouver une solution.

L'examinateur joue le rôle du voisin.

Épreuve blanche 1 Option tout public DELF B1

Exercice 3 — Expression d'un point de vue

5 à 7 minutes environ

10 minutes de préparation

Objectif : Donner des explications et prendre position.

Vous tirez au sort deux documents. Vous en choisissez un. Vous dégagez le thème soulevé par le document et vous présentez votre opinion sous la forme d'un exposé personnel de 3 minutes environ.

L'examinateur pourra vous poser quelques questions.

Document 1

Succès de la téléconsultation

« Le but n'est pas que la téléconsultation remplace la consultation classique, mais qu'elle la complète et représente 15 % à 20 % de l'activité des médecins à terme. Cela leur permet de télétravailler de chez eux. Pour les patients, c'est l'assurance de soins plus rapides : 60 % des téléconsultations se font dans les 24 heures », indique le fondateur de Doctolib.
Les médecins libéraux, eux, restent prudents, rappelant que si la téléconsultation rend des services, l'examen clinique demeure la base de la pratique médicale.

D'après Marie-Cécile Renault,
https://www.lefigaro.fr/conjoncture/le-succes-de-la-teleconsultation-se-confirme-20200915,
15/09/2020

Document 2

Politique : une pétition pour le droit de vote à 16 ans

« On n'est pas sérieux quand on a 17 ans », disait le poète Arthur Rimbaud. Pourtant, il sera peut-être bientôt possible de voter dès l'âge de 16 ans.
« C'est le moment où les jeunes sont encore au lycée et peuvent en même temps recevoir une éducation civique, une initiation à la citoyenneté », explique une députée. Une manière d'endiguer le faible taux de vote chez les jeunes Français, qui ont été 61% à s'abstenir lors des dernières élections européennes. Chez nos voisins, il est déjà possible de voter dès l'âge de 17 ans en Grèce, et de 16 ans à Malte, en Slovénie, en Autriche ou encore en Écosse.

D'après https://www.francetvinfo.fr/politique/melenchon/politique-une-petition-pour-le-droit-de-vote-a-16-ans_4101789.html,
10/09/2020

Document 3

Pourquoi les Français ont-ils perdu le goût des soldes ?

Pendant longtemps, les soldes ont été un rendez-vous biannuel très attendu.
Les consommateurs trépignaient* à l'idée de trouver les meilleures remises et de faire de bonnes affaires. Mais les temps changent et les pratiques aussi. La légitimité de l'événement est remise en cause depuis plusieurs années. Selon une étude, ils ne sont que 34 %, cet été, à attendre les soldes avec impatience. À l'inverse, 16 % des Français estiment qu'il faudrait tout bonnement supprimer ces périodes.

D'après Romarik Le Dourneuf,
https://www.20minutes.fr/economie/2819243-20200712-pourquoi-francais-perdu-gout-soldes,
12/07/2020

* s'impatientaient

Document 4

Formation d'alternance* : la meilleure voie pour trouver un travail !

Les entreprises ont aujourd'hui bien compris les avantages d'un contrat de formation en alternance : formation des élèves et expérience du terrain. En effet, les élèves sont formés et donc rapidement opérationnels et cette expérience professionnelle leur donne une facilité pour s'adapter au milieu du travail. Ils s'intègrent plus vite dans l'équipe, ils ont déjà compris les codes de l'entreprise, … autant d'avantages qui sont pris en compte lorsque l'on recherche du travail !

Pour le jeune, pas de surprise sur ce qui les attend ensuite : avec la formation d'alternance, théorie et pratique vont de pair. De plus, la formation d'alternance ouvre à de nombreux droits (contrat de travail et rémunération pour n'en citer que deux).

D'après *https://www.caet.fr/formation-dalternance-la-voie-royale-pour-trouver-un-emploi/*, 25/08/2020

* Formation en alternance : type de formation organisé selon des périodes de cours et des périodes en entreprise.

Compréhension de l'oral

25 minutes | **25 points**

Vous allez écouter plusieurs documents. Il y a 2 écoutes. Avant chaque écoute, vous entendez le son suivant.
Dans les exercices 1, 2 et 3, pour répondre aux questions, cochez (X) la bonne réponse.

Exercice 1 — 7 points

PISTE 46

Vous écoutez une conversation.
Lisez les questions. Écoutez le document puis répondez.

1. Élodie et Stella parlent… *1 point*
- A. ☐ de réserver les activités sportives.
- B. ☐ de toutes les informations sur le club.
- C. ☐ d'acheter la carte d'abonnement du club.

2. Stella veut venir à la salle de sports pour… *1,5 point*
- A. ☐ faire de nouvelles rencontres.
- B. ☐ faire du sport avec ses amies.
- C. ☐ s'entraîner à ses sports préférés.

3. Élodie indique que les cours de sport fonctionnent… *1 point*
- A. ☐ cinq jours…
- B. ☐ six jours…   …par semaine.
- C. ☐ sept jours…

4. Grâce au pass du club, les clients peuvent… *1,5 point*
- A. ☐ fréquenter tous les cours qu'ils souhaitent.
- B. ☐ utiliser librement tous les équipements.
- C. ☐ profiter des offres culturelles de la ville à prix réduit.

5. D'après Stella, le pass est d'abord un moyen pour le club… *1 point*
- A. ☐ de vendre des activités sportives.
- B. ☐ d'accueillir les nouveaux habitants.
- C. ☐ d'offrir un service gratuit pour la santé.

6. À la fin de l'échange, Stella annonce qu'elle prend… *1 point*
- A. ☐ les cours à Top Gym.
- B. ☐ les cours de gymnastique.
- C. ☐ le temps pour se décider.

Exercice 2 9 points

Vous écoutez la radio.
Lisez les questions. Écoutez le document puis répondez.

1. Pendant l'émission, l'invité...   1 point
   A. ☐ explique son travail littéraire aux enfants.
   B. ☐ donne son avis sur la littérature jeunesse.
   C. ☐ présente son nouveau livre de littérature.

2. À la question de la journaliste sur le nom de l'auteur, Arthur Claude précise...   1,5 point
   A. ☐ que ce sont les deux prénoms de ses parents.
   B. ☐ que les deux parties sont des prénoms imaginaires.
   C. ☐ qu'il a gardé ses deux prénoms pour le jeune public.

3. Selon l'éditrice, les lecteurs d'Arthur Claude sont...   1 point
   A. ☐ davantage les adultes.
   B. ☐ en majorité des enfants.
   C. ☐ le jeune public et les adultes.

4. Quand Arthur Claude présente un livre dans une librairie, il...   1,5 point
   A. ☐ met en scène son travail.
   B. ☐ explique l'objectif de son travail.
   C. ☐ répond aux questions des journalistes.

5. Après qu'Arthur Claude a décrit ses rencontres en librairie, la journaliste...   1,5 point
   A. ☐ conteste...
   B. ☐ s'étonne...   ...qu'Arthur Claude soit un auteur de littérature jeunesse.
   C. ☐ voudrait...

6. Pour Arthur Claude, la lecture d'un livre permet à un enfant de...   1,5 point
   A. ☐ créer ses propres histoires.
   B. ☐ s'ouvrir au monde extérieur.
   C. ☐ renforcer sa capacité de lecture.

7. Pour Arthur Claude, l'avantage de la littérature jeunesse par rapport aux jeux vidéo
et à la télé est de...   1 point
   A. ☐ faire naître la passion des enfants.
   B. ☐ développer l'imagination des enfants.
   C. ☐ faire comprendre la réalité aux enfants.

Exercice 3 9 points

Vous écoutez la radio.
Lisez les questions. Écoutez le document puis répondez.

1. Le responsable de l'entreprise réunit les salariés... 1 point
A. ☐ pour décider...
B. ☐ pour critiquer...   ...les nouvelles règles écologiques.
C. ☐ pour présenter...

2. La première mesure dont parle le directeur concerne... 1 point
A. ☐ l'abonnement des parkings.
B. ☐ la fin du parking de l'entreprise.
C. ☐ l'interdiction de prendre sa voiture.

3. Pour se déplacer à vélo, le responsable annonce que chaque employé peut... 1,5 point
A. ☐ recevoir un nouveau vélo.
B. ☐ obtenir des horaires de travail adaptés.
C. ☐ demander une place spéciale pour vélo.

4. Pour consommer moins de photocopies, le responsable propose... 1,5 point
A. ☐ de fermer les photocopieurs des services.
B. ☐ de faire un cadeau aux salariés respectueux.
C. ☐ d'utiliser le papier pour les documents urgents.

5. Le responsable veut que chaque soir les chefs de chaque service... 1 point
A. ☐ baissent...
B. ☐ éteignent...   ...toutes les lumières des bureaux.
C. ☐ contrôlent...

6. Le responsable dit que les employés doivent utiliser quatre poubelles... 1,5 point
A. ☐ à chaque étage.
B. ☐ dans chaque bureau.
C. ☐ à l'entrée du bâtiment.

7. Une journée de formation annuelle est proposée aux employés pour... 1,5 point
A. ☐ parler du changement climatique.
B. ☐ pour adopter des mesures écologiques.
C. ☐ pour obtenir un certificat éco-responsable.

Compréhension des écrits 45 minutes 25 points

Exercice 1 8 points

Vous faites un stage du 1er mars au 31 mai à Bordeaux. Vous cherchez un logement qui correspond à vos critères :
– Prix : vous ne voulez pas dépenser plus de 500 € par mois pour vous loger.
– Confort : vous souhaitez une chambre pour vous seul(e).
– Durée : votre stage dure 3 mois.
– Situation : vous voulez habiter à côté de votre entreprise pour venir à pied ou à vélo.
Vous comparez ces annonces. Pour chaque annonce, cochez (X) OUI si cela correspond au critère ou NON si cela ne correspond pas.

Auberge de jeunesse : Bel été

Notre auberge est ouverte du 1er avril au 31 octobre. Nous proposons des chambres individuelles équipées d'une salle de bains. L'immeuble est situé dans un quartier calme et comporte 5 étages.
Des salles collectives pour cuisiner et se rencontrer sont à la disposition des résidents. Un point info tourisme est ouvert le matin.
Située à 5 stations de métro du centre-ville. Location possible à la semaine : 150 € la semaine. Au mois : 600 €
Possibilité de location de machines à laver : 30 € par mois. Accès salle informatique, connexion internet : 5 €/jour.

Auberge de jeunesse : Bel été

	OUI	NON
1. Prix	☐	☐
2. Confort	☐	☐
3. Durée	☐	☐
4. Situation	☐	☐

Cité pour apprentis : Foyer du jeune travailleur

Nous sommes ouverts toute l'année.
Location de grandes chambres pour deux ou trois personnes, avec une salle de bains privée. Possibilité de cuisine collective à l'étage.
Pas d'appareil électroménager à disposition.
Le foyer se trouve à 5 minutes à pied de l'hôtel de ville. Le loyer par mois est de 430 €.
Électricité, eau, gaz : 50 € par mois au total. Une salle à manger et une télévision sont disponibles au rez-de-chaussée.
Accès à Internet illimité.
Fermeture du foyer de minuit à 5 heures du matin.

Cité pour apprentis : Foyer du jeune travailleur

	OUI	NON
1. Prix	☐	☐
2. Confort	☐	☐
3. Durée	☐	☐
4. Situation	☐	☐

Résidence internationale : World Students

Notre résidence accueille des étudiants internationaux inscrits à l'université de Bordeaux ou des personnes en stage professionnel

Nous proposons de petits appartements individuels avec cuisine, salle de bains toute équipée. La résidence est située sur le campus de l'université, à 5 km de Bordeaux.

Équipements sportifs réservés aux locataires : salle de sport, terrain de tennis, sauna.

380 € par personne par mois. Non-fumeur.

Chaque appartement a un accès Wi-Fi gratuit. Parking privé gratuit.

Fermeture de toute la résidence du 15 avril au 1er mai.

Résidence internationale : World Students

	OUI	NON
1. Prix	☐	☐
2. Confort	☐	☐
3. Durée	☐	☐
4. Situation	☐	☐

Appartement collectif temporaire : 45 rue Lecocq

Nous louons un appartement de 4 chambres individuelles en colocation.

La location est possible pour une durée de 2 mois au maximum.

L'appartement comporte une grande cuisine, 2 salles de bains, salon, équipements de base : réfrigérateur, four micro-ondes, cuisinière, machine à laver.

Un garage à vélo sécurisé se trouve dans la cave. L'immeuble est en centre-ville.

Loyer par personne : 400 € par mois.

La consommation d'eau et d'électricité est comprise. Connexion internet : 25 € / mois.

Immeuble avec conciergerie.

Appartement collectif temporaire : 45 rue Lecocq

	OUI	NON
1. Prix	☐	☐
2. Confort	☐	☐
3. Durée	☐	☐
4. Situation	☐	☐

Exercice 2   8 points

Vous lisez cet article.

Le problème du maire

À Russell, au Canada, quand on a appris que Peter Russell, l'homme qui a donné son nom à la ville, était propriétaire d'esclaves au 18ème siècle, tout le monde s'est posé la même question : « *On fait quoi ?* »

Pierre Leroux, le maire de Russell, a eu une idée originale pour régler cette question. En fait, c'est son fils de 20 ans qui a lancé l'idée en proposant à son père de choisir un autre Russel plutôt que de choisir un autre nom pour la ville. « *J'ai ri lorsqu'il a dit ça. Mais plus j'y ai pensé, plus je me suis dit que c'était une bonne idée* », raconte le maire.

Existe-t-il une autre personne du nom de Russell qu'on pourrait honorer ? « *Vous seriez surpris*, lance le maire Leroux. *Depuis que j'ai annoncé ça, on a reçu une cinquantaine de suggestions. Il y a notamment Bertrand Russell, un philosophe britannique qui a reçu le prix Nobel.* »

Ce Bertrand Russell n'a rien à voir avec le pays. Ne serait-il pas préférable de choisir une personne qui a aidé à bâtir le village ? « *S'il y en a, oui*, affirme le maire. *Ma proposition est de créer un comité qui consultera la communauté et qui fera ensuite des recommandations. Ce sera une décision prise par la communauté.* »

La question porte également sur les coûts importants pour la municipalité si elle venait à changer de nom. « *Ce n'est pas une question d'argent. Il y a des gens qui ont passé toute leur vie ici et qui sont fiers quand ils parlent de Russell. Rappelons que notre village a déjà été nommé troisième meilleur endroit où vivre au Canada. On a des entreprises qui portent le nom de Russell. Il y a beaucoup de choses à prendre en considération. Je suis un Leroux. Si j'apprends que j'ai un ancêtre qui a fait quelque chose de mal il y a des siècles, est-ce que tous les Leroux devront changer de nom ?* »

La suite lors de la prochaine réunion du conseil municipal.

D'après Denis GRATTON, *www.ledroit.com*, 27 juin 2020

Pour répondre aux questions, cochez (X) la bonne réponse.

1. Russel est le nom d'une ville et aussi d'une personne.   1 point
A. ☐ Vrai
B. ☐ Faux

2. Comment a réagi le maire à l'idée suggérée par son fils ?   1 point
A. ☐ Il s'est énervé.
B. ☐ Il a été choqué.
C. ☐ Il a trouvé ça drôle.

3. La proposition du maire a déjà permis d'identifier plusieurs personnalités. 1 point
A. ☐ Vrai
B. ☐ Faux

4. Par qui sera prise la décision pour régler le problème de Russel ? 1 point
A. ☐ Par le maire.
B. ☐ Par des experts.
C. ☐ Par les habitants.

5. Quel est le principal problème lié au changement de nom ? 1,5 point
A. ☐ La dépense que cela représente.
B. ☐ L'impact sur l'identification à la ville.
C. ☐ La conséquence sur l'environnement.

6. Le maire de Russel compare la situation à celle de… 1,5 point
A. ☐ son pays.
B. ☐ sa famille.
C. ☐ son entreprise.

7. La prochaine étape sur cette question aura lieu lors d'un débat télévisé. 1 point
A. ☐ Vrai
B. ☐ Faux

Exercice 3   9 points

Vous lisez cet article.

Comment bien commencer sa journée à l'école ?

Et si l'école démarrait chaque jour en France en bougeant ? C'est le but de l'initiative « 30 minutes d'exercice par jour », expérimentée dans six écoles primaires de l'académie de Créteil.

Il y a urgence : seulement 11 % des filles et 25 % des garçons de 6 à 17 ans atteignent les soixante minutes d'activité physique quotidienne recommandées par l'Organisation mondiale de la santé. « *C'est une bombe à retardement. Le surpoids et l'obésité ne dépendent pas que d'une mauvaise alimentation, mais aussi de l'inactivité physique et de la sédentarité* », souligne le professeur François Carré, cardiologue et médecin du sport au CHU de Rennes. « *Encourager l'activité physique apparaît essentiel pour préserver notre santé, mais aussi pour renforcer notre immunité* », indique une note de l'Observatoire national de l'activité physique et de la sédentarité.

Jean-Marc Serfaty, de l'académie de Créteil, suggère que « *les quatre verbes d'action : courir, sauter, lancer et danser complètent le savoir nager et rouler, proposé en éducation physique et sportive en primaire* ». Ce seront par exemple des défis dans la cour de récréation pour courir le plus longtemps possible, des jeux de marelle, etc. Une quarantaine d'idées ont été ainsi proposées pour les enseignants. Ces 30 minutes s'ajoutent aux trois heures hebdomadaires de sport obligatoires à l'école primaire pour donner envie de bouger aux enfants régulièrement. Pour les enseignants, c'est un plus car « *l'activité physique améliore les apprentissages et l'attention, comme le montrent les études scientifiques. Ce qui marche le mieux, c'est d'associer travail cérébral et travail musculaire* », précise François Carré.

L'idée est venue d'une initiative lancée en 2012 dans une école écossaise, consistant à trouver quotidiennement quinze minutes pour faire courir les élèves. Ce projet a été mis en place dans plus de 9 000 écoles dans le monde. Des pays comme la Finlande ou le Canada sont très actifs.

François Carré, qui salue ce programme, se dit toutefois « *étonné qu'on ait besoin de faire une expérimentation alors que nous avons toutes les preuves que ça marche* ».

D'après Pascale SANTI, *www.lemonde.fr*, 18 novembre 2020

Pour répondre aux questions, cochez (X) la bonne réponse.

1. L'article présente un projet lancé au niveau national.   1 point
A. ☐ Vrai
B. ☐ Faux

2. Une minorité d'enfants respecte chaque jour les recommandations minimales d'activité physique.   1 point
A. ☐ Vrai
B. ☐ Faux

3. D'après François Carré, le régime alimentaire est la principale cause de l'obésité.   1 point
A. ☐ Vrai
B. ☐ Faux

4. Pratiquer régulièrement une activité physique aide à…   1,5 point
A. ☐ mieux se défendre contre les maladies.
B. ☐ développer des relations sociales équilibrées.
C. ☐ atteindre des objectifs dans la vie personnelle.

5. Pour mettre en place le projet, les professeurs peuvent…   1,5 point
A. ☐ acquérir un manuel sur le sujet.
B. ☐ bénéficier d'une nouvelle formation.
C. ☐ se servir d'activités préparées pour eux.

6. Pour les professeurs, cette initiative peut avoir un effet…   1,5 point
A. ☐ négatif…
B. ☐ neutre…   … sur la manière d'apprendre.
C. ☐ positif…

7. François Carré est…   1,5 point
A. ☐ surpris…
B. ☐ amusé…   … qu'une expérimentation soit nécessaire.
C. ☐ heureux…

Production écrite

45 minutes | 25 points

Un voyage d'affaires en France

Vous travaillez pour une entreprise francophone. Vous avez passé une semaine en mission en France et vous avez rencontré différents clients de votre entreprise. Votre directeur vous demande de raconter votre voyage professionnel.
Vous décrivez aussi vos impressions et proposez quelques conseils pour réussir à travailler avec les Français (160 mots minimum).

Épreuve blanche 2 Option tout public DELF B1

Production et interaction orales

15 minutes   **25 points**

Exercice 1   Entretien dirigé   2 à 3 minutes environ

Sans préparation

Objectif : Décrire ses expériences

Vous parlez de vous, de vos activités professionnelles, des différentes tâches de votre travail, de vos conditions de travail, de votre formation et expériences professionnelles ou de vos projets.

Les questions peuvent aborder les thèmes suivants :
- Depuis quand travaillez-vous dans cette entreprise ?
- Qu'est-ce qui vous plaît le plus dans votre formation/dans votre travail ?
- Que souhaitez-vous changer dans vos conditions de travail ?
- Comment voyez-vous votre avenir professionnel dans 5 ans ?

Exercice 2   Exercice en interaction   3 à 4 minutes environ

Sans préparation

Objectif : Affirmer son point de vue

Vous tirez au sort deux sujets et vous en choisissez un. Vous jouez le rôle qui vous est indiqué.

Sujet 1 Un job sans salaire

Vous travaillez tous les samedis soir au guichet de vente de billets au stade de football de votre ville. Un samedi à 18 heures, le responsable vous annonce que le match est annulé et que le stade sera fermé. Il vous demande de rentrer chez vous et vous dit que le temps de travail non fait ne sera pas payé. Vous n'êtes pas d'accord et discutez avec le responsable pour trouver une solution.

L'examinateur joue le rôle du responsable.

Sujet 2 Un début de travail trop tôt

Vous travaillez dans un supermarché. Le responsable du magasin veut contrôler tous les produits et les stocks la semaine prochaine. Il demande à tous les employé(e)s d'être là au moins trois jours de 4 h 30 à 8 h 30 pour faire ce travail d'inventaire. Vous venez au travail en bus mais le service ne commence qu'à 5 heures le matin. Vous discutez avec le responsable pour trouver une solution.

L'examinateur joue le rôle du responsable du magasin.

Sujet 3 Des vêtements de travail à acheter

Vous allez faire un stage de trois mois dans un laboratoire de chimie. Une semaine avant le stage, vous rencontrez le responsable qui vous présente les tâches que vous ferez. Il vous demande de porter des vêtements qui protègent les mains et le visage et vous donne l'adresse d'une boutique spécialisée en ville. Vous n'êtes pas d'accord pour acheter cet équipement avec votre argent.

L'examinateur joue le rôle du responsable du laboratoire de chimie.

Sujet 4 — Un bureau (trop) confortable

Vous avez changé de bureau avec vos trois collègues. Vous êtes ensemble dans un grand bureau tout neuf et confortable. Il y a deux copieurs, quatre imprimantes, deux machines à café expresso et un distributeur de boissons chaudes. Tous ces appareils font beaucoup de bruit et les collègues des autres bureaux viennent boire et discuter près des machines. Cela devient très difficile de travailler. Vous discutez avec le responsable pour trouver une solution.

L'examinateur joue le rôle du responsable du bureau.

Exercice 3 — Expression d'un point de vue
5 à 7 minutes environ

10 minutes de préparation

Objectif : Donner des explications et prendre position.

Vous tirez au sort deux documents. Vous en choisissez un. Vous dégagez le thème soulevé par le document et vous présentez votre opinion sous la forme d'un exposé personnel de 3 minutes environ.

L'examinateur pourra vous poser quelques questions.

Document 1

Les enfants doivent participer aux tâches ménagères

Les tâches ménagères doivent être partagées entre tous les membres d'une même famille, c'est ce que plusieurs experts préconisent*. Et l'enfant fait partie de la famille. Le premier argument avancé est qu'en l'impliquant dans les tâches du quotidien, on le prépare à sa vie future : il a des responsabilités, on lui fait confiance, il acquiert le sens de l'effort et une certaine discipline. On lui confiera, bien sûr, des tâches adaptées à son âge. En fonction de l'âge : mettre la table, aider à vider le lave-vaisselle, passer l'aspirateur, tondre la pelouse… Plus on l'implique tôt, moins il percevra ces tâches comme des contraintes, elles feront partie d'une certaine routine, d'habitudes familiales.

D'après Fazirre Smaren Ayi,
http://lacolombedujour.com,
22 mai 2020

* recommandent

Document 2

Ai-je le droit d'aller sur Internet sur mon temps de travail ?

Réseaux sociaux, réservation de billets de train, chat avec ses proches : sur une journée de boulot, rare sont ceux qui ne cèdent à aucune de ces tentations. Mais est-il seulement problématique de se détourner de son travail… Au travail ?

S'aérer l'esprit est complètement normal, et même légal. On appelle communément cette pratique : la pause. « Dès que le temps de travail quotidien atteint six heures, le salarié bénéficie d'un temps de pause d'une durée minimale de vingt minutes », peut-on lire dans le code du travail. Seulement parfois, cette fameuse pause n'est plus aussi claire. On se plaît de plus en plus à surfer sur le web, à répondre à quelques messages sur Facebook, à regarder son flux Instagram et ses notifications sur Twitter. Le tout entre deux mails de boulot.

« *En principe, la connexion internet mise à la disposition du salarié par l'employeur, est un outil de travail dont l'utilisation doit être purement professionnelle* », explique un site spécialisé du travail.

D'après Julie Kadri,
https://www.marieclaire.fr/ai-je-le-droit-d-aller-sur-internet-sur-mon-temps-de-travail,1269553.asp,
09/09/2020

Document 3

Faire des affaires… à table

Le repas de travail était autrefois une vraie tradition gastronomique française. Aujourd'hui, le repas d'affaires évolue en fonction de la société. Il faut d'abord bien le préparer et en connaître tous les secrets. Bien sûr, avant tout, c'est la convivialité qui est la priorité mais ce sont aussi le profit et l'efficacité de cette rencontre professionnelle autour d'un repas qu'il faut garder à l'esprit.

Pour son entreprise, c'est le moment de signer des commandes avec ses fournisseurs entre deux plats ou de négocier avec ses futurs partenaires commerciaux. Et là, les détails sont importants : la réservation du lieu et de l'horaire, le choix du restaurant, l'atmosphère calme et détendue doivent permettre de traiter avec sérieux les choses sérieuses. Sans oublier la question actuelle que tous les invités ont en tête : manger, oui, mais ne pas grossir ! L'organisation d'un repas de travail est encore plus importante quand on doit déjeuner avec des interlocuteurs étrangers. Il est donc conseillé de se renseigner avant sur les habitudes du pays en question afin d'éviter des erreurs inexcusables.

Document 4

Un collège impose l'uniforme pour lutter contre "le règne de l'apparence"

L'uniforme serait-il en train de faire un retour en force dans certains établissements scolaires français ? En Dordogne*, un collège privé a décidé d'imposer le port de l'uniforme à ses élèves. Pas de tablier ni de blouse, mais un haut uniforme. Reste aux élèves le choix du bas et des chaussures. Ils ont testé lors de cette rentrée 2020.

Cette année, huit pièces ont été distribuées à tous les collégiens. Des T-shirts, sweat-shirts et polos, tous identiques, une première en Dordogne. « *C'est un uniforme de travail. Par exemple, dans un métier, il faut un uniforme de travail, et là c'est la même chose. C'est l'école donc cela ne change rien* », explique un collégien. « *On a le droit de choisir nos chaussures et notre pantalon*, détaille une jeune élève, *c'est juste le haut* ». « *Personnellement j'aime bien* », confie un autre élève, « *mais bon, après, ce n'est pas l'avis de tout le monde* ».

D'après *https://france3-regions.francetvinfo.fr/nouvelle-aquitaine/dordogne/perigueux/dordogne-college-impose-uniforme-lutter-contre-regne-apparence-1868602.htm*,
02/09/2020

* Département français

COMMENT LA PRODUCTION ÉCRITE B1 EST ÉVALUÉE ?

Les correcteurs habilités sont dotés d'une grille pour évaluer l'exercice de production écrite.

Il y a **5 critères** pour évaluer plusieurs compétences.

Compétence pragmatique : les correcteurs vérifient si le candidat est capable d'écrire un texte qui répond à la consigne ; ils vérifient également si le candidat peut exprimer son opinion et la justifier avec quelques exemples ; ils vérifient aussi si le candidat peut produire un texte clair et bien organisé avec des connecteurs adéquats ; la mise en page et la ponctuation doivent être utilisées à bon escient.

Compétence sociolinguistique : les correcteurs vérifient si le candidat peut adapter sa production au destinataire et à la situation décrite dans la consigne.

Compétence linguistique : les correcteurs vérifient si le candidat est capable d'utiliser une gamme étendue de vocabulaire en rapport avec des sujets familiers et des situations quotidiennes ; ils vérifient également si le candidat peut varier sa formulation avec, par exemple, des périphrases pour exprimer des idées ou des mots plus complexes ; ils vérifient enfin si le candidat maîtrise les structures syntaxiques et les formes grammaticales simples tout en faisant preuve d'une relative utilisation de structures complexes courantes.

Si la production du candidat ne respecte pas la consigne, s'il n'écrit pas suffisamment de mots ou s'il ne complète pas l'exercice, les correcteurs cochent une "anomalie" et suivent les instructions indiquées dans la grille.

Critères		Niveau de performance			
		Non répondu ou production insuffisante	En dessous du niveau ciblé	Au niveau ciblé	
				B1	B1+
Compétence pragmatique	Réalisation de la tâche	☐ 0	☐ 1	☐ 3	☐ 5
	Cohérence et cohésion	☐ 0	☐ 1	☐ 3	☐ 5
Compétence sociolinguistique	Adéquation sociolinguistique	☐ 0	☐ 1	☐ 3	☐ 5
Compétence linguistique	Lexique	☐ 0	☐ 1	☐ 3	☐ 5
	Morphosyntaxe	☐ 0	☐ 1	☐ 3	☐ 5
Anomalies	Si la production contient des anomalies, veuillez cocher la ou les cases correspondantes : ☐ Hors-sujet thématique : le candidat ne peut pas être identifié « B2+ » pour les critères « réalisation de la tâche » et « lexique ». ☐ Hors-sujet discursif : le candidat ne peut être identifié ni « B2 » ni « B2+ » pour les critères « réalisation de la tâche » et « cohérence et cohésion ». ☐ Hors-sujet complet (thématique et discursif) : attribuez la note de 0 aux critères « réalisation de la tâche », « cohérence et cohésion » et « adéquation sociolinguistique ». Le candidat ne peut être identifié ni « B2 » ni « B2+ » pour les critères « lexique » et « morphosyntaxe ». ☐ Copie blanche : attribuez 0 à l'ensemble des critères de cet exercice. ☐ Manque de matière évaluable : si le candidat produit moins de 50 % du nombre de mots attendus (soit 124 mots ou moins), attribuez 0 à l'ensemble des critères de cet exercice.				

COMMENT LA PRODUCTION ORALE B1 EST ÉVALUÉE ?

Les examinateurs habilités sont dotés d'une grille pour évaluer l'épreuve de production orale.

Il y a **6 critères** pour évaluer plusieurs compétences.

Compétences pragmatique et sociolinguistique : les examinateurs vérifient si le candidat peut se présenter clairement et s'il peut interagir en fournissant des détails sur ses expériences passées, ses activités, ses projets personnels et professionnels ; ils vérifient également si le candidat peut interagir dans des situations imprévues et s'il peut défendre son point de vue sur un problème en donnant des arguments convaincants ; ils vérifient aussi si le candidat peut s'exprimer dans un registre adapté à la situation ; enfin, ils vérifient si le candidat est capable de présenter une thématique en développant son opinion ainsi que ses préférences, avec des raisons et des explications simples pour justifier son avis.

Compétence linguistique : les examinateurs vérifient si le candidat est capable d'utiliser une gamme étendue de vocabulaire courant en rapport avec des sujets familiers ; ils vérifient également si le candidat peut utiliser des périphrases pour exprimer des idées ou des mots plus complexes et s'il peut varier sa formulation ; ils vérifient aussi si le candidat a acquis une prononciation, une intonation et une accentuation globalement correctes.

		Niveau de performance			
		Non répondu ou production insuffisante	En dessous du niveau ciblé	Au niveau ciblé	
	Critères			**B1**	**B1+**
Compétences pragmatique et sociolinguistique	Réalisation de la tâche : entretien dirigé (2 à 3 minutes)	☐ 0	☐ 1	☐ 2,5	☐ 4
	Réalisation de la tâche : exercice en interaction (3 à 4 minutes)	☐ 0	☐ 1	☐ 2,5	☐ 4
	Réalisation de la tâche : expression d'un point de vue (5 à 7 minutes)	☐ 0	☐ 1	☐ 2,5	☐ 4
Compétence linguistique (pour les trois parties de l'épreuve)	Lexique	☐ 0	☐ 1	☐ 3	☐ 5
	Morphosyntaxe	☐ 0	☐ 1	☐ 2,5	☐ 4
	Maîtrise du système phonologique	☐ 0	☐ 1	☐ 2,5	☐ 4

TRANSCRIPTIONS

Compréhension de l'oral

SE PRÉPARER

Activité 1, p. 12 PISTE 2
– Bonjour Madame la directrice. Je suis Monsieur Duportel et j'ai rendez-vous.
– Ah, oui ! Avec moi. Suivez-moi, entrez dans mon bureau. J'imagine que vous savez pourquoi je voulais vous voir au collège.
– Pas du tout ! Il y a un problème avec ma fille Solène ? Ses résultats sont bons ce trimestre et elle est heureuse d'être dans sa classe avec ses copines.
– Effectivement ! Je reçois des plaintes de tous les professeurs.
Je vous lis les commentaires : « Solène n'est pas concentrée, Solène rit, bavarde, Solène n'écoute pas et dérange les cours depuis deux semaines ». Comment expliquez-vous cela ?
– Si je comprends bien, elle est heureuse et joyeuse en classe et cela pose problème ?
– Enfin monsieur, les élèves sont à l'école pour écouter et apprendre, pas pour s'amuser ! Comment expliquez-vous ce comportement ? Ce n'est pas normal. Il s'est passé quelque chose à la maison, dans votre famille ?
– Ah, je sais ! Il y a deux semaines, nous lui avons annoncé qu'elle aurait bientôt un petit frère. Oui, nous attendons un second enfant. Alors elle est tellement excitée !

Activité 2, p. 12 PISTE 3
– Coucou Cindy, me voilà enfin à la maison ! Une heure de queue à la poste pour prendre ce paquet, c'est inacceptable !
– Bon, et ça y est, tu l'as bien emporté ? Alors, qu'est-ce qu'il y a dans ce paquet ? Mais, Thomas, tu ne l'as pas encore ouvert ?
– Non, pas encore, j'ai passé trop de temps à attendre et j'étais pressé de rentrer à la maison. Ouvre-le si tu veux !
– Oh c'est à mon nom. OK je regarde. Alors, qu'est-ce que c'est que ce papier cadeau avec une carte de… Oh mais c'est toi qui m'as écrit la carte ! C'est un cadeau de toi ? Mais pourquoi ?
– Ma chérie, c'est la Saint-Valentin aujourd'hui, la fête des amoureux.
– Oh, tu es un amour. Je suis trop contente !

Activité 3, p. 13 PISTE 4
– Pardon monsieur, vous faites quoi exactement ?
– Bonjour madame. Rien de spécial, je visite la ville, pourquoi ?
– Excusez-moi mais vous venez de me prendre en photo !
– Tout à fait, je fais un petit reportage sur les gens qui traversent cette place ; je m'intéresse en fait aux passants qui sont typiques de cette ville.
– Et alors, vous faites des portraits sans demander l'autorisation des personnes ? Mais, je ne suis pas d'accord ! Et dans quel but utilisez-vous les photos ?
– Ne vous inquiétez pas, c'est un projet de livre de voyage à travers des villes d'Europe et je fais attention à ce qu'on ne reconnaisse pas les visages. Regardez, je vous montre les photos.
– Ah oui, c'est bien, les gens sont pris de loin ou de dos. Très bien, je préfère. Merci et bonne chance pour votre projet.

Activité 4, p. 14 PISTES 5, 6, 7

Dialogue 1 PISTE 5
– Salut David, à ce soir ! On se retrouve vers 20 h chez Hugo ?
– Pas de problème, mais il habite où exactement ?
– Tu sais bien, là, derrière la gare, près de l'hôtel ISIS !
– Je vois bien, on est devant la gare et il y a l'hôtel dans la rue derrière. Mais je ne suis allé chez Hugo qu'une seule fois. Quand tu es devant l'hôtel, c'est l'immeuble à gauche ou à droite ?
– Non, c'est en face, tout à côté de la gare ! C'est le numéro 37 au troisième étage. Et son code en bas de l'immeuble c'est 42A67.
– Ah bon, d'accord ! Tu m'envoies le code sur mon téléphone, s'il te plaît, parce que je vais vite l'oublier !
– OK ça marche. À ce soir !

Dialogue 2 PISTE 6
– Excusez-moi, vous travaillez ici, madame ? Je cherche la salle des Impressionnistes, c'est par là ?
– Jeune homme, vous n'êtes pas dans le bon sens de la visite. Là, vous vous éloignez si vous continuez à cet étage.
– Ah, c'est à l'étage inférieur ?
– L'exposition est organisée par époque : au rez-de-chaussée, il y a les peintres hollandais et italiens, puis au premier étage, c'est tout le XIXe siècle et ici, ce sont les peintres français de 1920 aux peintres modernes. Donc vous devez redescendre d'un étage !
– C'est vrai, les Impressionnistes, c'est le XIXe siècle ! Merci beaucoup.

Dialogue 3 PISTE 7
– Dites-moi Inspecteur, on a bien retrouvé le corps dans la salle à manger ?
– Oui, Commissaire, il était allongé sur le tapis près de la table, tout habillé mais avec les pieds nus.
– Bon, on vient de retrouver ses chaussures sous le canapé. Donc on peut penser qu'il se dirigeait du salon vers la table de la salle à manger ?
– Peut-être.
– Qui l'a retrouvé là ? Et qui vous a téléphoné pour prévenir la police ?
– Mme Michaud, sa femme de ménage. Elle était là à 8 h comme tous les mardis matin et c'est elle qui a découvert Monsieur. Elle attend maintenant dans la cuisine pour répondre à vos questions.
– D'accord, on y va !

Activité 5, p. 15 PISTE 8
– Tiens, Clara, tu as déjà fini ton cours de danse ?
– Oui, c'était super ! 45 minutes à bouger et à sauter, ça m'a fait du bien. Bon, je vais prendre ma douche ! Et toi, Hélène, ton cours de musculation, ça s'est bien passé ?
– Oh, au début, j'ai dû prendre du temps pour réchauffer

mes muscles, j'étais toute raide. Au bout de 10 minutes, j'ai démarré mes exercices en soulevant des poids de 10 kilos puis des poids de 15 kilos, alors là c'était vraiment trop lourd à lever et j'ai arrêté. Après, mon prof m'a demandé de courir sur un tapis pendant 5 minutes mais le plus vite possible. Une demi-heure intensive, quoi ! Et toi, le cours de danse ?
– Trop bien. On a appris de nouveaux mouvements sur des rythmes différents : petits pas, grands pas, et on devait bouger notre corps, les bras, les jambes, en position bien droite puis penchée, etc. Ce n'était pas facile et je suis même tombée une fois. Je me suis fait un peu mal au pied mais je me suis relevée et j'ai continué à danser. On avait aussi de la très bonne musique qui aide bien à se déplacer en rythme. Bon, je me douche. Tu repars tout de suite ou tu m'attends ?
– Non, non, je dois m'en aller et on se retrouve mardi prochain. Salut Clara !

Activité 6, p. 15 PISTE 9

– Allez, chers amis, en route pour l'excursion à travers le Val de Loire ! Tout le monde est prêt ?
– Attends Daniel, j'ai un problème de chaussures. Qui peut me prêter des chaussures de marche, pointure 42 ?
– Toujours toi, Dylan, qu'on attend. Tu sais qu'une balade de cinq heures à la campagne nécessite du bon matériel ! On va faire aujourd'hui environ 35 km, on va passer par des chemins pas toujours très confortables ou faciles, il faut donc prévoir au minimum de bonnes chaussures et des vêtements de sport adaptés. On va traverser des villages, on va peut-être ralentir la marche à la fin de l'excursion mais on ne fera pas de pause dans un café !
– C'est bon, Daniel, je viens de changer de chaussures ! Mais je ne savais pas encore ce matin si je voulais partir avec vous parce qu'il pleuvait vraiment beaucoup. Une excursion, ça doit aussi être du plaisir, non ?

Activité 7, p. 16 PISTES 10, 11

Dialogue 1 PISTE 10

– Dis Justine, qu'est-ce que c'est agréable d'être à la plage, tranquillement, il fait vraiment beau. C'est vrai que les vagues sont grosses mais je vais nager un peu !
– Attends, je crois que c'est dangereux aujourd'hui, ça me fait un peu peur.
– Arrête, calme-toi ! Je prends ma planche et je vais m'amuser dans les vagues. Je reste pas loin du bord.
– Écoute, Paul, je me fais du souci, il n'y a personne dans l'eau et le vent est fort.
– Ça va aller et je reviens si je vois que c'est trop difficile de nager et de surfer, d'accord ?
– Hum, ça me rassure un peu… Écoute, je viens avec toi et je nagerai à côté.

Dialogue 2 PISTE 11

– J'attends un coup de téléphone depuis hier, Samira, et je m'inquiète beaucoup. Le chauffagiste doit absolument prendre rendez-vous pour venir réparer le chauffage. Il ne marche plus !
– Ne te fais pas du souci comme ça, Arthur ! Il t'a dit qu'il venait avant ce week-end. Sois patient !
– D'accord mais s'il a un plus gros problème chez un autre client ? Ou s'il a oublié ? Comment je fais, moi ? Il fait plus froid et je te rappelle que mes parents viennent samedi soir.
– Attends, si ça peut te rassurer, chez moi il y a une chambre d'amis et je peux aussi les recevoir. Une nuit, c'est simple à organiser. Arrête de t'angoisser, on n'est que mardi !
– T'as raison Samira. Ta proposition d'hébergement me soulage. Merci !
– Ah, Arthur, ton téléphone sonne ! C'est qui ?
– Ouf, c'est lui, c'est mon chauffagiste… Allô ?

Activité 8, p. 17 PISTE 12

– Ça y est, Léna, c'est fini ! Nous voilà diplômés de chimie. Quel bonheur de pouvoir enfin trouver un travail et gagner de l'argent !
– Oui. C'est génial, c'est vrai. On n'aura plus besoin de se lever pour aller en cours, à la bibliothèque, préparer les examens et ne penser qu'à ça. Mais tu sais, Georges, ça me déprime en même temps…
– Comment ça ? Qu'est-ce qui t'arrive ? Ce diplôme nous a fait rêver, non ? Moi, je suis tellement heureux ! Regarde comme il est beau, notre diplôme !
– Tu as raison, mais il va falloir chercher du travail, et on va connaître la vie métro-boulot-dodo. Finis les fêtes, les copains, les nuits à sortir…
– Allez, c'est déprimant ce que tu dis. Moi, je vais d'abord profiter de la vie, partir un an faire le tour du monde, faire tout ce que je veux. Bref, le bonheur absolu !
– D'accord, commençons à rêver alors !

Activité 9, p. 17 PISTE 13

– Dites, Monsieur Josselin, vous avez vu mon nouvel emploi du temps pendant la pause déjeuner ? À la rentrée, je travaillerai à la cantine les lundis, mardis et mercredis et je ferai le ménage dans les classes pour le reste de la semaine entre midi et 13 h 30. C'est pas possible !
– Bah moi, je m'en doutais. Ce n'est pas vraiment une surprise. Vous savez, Madame Bretaut, travailler à l'école, ce n'est pas passionnant. Alors, ici ou là, ça ne m'intéresse pas, c'est toujours aussi fatigant !
– Vous êtes sérieux ? C'est plus sympa de travailler à l'extérieur comme vous que faire mon boulot avec les élèves, le bruit !
– Bof. Moi, je travaille dans la cour, dans le parc, sur le stade, c'est vrai, je respire le bon air. Mais c'est dur en hiver ET en été.
– C'est incroyable ! Vous avez la chance de profiter des saisons, non ? Vous n'êtes jamais content, vous !
– C'est bon, de toute façon, tout ça, ça ne m'intéresse pas. Laissez-moi tranquille !

Activité 10, p. 18 PISTES 14, 15

Extrait 1 PISTE 14

Chers amis, bonjour. Heureuse de vous retrouver à l'antenne ce samedi midi. Le sport, bon pour la santé, bon pour les affaires, bon pour le commerce, est en ce moment aussi le sujet de nombreux scandales financiers. Pourtant, à côté d'une presse qui se nourrit de la mauvaise image du sport, il existe des professionnels qui vivent leur activité avec passion. Vous l'aurez compris, nous allons parler aujourd'hui dans notre émission des sportifs de haut niveau, et surtout de ces nouvelles sportives qui gagnent et s'engagent pour le sport avec un grand S !

Extrait 2 PISTE 15

Excusez-moi de vous déranger, je voudrais savoir si vous avez une image positive du sport. Vous savez qu'en ce moment on parle beaucoup des scandales et des affaires judiciaires qui touchent le monde du sport. Mais on voudrait connaître votre avis sur les « vrais » sportifs et sportives qui vivent avec passion de leur sport. Alors, vous êtes d'accord avec l'image des médias ou non ?

Activité 11, p. 18 PISTE 16

Cher Monsieur Bensoussan, mon cher Marcel, c'est avec émotion que je prononce ces mots avant votre départ.
Oui, après 45 ans passés dans notre garage, vous allez nous quitter pour prendre votre retraite. Vous êtes arrivé ici comme apprenti mécanicien et vous partez aujourd'hui comme chef d'atelier de 30 mécaniciens.
Bravo, votre passion pour les motos nous a aidés à développer notre entreprise et nous sommes devenus, grâce à vous, les spécialistes de la réparation des motos de compétition.
Quand notre entreprise a connu des difficultés économiques, il y a 15 ans, vous étiez, Marcel, délégué du personnel et nous avons pu ensemble prendre les bonnes décisions pour choisir le secteur moto. Tous les employés ont accepté ce changement et les clients sont revenus.
Je vous exprime tous nos compliments, cher Marcel, pour votre succès professionnel qui est aussi notre succès.
Félicitations à vous et je suis en même temps admiratif et un peu triste de vous quitter. Portons un toast à votre retraite !

Activité 12, p. 19 PISTE 17

Salut, ça va ? Tu as vu ma nouvelle coiffure ? Écoute, j'ai trouvé un petit salon de coiffure pas loin de chez moi qui vient de s'ouvrir. Le salon s'appelle Hair Plus, il est joli et ce n'est pas cher. La coiffeuse Alexandra est vraiment sympa et elle m'a raconté un peu sa vie. Figure-toi qu'elle était professeure dans une école avant mais on lui a proposé un nouveau poste à 100 km d'ici. Alors, franchement, elle a dit stop mais elle n'avait pas d'autre qualification. C'est pourquoi elle a décidé de préparer un diplôme professionnel pour ouvrir son commerce dans le quartier qu'elle adore. C'est vraiment courageux et elle a investi tout son argent dans le salon. C'est vrai, ce n'est pas facile de commencer une nouvelle vie professionnelle ! Elle doit maintenant travailler 6 jours par semaine pour gagner un peu d'argent. Elle est très contente c'est sûr, mais c'est dur. La pauvre ! Je la comprends !

Activité 13, p. 19 PISTE 18

Chères habitantes, chers habitants, je vous remercie tout d'abord d'être venus si nombreux à notre petite réunion. En qualité de président de notre association, je voudrais vous communiquer la décision de la préfecture. Vous savez, il y a un mois, nous avons accueilli 12 familles étrangères qui étaient en grande difficulté et nous avons trouvé des logements convenables, des vêtements et de la nourriture pour les enfants, les parents et tous les adultes. J'ai alors envoyé une lettre officielle à la préfecture et j'espérais que l'administration régionale les aide et trouve une solution sérieuse pour leur avenir ici. Mais voilà, je suis vraiment déçu de vous lire la réponse négative de la préfecture. Malheureusement, ces familles doivent se débrouiller toutes seules et c'est la solidarité de nous tous qui devra continuer. Quel dommage ! Cependant, nous souhaitons que ces familles restent ici dans notre ville parce que ces gens sont une chance pour nous toutes et tous. Merci de votre générosité et de votre solidarité et continuons notre engagement !

Activité 14, p. 20 PISTE 19

– Alors que penses-tu, Morgane, de la nouvelle organisation du travail ?
– Ça me paraît une bonne idée de pouvoir choisir l'heure d'arrivée au bureau et l'heure de départ. Bon, il faut faire les huit heures par jour mais c'est plus souple. Pour moi, qui emmène mes enfants à l'école le matin, ce sera plus simple d'arriver après 9 heures. Après, je pense que le directeur a raison de demander une vraie pause déjeuner d'une heure à tout le monde, ce sera moins stressant. Le soir, je pourrai travailler plus tard parce que le bureau est plus tranquille et après 17 heures, le téléphone ne sonne plus. Oui, c'est une excellente organisation pour moi.

Activité 15, p. 20 PISTE 20

– Bonsoir, chères auditrices, chers auditeurs, bienvenue à notre émission « On en discute » sur Radio Verte. Cette année, les prochaines vacances scolaires vont donc durer trois semaines au lieu des 15 jours habituels. C'est nouveau et nous voudrions savoir comment les parents vont organiser les nouvelles vacances de leurs enfants et si cette période de pause plus longue les angoisse. Nous avons déjà un auditeur en ligne. Allô, comment vous appelez-vous et d'où êtes-vous ?
– Bonsoir, merci Laurence, de prendre mon appel. Je m'appelle Éric et je viens de Toulouse. Alors moi, je trouve que cette durée de vacances pose un vrai problème.
Je travaille dans un restaurant et je ne suis pas d'accord avec cette nouvelle mesure. Qu'est-ce que je vais faire avec mes deux enfants ? Trois semaines à ne rien faire à la maison ou les passer chez les grands-parents ? Non, c'est inacceptable de proposer ça si vite, on n'a pas eu le temps de se préparer et de préparer toute la famille. C'est une honte d'oublier que les parents travaillent ! Moi, je n'ai pas trois semaines de loisirs pour m'occuper de mes enfants. Je suis vraiment contre.

Activité 16, p. 21 PISTE 21

– Tu sais ce qu'on m'a demandé à mon travail ? « Monsieur Duroc, vous allez passer trois jours sur notre stand au salon de l'agriculture ». Mais c'est nul ! Du vendredi au dimanche, tu imagines ! Je vais devoir être là dès 5 heures du matin pour nourrir et nettoyer les vaches puis recevoir tout seul le public toute la journée, des familles, des enfants, des vieux, des jeunes, je suis déjà fatigué avant de commencer. Je n'ai vraiment pas envie. Et dimanche soir, il va falloir tout démonter et ranger. Après, avec les collègues, on devra transporter le matériel et les animaux une partie de la nuit pour retourner à la ferme.
Non, c'est bien pour personne. Et tu crois que ce salon va profiter à notre économie ? Pas du tout ! Je vais me plaindre au directeur de la ferme parce que je ne veux pas travailler en continu pendant ces trois jours.

Activité 17, p. 21 PISTE 22

– J'arrive de chez le banquier, c'est la catastrophe. Il m'a dit « Monsieur Figoli, votre restaurant n'est plus rentable, vous n'avez pas assez de clients pour payer le personnel, les produits et le loyer du restaurant ! » Bref, il faut gagner plus d'argent. Et tu connais sa solution ? Aujourd'hui, la France est le pays où on mange le plus de pizzas au monde, alors la bonne idée du banquier c'est… de changer mon restaurant en pizzeria. Alors, là, je regrette. Je suis cuisinier, pas vendeur de plats italiens ! Je refuse de gagner de l'argent dans un commerce qui ne m'intéresse pas. Donc j'ai refusé son idée et je continue mon activité !

Activité 18, p. 22 PISTE 23

Mais qu'est-ce que tu me racontes, Karine ? On est allés ce matin au musée et sur la porte il y avait écrit « Fermeture exceptionnelle ce jour ». On était vraiment déçus. Alors on a décidé de faire une balade dans la vieille ville, c'était très beau et en fin de matinée, on a découvert une église très jolie. On est rentrés dans le bâtiment et on a admiré les sculptures. À midi, on a trouvé un petit resto très sympa et on a goûté à la spécialité régionale. Excellent ! Plus tard, on a fait un peu les magasins de vêtements, je me suis acheté un chapeau et en début de soirée, on est repassés devant le musée qui était fermé bien sûr. Alors, tu me dis que toi Karine, tu l'as visité aujourd'hui, c'est bizarre… Ah, mais je comprends : l'expression « ce jour », c'était peut-être pour hier ou pour avant-hier et le musée a oublié le panneau sur la porte, voilà !

Activité 19, p. 22 PISTE 24

Au milieu de la nuit de dimanche à lundi, Martine, une habitante de la ville de Calais, a eu la surprise de trouver un homme devant sa fenêtre qui essayait de l'ouvrir. L'homme a trouvé la mauvaise excuse de dire qu'il s'était trompé de maison. Martine ne l'a pas cru mais n'a rien dit. Elle a alors commencé une conversation très sympa avec lui et en même temps, elle a envoyé un message à la police très discrètement. L'homme très confiant est donc resté à discuter. Quelques minutes plus tard, la police est arrivée tranquillement et l'a invité à venir avec eux. Bravo, Martine, pour votre calme et votre stratégie. Le voleur est maintenant entre les mains de la police.

Activité 20, p. 23 PISTE 25

Et maintenant la page Loisirs de votre week-end : une vague de solidarité arrive bientôt dans les piscines de France. Une semaine avant la Journée mondiale de l'eau qui se déroule le 22 mars de chaque année, différents partenaires comme les villes, les entreprises de production d'énergie ou les associations de développement durable vont organiser samedi prochain la Nuit de l'eau.
Cette année encore, pour la 9e année, deux cents piscines et centres aquatiques ouvriront leurs portes de 18 heures à minuit pour accueillir les visiteurs. L'objectif de ce rendez-vous reste le même : une opération exceptionnelle qui permettra de financer des actions pour que la population mondiale puisse avoir accès à une eau propre et potable. C'est l'affaire de tous et c'est aussi une initiative de santé publique mondiale. Alors, pensez à prendre un bon bain samedi prochain à la piscine de votre ville ! Un bon bain de solidarité vous attend !

Activité 21, p. 23 PISTE 26

– Aujourd'hui les enfants passent tout leur temps devant la télévision, la tablette ou le téléphone portable. Comment les empêcher de regarder tous ces écrans ? C'est notre pédiatre de l'émission, Docteur Patrick Henry, qui est invité pour nous donner quelques conseils, bonjour Docteur.
– Bonjour Estelle. Selon l'enquête « Junior connecté », les 13-19 ans passeraient près de 30 heures par semaine devant les images électroniques. Des chiffres en augmentation qui montrent que ce comportement fait partie du quotidien des jeunes. Au début de l'adolescence, les risques apparaissent mais Internet peut jouer aussi un rôle important pour leur intégration sociale. Les parents doivent alors régulièrement aller avec leur enfant explorer les jeux qui l'intéressent et voir comment il utilise Internet. Chers parents, demandez-lui de vous montrer les sites, les blogs ou les jeux vidéos qu'il regarde. Vous êtes là également pour donner des règles. Bien sûr, les règles sont rarement respectées et Isabelle, par exemple, a retrouvé sa fille de 13 ans en train d'envoyer des SMS à 23 h. Elle a réagi très vite : portable interdit jusqu'aux vacances ! Vous devez proposer alors ces règles ou ces punitions pour une durée précise, une semaine ou un mois par exemple, et elles progresseront en fonction de l'amélioration des résultats et du comportement de votre jeune.

Activité 22, p. 24 PISTE 27

– Chère Pauline, nous sommes très heureux de vous accueillir, vous, la championne de surf. Mais dites-moi, les médias parlent de vous davantage pour votre physique très agréable que vos performances. La plage, la mer plutôt que le sport. Ça ne vous dérange pas ?
– Si, bien sûr. Je peux permettre à certains journalistes de me poser des questions plus personnelles, sur ma vie, sur mon quotidien ou mon passé, mais je veux qu'on parle de mon sport et je fais très attention aux photos, par exemple, qu'on trouve sur les réseaux sociaux. Je comprends que les médias cherchent à vendre plus, à intéresser leurs lectrices et surtout leurs lecteurs mais jamais on ne doit oublier que nous sommes avant tout des femmes professionnelles du sport. Notre génération de surfeuses est encore jeune et on ne peut pas encore comparer les performances des hommes et des femmes. Mais je ne suis pas obligée d'accepter qu'on nous regarde comme des jolies filles à la plage. Et, si on me demande d'utiliser mon image pour des publicités ou pour des vidéos qui oublient nos compétences sportives, alors je dis non. On peut faire des photos et du sport de manière intelligente.
La vie d'une sportive n'est pas idéale, il faut travailler pour réussir et le public doit réussir à le comprendre.

Activité 23, p. 24 PISTE 28

Nous avons discuté du plaisir et de l'intérêt des voyages mais il faut aussi parler aujourd'hui des règles nécessaires et obligatoires à suivre pour un voyage international.
Tout d'abord, je vous rappelle qu'un passeport valable est nécessaire et, pour beaucoup de pays, le passeport doit encore être valable 6 mois après votre retour ! Attention, vous devez vous informer de l'obligation d'avoir un visa ou non. Vous ne pourrez pas entrer dans

le pays si vous n'avez pas le visa obligatoire. Parfois, on a la possibilité de l'acheter à l'aéroport à l'arrivée, il faut penser à cette question avant le départ. Encore une chose très importante : les pays peuvent avoir des conditions culturelles et politiques qui sont différentes de votre quotidien mais que vous devez respecter. Par exemple, il sera interdit de boire de l'alcool ou de visiter certaines régions. N'oubliez pas non plus que la question médicale est importante : vous devez quelquefois prendre des médicaments ou faire un vaccin avant de partir pour éviter les maladies graves. Heureusement, il existe pour chaque pays un site officiel d'informations pour préparer son voyage et je vous invite à regarder les dernières informations publiées juste avant le départ pour profiter ensuite vraiment du voyage !

Activité 24, p. 25 PISTE 29

– Bon, Quentin, on descend ici, je suis sûr du nom de l'arrêt parce qu'il a le même nom que l'adresse de la banque : Arrêt Manuel parce que c'est la rue Manuel. Alors, regardons sur le plan de quartier : rue Manuel, rue Manuel… ? Oh, mais je ne vois pas de rue Manuel. C'est étrange !
– Julie, attends, tu as un document de la banque avec l'adresse ? Alors, regarde parce que, là, c'est évident qu'il n'y a pas de rue Manuel.
– Tu peux me faire confiance, enfin ! Bon, où est ce document ? Ah, le voilà. La banque se trouve donc rue… Emmanuel ! Non, c'est pas possible, j'étais certaine de l'adresse. Il faut maintenant reprendre le bus car la rue Emmanuel n'est absolument pas dans ce quartier.

Activité 25, p. 25 PISTE 30

– Alors Kévin, quelle est ta proposition pour faire la Fête du quartier avec les voisins ?
– Voilà ma proposition : en juin prochain, il y a plusieurs dates possibles pour organiser cette fête. J'ai réfléchi à des possibilités et je voudrais vous les présenter. D'abord, je suis sûr que vous êtes d'accord avec moi : il faut que cela se passe un samedi et non dans la semaine parce que beaucoup d'entre vous travaillent. Donc si je regarde le calendrier de cette année, il y a trois dates intéressantes en juin : une fête religieuse avec un lundi férié, la fête de l'été qui est aussi la Fête de la musique en France et… mon anniversaire ! Je ne suis pas trop d'accord avec la première date parce que quelques voisins peuvent être absents. Ensuite je me demande si mon anniversaire intéresse vraiment tout le quartier, donc je ne sais pas trop.
Enfin, je sais que la Fête de la musique est une tradition pour sortir dans toute la ville, faire de la musique et faire de nouvelles rencontres. Bref, avant tout, nous avons besoin de réfléchir quelques minutes et après on pourrait voter pour la date qui plaît à la majorité. D'accord ?

Activité 26, p. 26 PISTE 31

Tiens, hier, un ami m'a parlé de son groupe de musique préféré : « Ça s'appelle Nord, écoute ça absolument, Marjorie, c'est de la super chanson française ! ». Bon, je décide bien sûr d'écouter ça. Je tape le mot « Nord » sur un moteur de recherche sur Internet et je me retrouve avec 540 millions de résultats ! Après sept pages de recherche sur Internet, je n'ai trouvé aucun artiste avec ce nom. C'est probable que ce groupe musical existe mais impossible à trouver ou alors il faut passer des heures à chercher pour y arriver. Et il paraît qu'il y a beaucoup de nouveaux artistes dans cette situation : et oui, la tendance aujourd'hui est de choisir des noms comme La Femme, Jaune, Sage ou des lettres comme M, L, mais ils sont très difficiles à trouver sur Internet. J'imagine que les groupes pourraient changer de nom mais ce serait dommage et trop tard s'ils commencent à avoir du succès. Les débuts d'un artiste sont toujours très compliqués mais le chanteur M, qui est très populaire aujourd'hui, est l'exemple que rien n'est impossible !

Activité 27, p. 27 PISTE 32

– Dis, Robin, tu as vu ce projet génial de garderie pour petits enfants à côté de Montpellier ? Tu en as entendu parler ?
– Oui, la ville a prévu de construire une garderie pour enfants de moins 3 ans dans une maison de retraite, c'est ça ? L'initiative me semble vraiment intéressante et c'est probablement la solution de demain pour notre société qui est de plus en plus égoïste. Ce projet va permettre aux personnes âgées d'avoir des contacts quotidiens avec les petits enfants et il est probable que les enfants seront très heureux d'avoir des grands-parents avec eux. En plus, je suis certain que les relations entre petits et plus âgés vont apporter une joie de vivre dans cette résidence pour personnes âgées.
– Et tu sais ce qu'ils vont avoir comme activités ensemble ?
– Il est aussi prévu dans l'année d'organiser des activités communes : je pense certainement que faire de la cuisine ou de la musique ensemble va profiter à chacun.
Les enfants vont apprendre plein de choses et les personnes âgées vont retrouver une atmosphère familiale très joyeuse. J'imagine et j'espère que ce projet connaîtra très vite d'autres grands succès dans beaucoup de villes !

S'ENTRAÎNER

Exercice 1, p. 28 PISTE 33

– Alors Christophe, l'année prochaine, c'est l'année de tes 40 ans ! Tu vas organiser une grande fête ?
– Écoute Sophie, pour mes 30 ans j'avais invité mes parents, mes frères et mes enfants au restaurant dans un petit village à 30 km d'ici, c'était super. Il faisait tellement beau qu'on a mangé en terrasse, tout le monde a adoré.
– Et tes amis n'étaient même pas là, on était un peu déçus.
– Arrête Sophie ! J'espère que tu te souviens de mes 35 ans, non ? On a fait un très grand repas chez moi le samedi soir. Tous mes amis sont venus, et toi aussi. Il y avait 70 personnes. Tu te rappelles, on a cuisiné tous ensemble, et on a même joué de la musique et dansé ! C'est un très bon souvenir.
– Alors, pour tes 40 ans, on peut faire une fête avec ta famille et tes amis ensemble dans une grande salle de la ville par exemple.
– Mon idée est un peu différente : je vais organiser plusieurs petits dîners de 4 ou 5 amis pendant six mois.
– Pardon ? Mais c'est ridicule, on ne va pas venir 10 fois chez toi pour ton anniversaire ?
– Non, tu n'as pas compris : je vais contacter à chaque

fois un petit groupe d'amis différents. Je vais les inviter ensemble à dîner à la maison. Ce sera plus tranquille et plus personnel et ils pourront vraiment discuter ensemble. Je vais organiser ces repas une ou deux fois par mois entre janvier et juin prochain.
– Intéressant ! C'est vrai que dans les grandes fêtes, on rencontre beaucoup d'amis mais on ne se connaît pas vraiment. Christophe, c'est parfait. Et moi, tu m'inviteras avec quel groupe ?
– Tu verras bien, Sophie. C'est une surprise !

Exercice 2, p. 29 PISTE 34

– Alors, ça vous a plu cette réunion de parents ?
– Oui, faire une réunion pour nous demander de proposer des activités du soir et les animer, c'est une idée admirable. J'étais heureuse d'entendre la directrice dire que l'école est un lieu pour apprendre et aussi pour faire des choses ensemble.
– Hum… seulement si les cours sont prioritaires. Voilà pourquoi j'ai proposé d'animer un atelier d'expression orale pour apprendre à parler devant ses camarades, devant les adultes, etc. Et c'est mon métier parce que je travaille à la télé comme journaliste.
– Si vous voulez, mais ces activités ne sont pas pour faire encore la classe ou remplacer les profs.
– Peut-être… Et vous, qu'est-ce que vous proposez ? Un voyage touristique, je crois, non ?
– Pas tout à fait. Les élèves vont monter eux-mêmes un projet d'échange avec une école dans un pays voisin. D'abord, ils vont choisir le pays et la région, puis on va décider quand et combien de temps on y va et quand les élèves partenaires vont venir chez nous. Après, je vais les aider avec les transports et comment trouver l'argent. Bref, un vrai projet imaginé et fabriqué par les élèves !
– Mais cette activité demande des connaissances professionnelles, c'est pas pour les jeunes de 12-15 ans !
– Pas du tout ! Les élèves sont en général très compétents et enthousiastes quand ils sont responsables de leur propre projet.
– Bien, je suis impatient que les activités commencent la semaine prochaine. À bientôt !

Exercice 3, p. 30 PISTE 35

– Salut Quentin ! Merci pour ton aide hier, mon déménagement n'était pas simple mais on y est arrivé.
– Salut Marie. Ce matin, j'ai mal aux épaules et au dos mais j'ai dormi cette nuit comme un bébé. C'est vrai qu'hier, tu n'avais pas vraiment bien organisé le transport des cartons et des meubles. Ça m'a énervé le matin quand on a dû attendre le camion pendant une heure. Et quand après, on a découvert qu'il fallait tout monter au 3e étage sans ascenseur, alors là j'étais un peu désespéré !
– Écoute, les amis se sont bien entendus et chacun a aidé. À 14 heures, tout était arrivé dans mon petit appartement et l'après-midi on a pu ouvrir presque tous les cartons. C'était aussi une très bonne idée de Gabriel de commencer par ranger la vaisselle dans la cuisine. Le but était de faire de la place et de sortir les cartons de l'appartement.
– Bien sûr, j'imagine que tu vas prendre un peu de temps pour tout installer. Je suis impatient de savoir quand on fait la fête pour ce nouvel appartement !

– Oh là, attends un peu, il faut encore la connexion internet. Ça m'inquiète un peu parce que l'opérateur ne peut pas passer avant trois semaines. Je ne sais pas comment je vais faire sans portable et sans tablette pour écouter de la musique !
– C'est pas grave, on apportera nos CD… comme avant.

Exercice 4, p. 31 PISTE 36

– Alors, Isabelle, quand vous parlez de proposer une nouvelle idée de marché, on pense tout de suite au commerce ?
– Effectivement, mais pour nous, notre idée de marché gratuit repose sur une idée d'échange. Les gens qui n'ont plus besoin de leurs affaires les apportent et les offrent à des gens qui trouvent là leur bonheur. Pour cet échange, les relations sont différentes : on veut que les gens fassent connaissance et qu'ils discutent ensemble.
– J'imagine que ce n'est pas par hasard que cela se passe avant les fêtes de fin d'année ?
– Alors, c'est vrai qu'avant les fêtes, les gens ont plus tendance à consommer. Alors on aimerait que ce soit davantage une période de solidarité. C'est aussi une période qui est difficile pour certaines personnes qui n'ont pas de famille ou qui ont des problèmes financiers. Tout cela donne de l'intérêt à notre initiative.
– Vous vous adressez à quel public ?
– À tout le monde. Mais pour cette fois, on a plus pensé aux personnes qui ont peu d'argent.
– Il me semble que vous l'organisez pour la deuxième fois dans cette partie de la Suisse francophone. Vous voulez lancer une nouvelle tradition ?
– Oui, on l'organisera 2 à 3 fois par an en fonction des possibilités de lieux que la ville nous prêtera.
– Qu'est-ce qu'il faut pour organiser un marché gratuit ?
– D'abord, il faut avoir l'autorisation de la ville et de la police. Et les responsables de la ville ont été tout de suite d'accord. On était même étonnés de voir qu'ils étaient très ouverts à cette idée. Sinon, il faut aussi faire beaucoup de travail sur l'information. Par exemple, on répond aux messages des gens qui posent beaucoup de questions. Après, il faut aussi enregistrer les inscriptions. Enfin, pour organiser un marché gratuit, on fait 3 ou 4 réunions d'organisation avant.
– Donc il faut s'inscrire pour avoir des affaires à donner ?
– Oui, parce qu'on veut savoir combien de personnes vont venir pour répondre au mieux à la demande et réserver les places dans les rues à la grande majorité des personnes intéressées. Avec le succès, on devient très compétents. »

Exercice 5, p. 33 PISTE 37

Bienvenue dans notre émission « Des femmes et des hommes ».
Dans le monde, un homme sur deux est une femme. Donc, il devrait y avoir autant de femmes que d'hommes chefs d'État, ministres, chefs d'entreprise, académiciens ou pilotes d'avion. Pourtant, ce n'est toujours pas le cas et ce n'est pas nouveau. Bien sûr, les statistiques ont un peu progressé mais l'égalité entre hommes et femmes reste encore l'exception et non pas la règle.
Alors aujourd'hui, quelle est la situation réelle de l'égalité des sexes ? Notre émission porte son regard sur ces femmes qui veulent le pouvoir mais qui ne sont pas

toujours au pouvoir. Bien sûr, en France, on se souvient de Marie Curie et de Coco Chanel, on sait que le Brésil a eu une présidente Dilma Roussef, et que l'Allemagne a choisi une cheffe de gouvernement, Angela Merkel. Ces noms donnent une impression du succès des femmes mais la réalité est très différente. Et les statistiques du monde nous rappellent que la situation n'est pas très belle ! C'est pourquoi, à Genève, aux Nations Unies, on rappelle qu'en juillet 2010, une nouvelle agence ONU Femmes est née pour se battre contre les violences faites aux femmes dans le monde. En France, tous les ans, on organise le « Sommet économique des femmes ». On s'est rendu compte qu'en France il n'y avait pas une seule femme à la présidence d'une société du groupe des 40 plus grosses entreprises françaises… Et la loi sur l'égalité de salaires a été signée en 1972 en France, mais… il a fallu attendre 2001 pour réellement voir des actions positives en politique et dans les entreprises.
Allez, dernière question intéressante : dans quel parlement de quel pays, y a-t-il le plus de femmes ? Et bien, c'est au Rwanda avec 48,8 % exactement de femmes, presque l'égalité politique donc. En Suisse, c'est environ 25 % et en France, 20 %… Et si le continent africain, qui est déjà l'avenir de notre francophonie, devenait aussi notre modèle d'égalité des sexes, ce serait un bel espoir ! »

Exercice 6, p. 34 PISTE 38

– Le palais des Beaux-Arts de Lille a confié son musée à Zep, l'artiste suisse très populaire en France pour ses bandes dessinées amusantes, pour attirer de nouveaux publics. Quand le palais des Beaux-Arts de Lille a proposé au dessinateur la liberté d'utiliser tout le musée pour une exposition personnelle, il a d'abord eu peur devant l'importance et la richesse de la collection. Et la question a été de savoir comment son dessin de BD, grand comme une image d'album, pourrait être à côté de peintures anciennes immenses ! Alors Zep, pourquoi avoir dit oui à l'Open Museum ?
– Pour moi, c'était d'abord une façon de continuer à travailler, et de dire mon amour du dessin et du crayon. Tous les tableaux anciens, célèbres ou non, qui sont présentés dans ce musée, ont été faits par des mains, donc par des personnes qui travaillaient pendant une semaine, des mois ou un an pour arriver à réaliser quelque chose que l'on regarde encore aujourd'hui. Donc, je voulais que mes dessins actuels permettent aux jeunes générations de venir voir et de comprendre que l'art d'aujourd'hui est la conséquence et la suite logique d'une longue tradition.
– On nous a dit que vous détestiez les musées quand vous étiez enfant ?
– C'est vrai. Pour moi, les musées étaient pour exposer des gens morts et voir avec très souvent des images tristes, de mort, des scènes horribles et violentes. Quand j'ai fait ensuite des études d'art, je n'aimais pas aller au musée avec des critiques d'art qui passaient des heures à expliquer et à analyser un seul tableau. C'est seulement quand je suis devenu papa que j'ai commencé à aimer les musées. J'ai accompagné mes enfants dans des musées où on choisissait un tableau, une œuvre qui me plaisait vraiment. Et là, je leur racontais une petite histoire ou une anecdote sur le tableau ou sur l'artiste. Finalement, j'ai retrouvé le goût et le plaisir d'y aller. »

Exercice 7, p. 35 PISTE 39

– Alors, Lucie, qu'est-ce que tu fais cet été pour les vacances ? Tu viens avec nous ? On voudrait faire le tour du Québec, mais à vélo !
– Très bonne idée, Enzo ! Mais pour le moment, je cherche un job d'été pour un ou deux mois. Pendant mes études, je n'ai pas le temps de travailler et là, je ne vois pas comment je pourrai payer mes prochaines vacances.
– Et tu cherches un job dans quel secteur ? Il paraît qu'aujourd'hui c'est un peu la crise, c'est très compliqué. Et en plus, tu n'as même pas de métier !
– Non, mais je ne suis pas au chômage, Enzo, je suis étudiante. Alors il existe des bureaux de placement qui proposent des postes sans compétence spéciale pour les entreprises qui ont un salarié malade ou en congé. Comme je suis dynamique et souriante, ça suffit pour un petit boulot.
– Ah oui, et tu as des idées ? Tu as vu une offre intéressante ?
– Oui, justement, hier, je suis passée devant la vitrine d'un bureau et j'ai lu les annonces. Une entreprise de meubles cherche un ou une standardiste pour 6 semaines cet été. J'imagine que je peux faire ça.
– Tu crois ça, Lucie ? Et tu dois faire quel travail ?
– Écoute, je dois répondre au téléphone et recevoir les clients. Et sur l'ordinateur, je note toutes les informations et les opérations de banque. C'est tout ! Je suis sûre que je suis capable.
– Toute la journée, faire ça, ça ne me plairait pas du tout. Bon, j'espère que tu trouveras autre chose !
– Il faut bien commencer à gagner sa vie, non ?

Exercice 8, p. 37 PISTE 40

– Chères auditrices, chers auditeurs, bonjour. Nous sommes aujourd'hui installés à la direction régionale du développement des entreprises et nous voudrions parler des nouvelles habitudes des consommateurs. Merci Christine Trotigny de nous recevoir, et pour commencer, quel travail occupez-vous ?
– Bonjour et bienvenue ! Je suis actuellement en charge de l'économie numérique des entreprises. Vous savez qu'aujourd'hui 78 % des Français sont connectés et que la moitié a un compte sur un réseau social.
– Vous voulez dire que c'est la fin de l'économie traditionnelle et que les Français achètent tout en ligne maintenant ?
– Pas exactement. Il faut savoir qu'à la fin de l'année dernière, 35 % des familles avaient déjà une tablette numérique et chaque année, la situation progresse très vite. Cela a pour conséquence que toute la famille, parents, enfants, grands-parents, s'habitue peu à peu à ces connexions rapides et à distance. Mais pour quoi faire, vous allez dire ? Et bien, d'abord les personnes s'informent sur les produits, les prix avant de se déplacer. Ensuite, quand ils sont dans un lieu commercial, ils se connectent pour comparer avec d'autres produits. Enfin, les personnes veulent pouvoir exprimer leur satisfaction, en ligne et tout de suite.
– Très intéressant, mais quel rôle jouez-vous exactement ?
– En fait, je prépare la révolution numérique avec les entreprises. Et ce n'est pas facile ! Il faut expliquer aux chefs d'entreprise, aux directeurs d'usine qu'ils doivent changer leur stratégie pour s'adapter aux nouvelles

relations avec les clients d'aujourd'hui et de demain. Le « e-commerce » va prendre une place de plus en plus grande et je suis là pour aider l'économie de la région à se développer.
– Merci Christine Trotigny de vos explications et excellente réussite !

Exercice 9, p. 38 PISTE 41
– Bonjour Madame Pindrot. Vous avez souhaité me rencontrer pour vous aider à financer l'ouverture de votre magasin. Je vous écoute.
– Bonjour. Voilà, j'ai passé quatre années en Angleterre et en Écosse, j'ai travaillé dans des restaurants et des bars et, à mon retour, l'année dernière, j'ai passé un Master en communication interculturelle. Aujourd'hui, je voudrais être indépendante et ouvrir mon commerce.
– Est-ce que vous pouvez me présenter votre idée : quelle sorte de magasin ? pour qui ? pour faire quoi ?
– Voilà, j'ai découvert l'habitude de boire du thé toute la journée chez les Anglais et mon idée est d'importer cette habitude en France : je veux ouvrir un bar à thé dans notre ville.
– Vous voulez dire un salon de thé ! Mais je suis un peu déçu parce que ça existe depuis très longtemps chez nous.
– Non, un « bar à thé », c'est plus jeune, plus moderne. Je suis sûre que la possibilité de trouver un très grand choix de thés de différents pays n'existe pas encore dans notre région. Et mon commerce doit avoir une atmosphère artistique et confortable.
– Artistique, que voulez-vous dire ?
– Dans ce lieu, je souhaite exposer des objets ou des peintures d'artistes de la ville ou de la région. Et on doit pouvoir boire et aussi acheter du thé pour la maison.
– Je me demande si un lieu où on boit, où on achète du thé et qu'on visite comme une galerie, ce n'est pas un peu trop compliqué pour une stratégie commerciale...
– Pas du tout, les gens aujourd'hui veulent profiter de plusieurs choses en même temps. Et en plus, je veux installer des connexions internet gratuites pour que les plus jeunes se sentent bien aussi.
– Écoutez, je suis plutôt confiant parce que vous êtes enthousiaste. Mais maintenant parlons d'argent !
– Ah, là, c'est une autre histoire...

Exercice 10, p. 39 PISTE 42
– Bonjour. Bienvenue aujourd'hui à l'émission « Mon métier, c'est ma vie ». Alors Marion, tu es agricultrice depuis quand ?
– Avant, je travaillais dans le commerce import-export à Bordeaux et je gagnais beaucoup d'argent. Un jour, en 2015, mes parents ont pris leur retraite alors j'ai décidé de venir travailler dans la ferme familiale. J'ai choisi de retrouver le contact avec la nature, avec les animaux et le travail en liberté.
– C'est donc un énorme changement de vie ?
– Oui et non. La ferme était dans ma famille depuis cinq générations, donc j'ai passé toute mon enfance ici. Après, j'ai étudié et j'étais très contente de mon travail dans le commerce international. Mais quand j'ai vu que je pouvais revenir et travailler à la ferme, alors l'envie a été plus forte. En cinq mois, j'ai arrêté mon travail, j'ai déménagé et je suis arrivée à la ferme sans aucune formation dans l'agriculture. Alors là, il était très urgent d'apprendre comment on fait pour diriger une petite entreprise et travailler dans les champs !
– Et vous avez suivi un stage de formation pour apprendre l'agriculture ou vos parents vous ont aidée et vous ont donné des conseils ?
– Bon, au début, j'étais au chômage et je me suis inscrite à Pôle-emploi. Par chance, j'ai eu droit à une formation en gestion d'entreprise agricole. Aujourd'hui, je cultive ma petite production de blé et de maïs et je vends mes céréales aux entreprises de la région. Et puis, j'ai aussi une centaine de poules et de canards, qui sont nourris avec des produits naturels et qui se promènent librement dans les champs. C'est une activité qui intéresse beaucoup les restaurants de la région.
– Si vous comparez avec vos parents agriculteurs, Marion, vos activités à la ferme ont-elles beaucoup changé ?
– D'abord, beaucoup d'agriculteurs aujourd'hui vendent leur ferme. Je ne voulais absolument pas et j'ai dû chercher des solutions pour rester ici. C'est pourquoi, depuis 2020, ma ferme est aussi ouverte au public et je reçois beaucoup de classes des écoles de la région. Les enfants découvrent mon métier et comprennent qu'une agricultrice est aussi une personne passionnée et que ce métier peut rendre heureux !

ÉPREUVE BLANCHE 1

Exercice 1, p. 145 PISTE 43
– Papa, j'ai quelque chose d'important à te dire. J'ai décidé d'abandonner mes études en informatique.
– Comment ? Mais Romain, pourquoi ? Le premier semestre a commencé il y a 2 mois et tu semblais content de tes cours. Je ne comprends pas.
– Oui, c'est vrai. Mais le niveau est beaucoup trop élevé. Je sais que je vais échouer.
– Il ne faut pas t'inquiéter pour ça. Tu as toujours très bien réussi tes études. Je suis sûr que si tu étudies sérieusement, tu obtiendras de très bons résultats à tes examens. Si tu veux, nous pouvons organiser, avec un professeur, des cours à la maison pour t'aider à progresser.
– Je te remercie, Papa. C'est très généreux de ta part. Je sais que Maman et toi, vous êtes prêts à dépenser beaucoup d'argent pour mes études, mais je ne veux pas vous décevoir. Tu sais, je n'ai pas perdu mon temps pendant ces deux mois à l'université car j'ai compris ce que je voulais faire. L'année prochaine, je vais suivre des études de commerce.
– Et qu'est-ce que tu vas faire en attendant ?
– J'ai déjà trouvé un travail dans un restaurant. C'est un contrat à temps partiel de 20 heures par semaine. C'est parfait car j'aurai du temps libre et avec l'argent que je gagnerai, je pourrai payer des cours privés pour continuer à étudier.
– Je vois que ta décision est bien réfléchie, mais je préfère qu'on en discute ce soir avec ta mère.
– Bien sûr !

Exercice 2, p. 146 PISTE 44
D'après une enquête réalisée auprès de 13 000 salariés, la France est le pays du monde où la candidature spontanée a le plus de succès. Un quart des candidats trouve cette méthode efficace. Il s'agit d'envoyer une lettre de motivation et un CV à une entreprise qui n'a

pas publié d'offre d'emploi. Les chefs d'entreprise, surtout ceux qui dirigent des petites sociétés, pensent comme eux. Cette enquête montre aussi que le réseau personnel – la famille, les amis – est plus efficace que la recherche sur Internet.
Pourtant, nous sommes en train de vivre une véritable révolution dans la recherche d'emploi. En fait, ce sont surtout les demandeurs d'emploi les plus âgés et les moins diplômés qui s'adressent à leurs relations personnelles.
Les plus jeunes et les mieux diplômés utilisent plutôt Internet. Ils souhaitent que les entreprises soient modernes et qu'elles aient par exemple une page Facebook ou un compte Twitter. Ils veulent qu'elles communiquent les emplois disponibles sur des réseaux sociaux professionnels comme LinkedIn et Viadéo, voire qu'elles utilisent les sites de petites annonces comme Le Bon Coin.
Et d'ailleurs, tout récemment, une grande entreprise internationale a recruté de jeunes diplômés... sur Twitter ! Les candidats prenaient contact avec les salariés qui décrivaient leur métier et donnaient des conseils pour rejoindre l'entreprise. Aujourd'hui, ce système est réservé à très peu de personnes, mais demain, toutes les entreprises vont devoir recruter de cette façon. On organise déjà sa vie en quelques clics : loisirs, achats, rencontres personnelles. Pour faire ses courses, on va sur un site accueillant et facile d'accès et on reçoit notre commande en quelques heures. Et bien pour chercher du travail, ce sera la même chose. Les candidats pourront contacter les employeurs directement et être rapidement informés de leur décision. Il va falloir que les entreprises qui recrutent – et il y en a beaucoup – changent leurs habitudes pour s'adapter à cette nouvelle façon de proposer du travail car c'est comme ça qu'on permettra au marché de l'emploi de progresser !

Exercice 3, p. 147 PISTE 45

– D'après une étude de l'agence *OpinionWay*, pour la majorité des Français, acheter des biens de consommation n'est plus une priorité. On assisterait même au début d'un changement très fort. C'est ce que nous explique Frédéric Micheau, directeur des études chez *OpinionWay*.
– Quand on interroge les Français sur leur préférence entre, d'un côté, la propriété et, de l'autre, le fait d'utiliser uniquement les produits dont on a besoin, ils indiquent clairement préférer la seconde solution. Trois quarts des Français préfèreraient aujourd'hui louer des objets plutôt que de les acheter.
– Quels sont les produits que les Français sont prêts à louer ?
– Essentiellement des produits multimédias comme des objets de nouvelles technologies ou des téléphones et des tablettes.
– Donc des produits qui évoluent rapidement.
– Oui, des produits qui ont une durée de vie très courte car leurs compétences technologiques deviennent vite limitées.
– Les entreprises s'adaptent et proposent de plus en plus des services de location. Pour le consommateur, c'est la certitude de toujours avoir un matériel en bon état. C'est un mode de consommation qui favorise la protection de l'environnement. En effet, le fait de louer plutôt que d'acheter un produit a pour conséquence de réduire la production d'objets et donc la pollution.
Cela rejoint les résultats de l'enquête d'*OpinionWay* qui montre aussi ce qui pousse les Français à faire des achats car tout ne peut pas être loué. Ils disent préférer des produits résistants et respectueux de l'environnement. Les produits très modernes ne les intéressent que s'ils sont sûrs de leur qualité. C'est la fin des produits jetables.
– Oui, on peut dire ça.
– C'est la fin des produits jetables, à bas prix. Avec les vélos en libre-service, comme les Vélib' à Paris, et les services de location de matériel, on a vu apparaître de nouvelles pratiques de consommation. On vend des déplacements à vélo sans vendre le vélo. Le consommateur n'est pas propriétaire de l'objet, il devient propriétaire de l'utilisation de cet objet. Il semblerait qu'une révolution soit désormais en marche.

ÉPREUVE BLANCHE 2

Exercice 1, p. 157 PISTE 46

– Élodie : Alors Stella tu as reçu le pass sportif gratuit de la ville, je crois. As-tu déjà choisi la salle de sports pour profiter du pass ?
– Stella : Oui, c'est une super offre pour nous, les nouveaux habitants. Tu vois, on connait très peu de gens ici quand on arrive et dans une grande salle de sports, on peut choisir ses horaires et ses activités et surtout c'est facile de rencontrer des gens sympas.
- Élodie : Je te conseille la salle Top Gym, Stella. C'est ouvert tous les jours de 7h du matin à 22h le soir. Mais Si tu veux faire des activités sportives avec un ou une prof, les cours n'ont pas lieu tout le temps. Les profs de sport arrêtent de travailler de 14h le samedi jusqu'au lundi 7h. Mais la salle reste ouverte aux horaires habituels. Tu voudrais venir avec moi, Stella ?
– Stella : Pourquoi pas. Est-ce que tu as le programme des cours et la liste des sports ? Je pourrais faire mon choix.
– Élodie : Le plus simple est de regarder le programme sur leur site internet, il n'y a plus de programme en version papier.
– Stella : Avec ce pass de la ville, je peux alors choisir ce que je veux ou il y a un nombre limité d'activités ?
– Élodie : Attention, le pass est gratuit et tu peux venir à Top Gym pendant six mois et utiliser les équipements sept jours sur sept. Mais pour les cours de sport, tu dois acheter les cours avec des forfaits sur six mois ou un an.
– Stella : Ah, je n'avais pas compris que ce pass sportif était plus une publicité qu'un cadeau. Ce qui m'intéresse c'est d'avoir des cours de gym. C'est important pour moi de faire de nouvelles connaissances. Alors, je vais regarder sur internet et je vais réfléchir encore un peu.

Exercice 2, p. 158 PISTE 47

– Animatrice : Bienvenue à notre émission « Je lis donc je suis » ! Je suis très heureuse de recevoir aujourd'hui un auteur de bandes dessinées pour son dernier album jeunesse. Bonjour Arthur Claude ! Une première question tout de suite, c'est votre vrai nom ça ?
– Invité : Bonjour et merci de votre invitation. Ah, Arthur Claude ce n'est pas tout à fait mon nom mais ce sont

bien les deux prénoms que mes parents m'ont donnés. Et comme je travaille pour des publics jeunes, des publics très jeunes, je pense que les prénoms sont plus familiers que des noms de famille difficiles à garder en mémoire.
– Animatrice : Voilà, vous écrivez et vous dessinez pour un jeune public. Et pour vous, à partir de quel âge les enfants peuvent-ils vous lire ?
– Invité : Il n'y a pas d'âge minimum, ni maximum d'ailleurs, pour lire un album ou une bande dessinée. Mon éditrice me disait que le public qui lit, qui achète ou qui vient à mes lectures et rencontres dans les librairies sont autant d'enfants, de jeunes que d'adultes. J'ai l'habitude de présenter mes livres en discutant beaucoup avec les personnes présentes, mais surtout je lis à haute voix, je montre les images sur un écran et je raconte l'histoire. Tout le monde peut laisser libre cours à son imagination, les petits comme les grands.
– Animatrice : Pourquoi dit-on pourtant que vous, Arthur Claude, êtes un auteur dessinateur de littérature jeunesse ? Vous dites que tout le monde vient vous écouter !
– Invité : Oui, mais je m'adresse d'abord aux enfants. Attention lire pour un enfant veut dire commencer à comprendre le monde, les autres ou soi-même en regardant des images ou en lisant des histoires inconnues. L'important dans la littérature jeunesse est de réussir à donner à l'enfant le goût de découvrir ce qu'il ne connait pas. Cela bien sûr est très loin des jeux vidéo ou des émissions de télé qui ne proposent pas beaucoup de situations pour rêver.
– Animatrice : Merci beaucoup, Arthur Claude, d'avoir partagé votre passion.

Exercice 3, p. 159 PISTE 48

– Radio : Bonjour à vous. Notre reportage se passe dans une entreprise parisienne. Le directeur a réuni le personnel, écoutez-le, c'est très intéressant :
– Le directeur d'entreprise : Nous vous avons réunis ce matin pour vous détailler les nouvelles règles d'hygiène et de sécurité et surtout le nouveau règlement écologique de l'entreprise. Le mois dernier, le parking a donc été fermé et aucune voiture ne peut plus circuler sur le terrain de l'entreprise. Nous avons décidé de construire un espace vélos avec une place réservée à chaque employé. Vous pourrez recevoir une prime mensuelle de déplacement « vélo » de 35 €. Pour cela, vous avez un formulaire à la réception que vous devrez remplir chaque mois pour obtenir une place de vélo réservée. Encore une chose : nous avons aussi décidé qu'à partir d'aujourd'hui, le nombre de photocopies est contrôlé. Chaque copieur aura un compteur avec un code pour chacun de vous. Nous afficherons les résultats tous les mois et le nom de l'employé qui aura consommé le moins de papier. Cette personne recevra un bon d'achat dans un magasin de produits bio. Attention, nous demandons à chaque responsable de service de fermer tous les soirs les ordinateurs et les lumières des bureaux. Il sera interdit de laisser fonctionner un appareil ou une lampe toute la nuit. Dernière chose : des poubelles sélectives seront à chaque étage et vous jetterez le papier, le verre, le plastique et les déchets de la nourriture dans 4 poubelles différentes. Enfin, chacun d'entre nous devra suivre une formation d'une journée par an pour comprendre que l'avenir de la planète dépend de nous. Nous apprendrons les gestes écologiques et les nouveaux comportements comme apporter sa tasse au bureau et arrêter d'utiliser les verres en plastique, etc. Voilà, j'aimerais que tout le monde comprenne que ces règles sont nécessaires et que nous en sommes tous responsables. Merci de votre attention, excellente journée !
– Chères auditrices, chers auditeurs, voilà un bel exemple. Nous attendons maintenant vos réactions sur le site de notre émission.

CORRIGÉS

Compréhension de l'oral

SE PRÉPARER

Activité 1, p. 12
1. a. Homme : un parent d'élève – Femme : la directrice de l'école.
b. La fille de l'homme.
c. Le manque d'attention.
2. a. Surpris.
b. Rit beaucoup en classe.
c. De l'arrivée d'un bébé dans la famille.

Activité 2, p. 12
1. a. Chez eux.
b. En couple.
c. Un courrier et un cadeau.
2. a. Thomas.
b. Thomas.
c. Cindy.
d. La fête des amoureux.

Activité 3, p. 13
1. C'est un échange entre deux inconnus.
2. a. Il prépare un livre.
b. Publier des photos de sites en Europe.
c. Satisfaite.

Activité 4, p. 14
1. Dialogue 1 : devant la gare.
Dialogue 2 : dans un musée.
Dialogue 3 : dans une maison.
2. Le nom de l'hôtel, le numéro de l'adresse et le code d'entrée.
3. Au deuxième étage.
4. a. Dans la cuisine.
b. Dans la salle à manger.

Activité 5, p. 15
1. a. Hélène : musculation / Clara : danse.
b. Faire des mouvements : Clara / Se déplacer : Clara / Faire de la course : Hélène / Se relever : Clara.
2. a. Soulever des poids de 15 kg.
b. Elle s'est fait mal au pied.

Activité 6, p. 15
1. a. 5 heures.
b. 35 km.
2. a. Il n'a pas de chaussures de marche.
b. L'excursion est en continu / Les chemins sont difficiles.
c. D'avoir du plaisir.

Activité 7, p. 16
1.

	Expressions de la peur ou l'inquiétude	Expressions pour rassurer
Dialogue 1	Ça me fait un peu peur Je me fais du souci	Arrête, calme-toi Ça va aller
Dialogue 2	Je m'inquiète beaucoup Comment je fais, moi ?	Ne te fais pas du souci (Sois patient) Attends, si ça peut te rassurer Arrête de t'angoisser

2. a. Au bord de la mer.
b. De la peur.
c. Il revient si c'est trop dangereux.
d. Nager avec lui.
3. a. N'a pas pris de rendez-vous.
b. Les parents d'Arthur peuvent dormir chez elle.
c. Enfin soulagé.

Activité 8, p. 17
1. a. Un diplôme de chimie.
b. Heureux.
c. Nostalgique.
2. a. Gagner de l'argent / Être libre de voyager.
b. Sortir la nuit / Voir ses amis / Participer à des fêtes.
c. Faire un tour du monde.

Activité 9, p. 17
1. a. L'énervement.
b. Dans une école.
c. Cantine / Classe / Élève / Cour.
2. a. Les nouveaux horaires.
b. Il est indifférent.
c. Elle l'envie.

Activité 10, p. 18
1.

	Dans la rue	À la radio
Document 1		X
Document 2	X	

2. a. Les grands sportifs.
b. Les femmes dans le sport.
c. Les sportifs engagés.

Activité 11, p. 18
1. a. Chef d'atelier.
b. Il part à la retraite.
2. a. Sa passion.
b. Il a proposé une nouvelle activité.

Activité 12, p. 19
1. a. De la propriétaire du salon de coiffure.
b. Elle a refusé sa mutation pour rester dans sa ville.
2. a. Courageuse.
c. C'est courageux / La pauvre / Je la comprends.

Activité 13, p. 19
1. a. Aux habitants et aux habitantes.
b. De 12 familles étrangères.
c. L'administration/ la préfecture ne veut pas aider les familles.
2. a. Ont trouvé un hébergement aux familles.
b. Apporte une aide.
c. La déception.

Activité 14, p. 20
1. a. Nouvelle organisation de travail / Choix des horaires de départ et d'arrivée.
b. Morgan approuve la décision.
2. a. 8 heures.
b. Elle emmène ses enfants à l'école.
c. D'arrêter une heure le travail.
d. Ça me parait une bonne idée / Pour moi, ce sera plus simple / C'est une excellente organisation pour moi.

Activité 15, p. 20
1. a. Dans un studio de radio.
b. Une journaliste et un auditeur.
c. La durée de 3 semaines des prochaines vacances scolaires.
2. a. Avec ses enfants.
b. En colère.
c. Les parents qui travaillent.

Activité 16, p. 21
1. a. Dans un salon.
b. Trois jours.
c. Il doit travailler toute la journée.
2. a. Nettoyer les vaches.
b. Faux.
c. Vrai.

Activité 17, p. 21
1. a. Il est en colère.
b. Le banquier.
c. Cuisinier.
2. a. Il ne gagne pas assez d'argent.
b. Vendre des pizzas.
c. La France est le pays où on mange le plus de pizzas.
d. Non.

Activité 18, p. 22
1. a. Un musée.
b. 4 Faire les magasins.
2 Visiter une église.
3 Manger une spécialité.
1 Se promener.
c. Une église.
2. a. Ce jour.
b. En fin de matinée.

Activité 19, p. 22
1. a. Dimanche dans la nuit.
b. Un voleur.
2. a. Qui voulait entrer chez elle.
b. Elle a discuté avec l'homme et elle a appelé la police.
c. Maligne. Tranquille.

Activité 20, p. 23
1. a. Dans les piscines.
b. La nuit de l'eau.
c. En faisant du sport.
2. a. La journée mondiale de l'eau.
b. … on associe les habitants à une cause mondiale.

Activité 21, p. 23
1. a. L'éducation des enfants aux médias.
b. Environ 30 heures.
2. a. Internet permet de se socialiser.
b. La réussite des jeunes.

Activité 22, p. 24
1. a. C'est une championne.
b. … des photos d'elle.
2. a. Le surf.
b. Son physique.
c.

	Se présenter dans des publicités	Parler de sa vie de sportive	Parler de son sport	Vendre son image dans des vidéos non sportives
accepte de…	X	X	X	
interdit de…				X

Activité 23, p. 24
1. a. Les règles quand on fait un voyage international.
2. a. … de connaître les habitudes du pays.
b. Chercher les dernières informations sur la destination.

Activité 24, p. 25
1. a. À la banque.
b. La rue Manuel.
2. a. L'arrêt de bus a le même nom que la rue.
b. Regarder un document.
c. Elle en était absolument sûre.

Activité 25, p. 25
1. a. La fête du quartier.
b. Le jour.
c. Je me demande si / Je ne suis pas trop d'accord / Je ne sais pas trop.
2. a. C'est une fête religieuse.
b. C'est une fête privée sans intérêt pour les autres.
c. Prendre le temps de réfléchir.

Activité 26, p. 26
1. a. Le site d'un groupe de musique.
b. La recherche donne trop de résultats.
c. Les artistes se donnent des noms populaires.
2. a. Ils sont très banals.
b. … changer le nom de l'artiste.
c. Faux / Faux / Vrai.

Activité 27, p. 27
1. a. La construction d'une crèche dans une structure pour personnes âgées.
b. Il est enthousiasmé par le projet.

c. Le projet va se développer dans tout le pays.
2. a. Rencontres entre les générations / Développement des relations entre les gens.
b. Faire la cuisine. / Faire de la musique.
c. … de retrouver la joie de vivre.

S'ENTRAÎNER

Exercice 2, p. 29
1. a. Sortent d'une réunion de parents.
2. b. Elle est contente.
3. c. Parce qu'il travaille pour des émissions de télé.
4. b. Doivent être séparées du programme scolaire.
5. b. Que les élèves organisent un voyage d'échange.
6. c. C'est une proposition trop technique pour des élèves.

Exercice 3, p. 30
1. b. Du déroulement d'un déménagement.
2. c. À cause de la situation de l'appartement.
3. c. De s'occuper de la cuisine.
4. a. De la fête d'installation.
5. b. Ses loisirs.
6. a. Rassurant.

Exercice 5, p. 33
1. c. La place actuelle que les femmes occupent dans le monde.
2. b. Le même nombre de femmes que d'hommes à des postes clés.
3. b. Des femmes souhaitent aussi être au pouvoir.
4. a. Les femmes occupent la même place que les hommes.
5. b. Lutter contre les violences faites aux femmes.
6. c. Aucune femme ne préside les quarante premières entreprises.
7. c. Espère les mêmes progrès sur son continent.

Exercice 6, p. 34
1. c. L'exposition d'un auteur de BD dans un musée classique.
2. c. Séduire de nouveaux visiteurs.
3. b. Ne se combinait pas avec les œuvres classiques.
4. a. Le travail des mains.
5. a. Continue la tradition de la peinture.
6. b. Ennuyeux.
7. b. A appris à aimer les musées.

Exercice 8, p. 37
1. a. Du développement économique de la région.
2. a. Les entreprises à s'adapter aux clients.
3. c. Ont des équipements numériques.
4. c. De comparer les prix avant d'acheter.
5. a. Donner leur avis.
6. c. Comprendre les nouvelles habitudes des clients.
7. b. Le développement de la région.

Exercice 9, p. 38
1. a. Chez un banquier.
2. c. Eu des expériences professionnelles.
3. a. D'ouvrir un nouveau concept de bar.
4. b. Présenter des œuvres d'art régionales.
5. a. Boire, acheter et visiter.
6. c. Faire venir un public plus jeune.
7. b. Le financement.

Exercice 10, p. 39
1. a. À la radio.
2. b. Arrêtent leur activité professionnelle.
3. a. A vécu une partie de sa vie dans la ferme.
4. b. A suivi d'abord des études en agriculture.
5. b. Les entreprises locales.
6. b. En créant une ferme pédagogique.
7. c. Intéresser les jeunes.

Compréhension des écrits

SE PRÉPARER

Activité 1, p. 46

	Lieu	Activité	Formation	Travail	Cadeau
A					X
B	X				
C			X		
D		X			
E				X	

Activité 2, p. 47

	Les loisirs	Le monde du travail	La formation
A		X	
B	X		
C			X
D	X		

Activité 3, p. 48
Informations à surligner dans les textes.
– un objet de décoration ;
– qui ne consomme pas d'énergie ;
– pas trop lourd pour pouvoir l'envoyer par la poste (au maximum 300 g) ;
– d'un montant de 40 euros au maximum.

---

1. Porte documents éléphant

C'est un joli objet de décoration… qu'il soit vide ou plein. Cet éléphant tout en métal garde le courrier ou met en évidence les factures à régler…
Très pratique, vous n'aurez qu'à le poser sur un meuble.
Ce petit éléphant n'a besoin de rien pour fonctionner. Ni pile, ni prise.
Il se contente d'accueillir vos documents.
Sa trompe vous permet même d'y accrocher des clés.
Une idée de cadeau idéale si on cherche quelque chose pour la décoration tout en ayant un véritable usage.

Hauteur : 15 cm
Largeur : 20 cm
Poids : 300 g
Prix : 27,90 euros

2. Cube réveil en bois

On dirait un simple cube de bois. Mais cet objet, décoratif et utile, est plus perfectionné qu'il n'y paraît : le cube n'affiche l'heure que si vous le lui demandez. Comment ? Rien de plus simple : claquez des doigts ou tapez des mains et comme par magie l'heure s'affiche. Ce cube est bien entendu équipé d'une fonction alarme très simple à régler. Il fonctionne avec deux piles. Vous pouvez donc le poser n'importe où.
Un cadeau à la fois utile et beau.

Hauteur : 6 cm
Largeur : 6 cm
Poids : 200 g
Prix : 34,90 euros

3. Coffret cadeau Trésor de sel d'Himalaya

Cet élégant coffret renferme un véritable trésor. En effet, il peut décorer votre maison et surtout il contient des blocs de sel « Perle rose » extraits d'une mine de montagne de l'Himalaya. Leur allure de pierre précieuse apporte de l'exotisme sur votre table.
Vous aurez de quoi donner du goût à vos plats mais aussi attirer l'attention de tous vos invités !
Un cadeau très original, qui ne consomme pas d'énergie mais qui sait en donner :

Hauteur : 15,3 cm
Largeur : 14,3 cm
Poids : 500 g
Prix : 45 euros

4. Trophée tête de cerf en carton

Voici l'une des pièces de décoration les plus à la mode en ce moment : ce trophée en carton tête de cerf.
Offrez ce cadeau qui n'a aucune utilité sinon celle de rendre originale une pièce de la maison. Il se présente sous la forme d'un kit très simple à construire. Cet objet respecte l'environnement : il ne consomme pas d'énergie, aucun animal n'a été tué et il a été fabriqué à partir de carton recyclé. Ce cerf peut être décoré avec de la peinture, du papier, etc.

Hauteur : 44 cm
Largeur : 22 cm
Poids : 230 g
Prix : 49,90 euros

Activité 4, p. 49

	1. Porte documents éléphant		2. Cube réveil en bois		3. Coffret cadeau Trésor de sel d'Himalaya		4. Trophée tête de cerf en carton	
	OUI	NON	OUI	NON	OUI	NON	OUI	NON
Décoration	X		X		X		X	
Consommation	X			X	X		X	
Poids	X		X			X	X	
Prix		X	X			X		X

Activité 5, p. 49

	1. Trophée du lac		2. Porte à porte		3. Concours de cuisine		4. Création artistique	
	OUI	NON	OUI	NON	OUI	NON	OUI	NON
Extérieur	X			X	X		X	
Créativité		X	X			X	X	
Durée	X			X	X			X
Capacité physique	X			X	X		X	

Activité 6, p. 51

	1. Trophée du lac		2. Porte à porte		3. Concours de cuisine		4. Création artistique	
	OUI	NON	OUI	NON	OUI	NON	OUI	NON
Intérieur		X		X		X		X
Communication	X			X	X		X	
Repas		X	X		X		X	
Capacité physique	X			X	X		X	

Activité 7, p. 52

	Raconter	Argumenter	Informer	Conseiller	Éléments du texte justifiant votre choix
Texte 1		X			Le document présente deux avis contraires sur le sujet des zoos. Chaque personne donne ses arguments (pour ou contre). On note la présence de marqueurs de l'opinion tels que « pour moi », « ce qui compte », « je préfère », « j'aime », « ce qui me gêne le plus », etc.
Texte 2	X				Le texte est le récit d'une journée en famille. On note l'utilisation des temps du passé, de la description d'événements et de la présence de sentiments.
Texte 3				X	Le texte est une recette de cuisine qui donne des conseils précis (ingrédients, poids, techniques). On remarque l'utilisation de l'impératif pour donner des instructions.
Texte 4			X		Le texte informe des effets positifs et négatifs du soleil sur la santé.

Activité 8 p. 55

1. a. Comment organiser un vide-maison ?
b. Un site Internet (www.izidore.com)
c. Le chapeau donne une explication de ce qu'est un vide-maison. On y apprend que c'est un phénomène de plus en plus répandu et qu'il offre de nombreux avantages.
d. Les sous-titres donnent des informations sur les caractéristiques du vide-maison, aide à choisir les objets, déterminer le prix de vente et à être bien organisé, avant et après le vide-maison.
e. Il y a 4 paragraphes.
f. L'illustration montre ce qu'est un vide-maison.
2. De cette analyse, avant-même d'avoir lu le document, nous pouvons supposer que le texte va décrire ce qu'est un vide-maison, expliquer comment l'organiser et montrer pourquoi c'est une activité qui rencontre de plus en plus de succès.
3. La lecture complète du document permet de faire la différence entre un vide-grenier et un vide-maison. Nous apprenons qu'en France, c'est une pratique nouvelle, contrairement à d'autres parties du monde. Pour ce qui est des objets à vendre, le texte invite à se poser les bonnes questions sur le choix de ce qui peut être proposé et donne quelques repères en matière de prix. Enfin le texte apporte des informations légales et logistiques pour bien réussir son vide-maison ainsi que des suggestions pour vendre en ligne ce qui n'aurait pas été vendu lors du vide-maison.

Activité 9, p. 57

b. Approuver.
c. Adorer.
d. S'enthousiasmer.
g. Protester.

Activité 10, p. 57

	POUR	CONTRE	Justification
Élodie	X		« Depuis que ce magasin a été installé, j'adore. »
Cédric	X		« Les magasins sans personnel sont une chance pour les campagnes car ils permettent à chacun de faire ses courses à tout moment. »
François		X	« Je préfère me rendre dans des magasins avec des caissières. »
Agnès		X	« L'automatisation généralisée va nous faire perdre de nombreux emplois. »

Activité 11, p. 58

Le dernier paragraphe permet de comprendre que la journaliste s'inquiète pour l'avenir (utilisation de termes tels que « évolution inquiétante », « craindre »).

Activité 12, p. 58

1. A. Périmètre réduit. → **3.** 5 minutes à vélo et 15 minutes maximum à pied
B. Être pressé. → **1.** On n'a plus de temps.
C. Aménager des espaces. → **2.** Mieux utiliser les équipements qui existent déjà
2.

	Quel mot connu pouvez-vous reconnaître ?	Quelle est la signification du mot ?
Accessible	Accès	Un lieu où l'on peut arriver.
Entrepreneur	Entreprise	Personne qui est à l'origine de la création d'une entreprise.

Activité 13, p. 59

1. b. Faux
2. b. Faux
3. a. Vrai

Activité 14, p. 60

1. c. A des effets négatifs sur l'agriculture.
2. b. Parce que la météo est mauvaise.
3. a. Les terres sont trop humides.
4. b. Il y a moins de fruits et de légumes que d'habitude.
5.

	CAUSE	CONSÉQUENCE
À cause de	X	
En effet		X
Provoquer		X
En raison de	X	
C'est pourquoi		X
Grâce à	X	

S'ENTRAÎNER

Exercice 2, p. 64

1. Stage de volley-ball	OUI	NON
Horaires		X
Fréquence		X
Accès	X	
Prix		X

2. Cours de zumba	OUI	NON
Horaires	X	
Fréquence	X	
Accès		X
Prix		X

3. Club de tennis de table	OUI	NON
Horaires	X	
Fréquence	X	
Accès	X	
Prix		X

4. Cours en salle	OUI	NON
Horaires	X	
Fréquence	X	
Accès	X	
Prix		X

Exercice 3, p. 66

1. Les Tables d'antan	OUI	NON
Cuisine	X	
Prix		X
Jours		X
Situation	X	

2. Brasserie La Perle	OUI	NON
Cuisine	X	
Prix		X
Jours	X	
Situation	X	

3. Chez Adour	OUI	NON
Cuisine		X
Prix		X
Jours		X
Situation	X	

4. À la Bonne heure	OUI	NON
Cuisine	X	
Prix	X	
Jours	X	
Situation		X

Exercice 5, p. 71

1. b. Faux
2. b. Pour mieux répondre aux besoins de leurs enfants.
3. a. Vrai
4. b. Il faut faire une demande officielle.
5. a. En s'appuyant sur les livres.
6. b. De rencontrer des personnes différentes.
7. b. Faux

Exercice 6, p. 73

1. c. Plusieurs retraités.
2. a. Vrai
3. b. Faux
4. a. L'entraide.
5. a. Parce qu'il sait réparer les objets.
6. c. Acheter son appartement.
7. a. Vrai

Exercice 7, p. 75

1. b. Faux
2. c. Parce que ce sport monopolise l'espace.
3. b. Faire la course.
4. a. Vrai
5. b. Faux
6. a. Inciter les enfants à déjeuner ensemble.
7. a. Moins pour les filles que pour les garçons.

Exercice 8, p. 76

1. b. À la suite de la visite d'un lieu semblable.
2. a. Vrai
3. c. Tous les mois.
4. c. Donner une seconde vie aux objets.
5. b. Faux
6. a. Vrai
7. c. Des participants à ses futurs ateliers.

Production écrite

SE PRÉPARER

Activité 1, p. 84
Nombre de mots exact : 67 mots

Activité 2, p. 84
Pendant la première semaine du climat à l'école française, du /10/ 5 au 10 octobre 2015, un groupe d'assurances a fait /10/ une enquête nationale. Il voulait connaître l'avis des parents et /10/ des professeurs sur « l'éducation à l'environnement et au développement durable /10/ ». Il semble que la majorité est d'accord pour donner une /10/ large place à ces thèmes à l'école. 94 % des parents /10/ et 96 % des professeurs sont sûrs que cela profite aux /10/ enfants.
Nombre total de mots : 71 mots

Activité 3, p. 84
1. La situation générale :
Salut, j'ai trouvé un job en juillet dans un restaurant à Saint-Malo. Je suis très content parce que j'adore la Bretagne. J'espère que le salaire sera correct mais…

2. Les problèmes rencontrés :
Les horaires sont très difficiles parce que je dois commencer pour préparer les petits déjeuners à 5 heures. Après, il y a une pause de 2 heures jusqu'à 11 h. Enfin, le soir, on fait le service du dîner jusqu'à 23 h. En plus, le chef est horrible et on doit toujours sourire.

3. La demande de conseils :
Comment je peux faire pour rester pendant 4 semaines ici ? Qu'est-ce que je peux faire ou dire pour améliorer la situation ? Toi qui as travaillé aussi dans des bars, quels conseils peux-tu me donner ? Je te remercie d'avance, Bien à toi

Activité 4, p. 85
Proposition de corrigé :
Salut, Tu veux arrêter tes études de médecine ? Mais c'est dommage de stopper tout maintenant. Tu sais, je vais prendre un exemple personnel : ma sœur a commencé des études et après deux années, elle a eu envie de voyager. Imagine qu'elle a fait le tour du monde pendant 10 mois ! Quand elle est rentrée, elle a cherché à retourner à l'université et c'était très compliqué. Ce que je veux dire, c'est que parfois on regrette un peu d'avoir changé trop vite. Finalement, réfléchis bien. A bientôt. P.

Activité 5, p. 85
Proposition de corrigé :
Être 3 ou 4 employés dans un même bureau peut avoir des avantages. Tout d'abord, c'est plus pratique quand on travaille en équipe presque toute la journée. En premier lieu, on échange les informations plus vite et ensuite on est plus créatif à plusieurs. De plus, on connaît le contenu des appels téléphoniques de l'équipe et les clients peuvent ainsi se sentir plus en confiance. Par ailleurs, on peut s'organiser pour partager les dossiers. En définitive, il y a plus d'avantages à être dans un « open-space » que d'inconvénients.

Activité 6, p. 86

Lettre personnelle	Article de journal	Note professionnelle
• Amicalement • Je t'ai dit que j'avais un nouveau travail ? • J'en suis sûr, Internet c'est la fin des bibliothèques.	• Certaines personnes disent que les robots sont utiles à la maison. • La tablette numérique, ça n'a aucun intérêt ! • La population devra accepter la révolution numérique.	• Cher Monsieur, j'aimerais tout d'abord préciser… • En revanche, il est urgent de prendre cette mesure très rapidement.

Activité 7, p. 86
Un témoignage sur un forum => Le style est libre et familier.
Enfin, une super idée : le travail à distance !
Pour moi qui reste toute la journée au bureau devant mon ordinateur, je pense que je serais plus efficace à la maison. Toute ma famille est absente la journée et je pourrais tout seul me concentrer davantage sur les dossiers. En plus, si je suis malade, je peux continuer à travailler dans mon lit ! Et surtout, je n'aurais pas besoin de prendre le bus et je gagnerais 1 heure 30 par jour de fatigue. Donc je suis absolument pour le travail à distance, c'est l'avenir !

Un article pour un magazine => Les informations sont structurées et générales.
Le travail à distance est aujourd'hui une nouvelle manière de travailler.
D'abord, rester à la maison est plus pratique parce qu'on n'a pas besoin de perdre du temps dans les transports. Ensuite, on est moins fatigué et on peut aussi être un peu malade et continuer à travailler à la maison : c'est plus économique pour l'entreprise. Enfin, on travaille à son rythme, on est plus efficace et concentré dans une atmosphère plus agréable.
Pour conclure, le travail à distance est une chance pour l'entreprise et le salarié.

Une lettre formelle => Vous parlez à une personne supérieure, le style est précis.
Monsieur le Directeur,
Je souhaiterais attirer votre attention sur une nouvelle possibilité de travailler pour tous les salariés : le travail à distance. En effet, nous souhaiterions dans mon équipe pouvoir travailler dans la semaine un ou deux jours à distance afin d'être plus efficace. Ce serait un avantage aussi pour l'entreprise parce que vous pourriez économiser nos remboursements de transport. C'est pourquoi nous voudrions vous rencontrer pour en parler avec vous.
Vous remerciant par avance de votre proposition, cordiales salutations.

Activité 8, p. 87
Proposition de corrigé :
Chers parents, Nous sommes heureux d'accueillir vos enfants dans notre école qui se trouve rue Victor-Hugo près de la place de la gare. Elle est très facile à trouver et

les élèves ont des bus et des trams qui passent sur cette place. À côté de l'école, on trouve tous les grands magasins et derrière l'école, entre la gare et la rue Victor-Hugo, les rues piétonnes sont nombreuses. La sécurité dans les rues est très bonne et souvent les élèves se retrouvent dans un café au coin nord de la place. Là, ils peuvent acheter des spécialités et des pâtisseries délicieuses.

Activité 9, p. 87
Proposition de corrigé :
Bonjour à vous tous, nous souhaitons que toutes nos boulangeries restent ouvertes toute la journée dans le centre-ville, il faut ouvrir de 6 h à 20 h. Pour les magasins des autres villes et villages, il est possible de fermer entre 12 h 30 et 14 h 30 mais il faut rester ouvert jusqu'à 20 h aussi. Le dimanche et les jours fériés, toutes nos boulangeries doivent accueillir les clients jusqu'à 13 h. Bien sûr, vous pouvez fermer une journée et demie par semaine et une semaine pendant l'été.

Activité 10, p. 87
Proposition de corrigé :
Quand mes grands-parents ont commencé à travailler, la vie était difficile. Autrefois, les horaires et les jours de repos étaient très différents et la journée de travail pouvait durer dix heures. Au début, mon grand-père transportait le courrier dans sa ville, et il devait commencer à 5 h du matin. L'après-midi, il dormait. Ensuite, il a travaillé au guichet de la poste toute la journée. Ma grand-mère a eu plus de chance, elle était responsable d'un magasin de chaussures mais pendant que mon grand-père passait son temps à la poste, elle continuait à vendre jusqu'au soir. C'est vrai qu'ils ont été heureux de s'arrêter de travailler et de prendre leur retraite ensemble après 40 ans de travail. Enfin !

Activité 11, p. 88
Proposition de corrigé :
Moi, je pense que la vie à l'école devrait être plus agréable pour mes deux enfants. Il faudrait améliorer la qualité des équipements comme une cour pour faire du sport, un parc pour se promener et un centre sportif ouvert pendant les pauses et le soir. Une atmosphère satisfaisante dans l'école permet aux enfants d'obtenir de meilleurs résultats en classe. Je pense que nos enfants ont besoin de calme et de sécurité à l'école et doivent avoir l'habitude de vivre ensemble dans un climat de paix et de solidarité.

Activité 12, p. 88
Proposition de corrigé :
En raison des mesures écologiques que notre entreprise a décidé de prendre, le parking pour voitures sera définitivement fermé le 1er du mois prochain. Vous le savez, toutes ces voitures provoquent beaucoup de bruit et de pollution au moment des arrivées et des départs et causent beaucoup de fatigue et de stress à chaque employé. Étant donné que la majorité du personnel a voté pour cette fermeture, il faut donc adapter nos habitudes et chercher d'autres solutions. C'est pourquoi la direction vous propose de participer à l'achat des tickets ou abonnement de transport.

Activité 13, p. 89
Proposition de corrigé :
Cher ami, excellente idée de venir travailler chez nous ! Il faut d'abord bien comprendre comment on cherche un travail ici. C'est d'abord de l'administration qu'il faut s'occuper. Tu sais, c'est elle qui te donne l'autorisation de t'inscrire à l'agence pour l'emploi. Cette agence, je la connais bien parce que moi aussi, j'ai dû m'inscrire pour trouver mon travail. Pour être clair, il faut de la patience et des heures à attendre pour rencontrer un conseiller. Ce que je peux faire, c'est venir avec toi la première fois et je pourrai ainsi t'aider. D'accord ?

Activité 14, p. 89
Proposition de corrigé :
La Fête nationale est un jour férié et tout est fermé ce jour-là. Enfin, pas complètement. Ça commence la soirée d'avant avec de la musique et de la danse dans les rues, donc tous les cafés et restaurants sont ouverts jusque tard dans la nuit. Le jour de la fête, tu peux trouver toutes les boulangeries ouvertes le matin mais attention, tous les autres commerces, supermarchés ou grands magasins sont fermés. Les transports en ville sont totalement absents mais tu peux prendre le train ou l'avion !

Activité 15, p. 90
Proposition de corrigé :
Voilà, j'ai testé la sieste « flash » à l'université, et je n'étais pas tout seul ! Un étudiant s'est installé au milieu d'un couloir et nous a demandé à tous de nous allonger. J'étais d'abord très surpris et aussi amusé, alors je me suis couché. J'ai fait l'expérience : me concentrer sur un lieu de vacances, penser au soleil, écouter ma respiration. C'était génial ! Cinq minutes après, l'étudiant a dit que c'était fini. Un moment de détente incroyable !

Activité 16, p. 91
Proposition de corrigé :
À propos du problème des déjeuners dans notre entreprise, je vais vous raconter l'histoire d'un ami pour vous faire réfléchir : dans tous les bureaux de son entreprise, les employés peuvent non seulement rester pendant la pause déjeuner mais aussi préparer leurs repas. Et si je vous disais qu'ils ont à chaque étage une cuisine avec frigo et micro-ondes ! Bien sûr, le directeur voit là une solution formidable à la motivation et à l'efficacité de toutes et tous et les salariés aiment travailler dans une atmosphère amicale. Intéressant, non ?

Activité 17 p. 91
Proposition de corrigé :
Salut, J'espère que tu vas bien et que tu commences à organiser tes vacances d'été. Écoute, tu sais qu'on voudrait partir avec toi et ta famille et passer trois semaines sur l'île de La Réunion. Je t'ai dit aussi que pour Marion, c'est la seule possibilité cette année de partir avec nous ? Et bien, la dernière nouvelle incroyable du bureau, c'est que notre directeur a décidé que l'entreprise devrait fermer deux semaines MAXIMUM cet été. Alors là, c'est inacceptable. Et il faut que je te dise que j'ai déjà programmé une réunion du personnel lundi prochain pour contester cette décision : le directeur doit retirer cette mesure !

Activité 18, p. 91

Proposition de corrigé :

1. Écoute, je pense qu'avec un album de photos souvenir, il va pleurer pendant six mois ! Et surtout, six mois passent très vite et il reviendra ici après ce stage.
2. Donc, à mon avis, c'est plus utile si on lui offre un équipement de voyage.
3. En Afrique centrale, le climat est difficile, il fait très chaud, très humide. Comme Baptiste va beaucoup se déplacer, il lui faudrait un grand sac à dos solide, un chapeau contre la pluie ou le soleil. Enfin, offrons-lui le T-shirt imprimé avec LA photo de notre groupe !

Activité 19, p. 92

Proposition de corrigé :

D'abord, je dois dire que l'école primaire n'était pas une période facile pour moi car mes parents ont beaucoup déménagé et je n'ai pas pu avoir beaucoup de copains à chaque fois.
D'ailleurs, j'ai gardé très peu de souvenirs de cette période mais je peux raconter une expérience de ma dernière année de primaire : l'atelier théâtre.
Ensuite, je présenterai le spectacle de théâtre que j'ai pu jouer à la fin de l'année devant toute l'école.
Enfin, je parlerai de mes impressions quand j'ai joué la pièce et mon sentiment du dernier jour d'école primaire.
En conclusion, je donnerai des conseils aux parents pour que l'école primaire de leurs enfants reste un beau souvenir…

Activité 20, p. 92

Proposition de corrigé :

1. Autrefois, les parents de mes grands-parents travaillaient tous les jours et n'avaient pas de loisirs. Pour les repas, ils prenaient des petits-déjeuners de soupe et de légumes à la maison très tôt et préparaient leur déjeuner qu'ils emportaient dans les champs. Le soir, c'était une soupe avec du pain et ils se couchaient très tôt.
2. Pour mes grands-parents, le travail était pénible parce qu'ils travaillaient dans une usine. Mais, mes deux grands-parents travaillaient dans les bureaux et avaient des horaires d'employés alors que les deux autres travaillaient dans des équipes de jour ou de nuit. Seulement le dimanche, toute la famille pouvait se retrouver ensemble et prendre le temps de manger. C'est toujours une tradition en France de rester à table le dimanche de 13 h à 17 h !
3. Quand j'étais enfant, mes parents travaillaient jusqu'à 17 h et après un parent venait me chercher à l'école avec un gâteau et une boisson. Cette pause « goûter » reste d'ailleurs une habitude dans notre famille. Après, le soir, mes parents, ma sœur et moi nous retrouvions à table se retrouvaient à table vers 20 h, dans la cuisine ou dans le salon. Nous mangions toujours ensemble et souvent devant la télé. Tous les plats étaient sur la table et chacun pouvait se servir selon ses goûts.
4. Aujourd'hui, je travaille toute la journée et ma pause déjeuner se passe très souvent dans mon bureau ou parfois à la cafétéria. Quand je rentre dîner chez moi le soir, je mange parfois dans la cuisine mais je ne prépare pas beaucoup, j'achète tout préparé. Sinon, je retrouve souvent des amis au restaurant dans la semaine.
5. J'espère que dans 10 ans, la vie au travail sera plus agréable et que je pourrai choisir mes horaires de travail et de pause. Je pourrai retrouver le rythme des trois repas et je commanderai les plats que j'aime…. Le soir, je pourrai aussi programmer mes repas de manière plus adaptée à mes besoins caloriques, énergétiques.

Activité 21, p. 94

Proposition de corrigé :

« Des projets plein la tête »
Pour notre quartier, je souhaiterais que l'accès aux transports publics s'améliore. Par exemple, si on pouvait avoir plus d'arrêts de bus, cela empêcherait d'avoir trop de voitures dans le quartier.
Encore mieux : si les bus pouvaient s'arrêter quand on marche dans la rue et qu'on leur fait signe, ce serait un grand progrès.
Je pense que pour garder les petits commerces, il faudrait demander l'avis des habitants en cas de construction ou d'extension d'un supermarché.
Je voudrais que les espaces verts restent ouverts le jour et la nuit pour donner envie aux habitants de sortir de chez eux et de se rencontrer.
Ce serait bien si des habitants organisaient un jardin de quartier pour cultiver des légumes ensemble.
Il faudrait avoir plus de lieux de rencontres dans le quartier au cas où un habitant voudrait discuter publiquement d'un problème de sécurité ou d'environnement.

Activité 22, p. 95

Tristesse → J'en ai assez - tu n'as pas l'air bien
Peur → ça m'angoisse - ça m'inquiète
Joie → je suis ravi - je suis tellement content
Satisfaction → ça me rassure - ça me va très bien

Activité 23, p. 95

Proposition de corrigé :

Moi aussi, j'en ai assez de toute cette pollution et ça m'inquiète de voir que les gens continuent à jeter leurs déchets plastiques dans la nature. Aujourd'hui, notre planète est vraiment en danger et cela me rassure de savoir que des initiatives de jeunes existent pour nettoyer les rivières. Mais vraiment, ça m'angoisse que les gens achètent encore trop de produits dans des emballages plastiques.

Activité 24, p. 95

Proposition de corrigé :

Je voudrais parler de l'initiative très positive de l'école de mon enfant. Depuis septembre dernier, les enfants peuvent rencontrer une fois par semaine des adultes qui travaillent avec le livre. Mon enfant m'a raconté qu'il avait écouté l'auteur de son album préféré à la bibliothèque et cela a eu une influence très positive pour lui. Il m'a dit qu'il voulait aussi inventer des histoires et, tous les jours, je dois lui lire une histoire avant de dormir ! C'est une idée très stimulante pour les enfants !

Activité 25, p. 96

Que détestez-vous le plus ?
Au travail → Je ne supporte pas que les collègues discutent de leur vie privée pendant les réunions.
Dans les transports → C'est insupportable de voir des

personnes prendre deux places avec des sacs pendant que des personnes âgées restent debout.
Dans la rue → Ce n'est pas possible que les vélos roulent sur les trottoirs.
Au restaurant → Je trouve impossible que les serveurs ne sourient jamais pendant le service.
En voiture → C'est incroyable que les gens ne soient plus civilisés quand ils conduisent ; ils ont parfois des comportements sauvages.

Activité 26, p. 96
Proposition de corrigé :
Monsieur le responsable,
Je voudrais vous faire part de mon mécontentement. Grâce à votre publicité, j'ai décidé la semaine dernière de venir chercher du matériel de bricolage et des conseils dans votre magasin. C'était catastrophique : je suis arrivé samedi à 14 h mais le premier problème était de pouvoir circuler dans le magasin ; il y avait trop de gens, et pas de place dans les allées. J'ai commencé à m'énerver et j'ai cherché un vendeur pour m'aider. Mais les vendeurs étaient occupés et les clients faisaient la queue pour leur parler, c'était insupportable ! Finalement, après une heure dans le magasin, je n'ai rien acheté et rien vu. Je crois que je ne reviendrai plus. Salutations distinguées.

Activité 27, p. 96
Proposition de corrigé :
Tu sais que notre chat a vu le vétérinaire et j'ai une très bonne nouvelle. Il était un peu malade mais ça y est, il a des médicaments. Ça va déjà beaucoup mieux et je t'envoie une photo pour te rassurer. Allez, profite bien de ton voyage et, à ton retour, le chat sera en pleine forme !

Activité 28, p. 96
1. Je suis très content de ce projet parce que notre quartier va devenir plus populaire et commercial. C'était difficile de trouver des commerces proches mais attention à la fermeture des commerces des quartiers voisins en raison de cette concurrence. Je pense que l'idée d'un grand parking est un risque de pollution et je souhaite que des lignes de bus plus nombreuses soient en service tous les jours.
2. Mais quelle idée stupide ! On sait aujourd'hui que les centres commerciaux empêchent la vie dans les autres quartiers. Tout le monde trouve cela pratique mais les petits commerces de la ville ferment. En plus, un grand parking provoque des embouteillages fréquents. Donc, on peut construire un petit supermarché mais il faut éviter de concentrer les autres commerces. Nous voulons que les habitants vivent et consomment dans leur quartier !

Activité 29, p. 97
Proposition de corrigé :
Venez absolument tester la nouvelle auberge de jeunesse qui ouvre le 5 octobre prochain ! Vous savez que depuis 5 ans déjà, les étudiants étrangers exprimaient de fortes critiques sur notre ancienne auberge de jeunesse qui était sale et démodée. En plus, l'hiver, le chauffage marchait mal et l'été, il n'y avait pas de climatisation. Donc, enfin, la nouvelle auberge présente toutes les qualités techniques et écologiques avec des tarifs très bas. Les chambres ont toutes une douche et la nuit du 5 au 6, l'office du tourisme propose aux 50 premiers inscrits de dormir gratuitement.

Activité 30, p. 97
Proposition de corrigé :
Madame, Monsieur,
Je suis étudiant et je m'intéresse et étudie l'animation culturelle. Je souhaiterais me porter candidat au poste d'animateur pour le bibliobus que vous proposez.
En effet, je suis passionné de lecture depuis mon enfance et j'ai lu tous les genres : littérature jeunesse, sciences fiction, romans historiques, BD… De plus, dans ma famille, j'ai 4 frères et sœurs et je suis l'aîné. Donc j'ai beaucoup accompagné tout le monde aux activités et j'ai beaucoup d'idées pour intéresser tous les âges à la lecture ou l'écriture.
C'est pourquoi votre projet d'apporter des actions culturelles dans les quartiers et près des gens me motive beaucoup. Dans l'attente de votre réponse, je vous prie d'agréer mes salutations respectueuses.

S'ENTRAÎNER

Exercice 2, p. 99
Proposition de corrigé :
Cher magazine,
Votre initiative est excellente et nous souhaitons apporter notre aide financière au club de judo de la ville. En effet, le judo est un sport très populaire dans la région et je dois dire que j'étais moi aussi très engagé dans ce sport. Quand j'avais 20 ans, j'ai gagné des compétitions régionales et nationales et aujourd'hui, mes enfants font du judo. De plus, dans notre entreprise, j'ai un employé qui est entraîneur d'une équipe de judo de quartier et cela me plaît d'encourager cette activité sportive.
Ce sport est une activité qui convient vraiment à tous les âges et qui permet de travailler en même temps ses muscles et sa tête. Pour les jeunes, c'est aussi une occasion de bien contrôler son agressivité ou sa violence et de penser à la stratégie de battre l'adversaire. Il ne faut pas oublier que les compétitions sont des moments très beaux à regarder, les gestes très harmonieux des judokas et le vocabulaire japonais pendant les matchs donnent une ambiance artistique fascinante.
C'est pourquoi notre entreprise accepte de participer financièrement au club de judo de la commune.
Nombre de mots utilisés : 186 mots.

Exercice 3, p. 100
Proposition de corrigé :
Bonjour,
Je suis très heureux de votre information et je suis d'accord que les enfants d'aujourd'hui doivent apprendre avec des outils numériques et informatiques. N'oublions pas que la grande majorité des enfants a déjà à la maison des ordinateurs et une connexion internet, donc c'est logique que l'école équipe les élèves et les classes. J'espère que vous avez choisi la même façon de distribuer le matériel que les livres de cours : les livres sont prêtés gratuitement pour une année à tous élèves du premier jour au dernier jour de classe.

Ensuite, comme ce matériel est utile pour apprendre et permet d'enregistrer tous les cours et les devoirs, les enfants devront pouvoir le prendre chez eux le week-end et en vacances pour pouvoir continuer à travailler, c'est logique et évident !

Bien sûr, il faudrait connaître les conditions exactes du prêt pour l'élève et prévoir aussi les problèmes avec ce matériel comme la panne, le virus ou le vol. Peut-être que les parents pourraient aussi l'acheter après une année. Dernière chose, les élèves ne devront pas oublier que ce matériel est seulement pour le travail de l'école !
Nombre de mots utilisés : 188 mots.

Exercice 5, p. 102
Proposition de corrigé :
Bravo à ce nouveau projet ! Ça fait dix ans que j'attends ces progrès car la gare devient de plus en plus vieille. Toutes les semaines, ce sont les mêmes problèmes : quand j'arrive le matin en voiture pour laisser mon fils au train, la place et les rues autour de la gare sont complètement bloquées. En plus, mon fils ne peut pas prendre le bus pour aller à la gare parce que les bus n'ont pas de place réservée pour arriver devant la gare. Donc, c'était urgent de modifier ces connexions bus-train.

Après, l'intérieur de la gare est aujourd'hui terrible : seulement un kiosque pour les journaux, ouvert la journée et fermé le dimanche. Donc je vous félicite d'aménager le hall de gare avec une boulangerie, un café et une salle d'attente connectée. Il faut que la gare soit un lieu public moderne et agréable pour tous.

Enfin, quand je vois aussi le projet de la place devant la gare et de l'espace sans voiture jusqu'aux bus et au métro, je dis ENFIN ! et BRAVO ! Pour moi et pour tous les voyageurs, prendre le train va enfin devenir un plaisir.
Nombre de mots utilisés : 193 mots.

Exercice 6, p. 103
Proposition de corrigé :
Je profite de ce formidable forum pour vous faire part de mon expérience d'échange. Quand j'étais élève au lycée, notre professeur a proposé d'avoir une correspondance avec une classe en Russie qui apprenait le français. Pendant une année, nous avons écrit et parlé par visioconférence avec nos correspondants et nous avons préparé ensemble notre voyage à Ekaterinbourg. En automne, l'année suivante, nous sommes allés là-bas et nous avons vécu une expérience extraordinaire. J'ai fait la connaissance de la famille de mon correspondant où je suis resté une semaine. J'ai utilisé la langue russe au quotidien et j'ai découvert la vie de tous les jours et les repas traditionnels de la famille. Cela m'a permis d'être plus tolérant et être ouvert aux autres. Avec mon correspondant, nous nous sommes très bien entendus et il est venu aussi chez moi. Depuis cette période, j'ai gardé des contacts très forts avec la famille. Aujourd'hui, je vais tous les deux ans environ là-bas en vacances. C'est pourquoi un véritable échange international réussi doit motiver les jeunes à découvrir d'autres pays et d'autres cultures.
Nombre de mots utilisés : 179 mots.

Exercice 8, p. 105
Proposition de corrigé :
J'ai eu la chance de partir à l'âge de 25 ans en Guyane où j'ai travaillé pendant six mois au Centre spatial de Kourou. J'avais fini mes études d'ingénieur en aéronautique et je voulais aussi travailler en français avec des collègues francophones. J'ai pu apprendre beaucoup dans mon métier mais surtout j'ai découvert d'autres habitudes de vie et de travail. Surtout, les conditions climatiques étaient difficiles parce que c'est une région de l'équateur mais j'ai profité des fins de semaine pour faire des excursions dans la forêt amazonienne.

Pour faire le choix de partir dans une autre région francophone du monde, il ne faut pas avoir peur de se sentir au début un peu perdu et de ne pas comprendre tout de suite les habitudes de vie. Il faut faire l'effort de parler aux gens avec qui on travaille mais aussi aux gens du pays qu'on rencontre dans la rue, dans les cafés ou sur les marchés. Les contacts avec les habitants ont été très intéressants. C'est une expérience inoubliable et très utile pour sa carrière !
Nombre de mots utilisés : 174 mots.

Exercice 9, p. 105
Proposition de corrigé :
Nous sommes arrivés dans le quartier il y a cinq mois et on peut dire que c'est très difficile de s'intégrer. En effet, nous avons cherché une « maison de quartier » pour avoir des informations sur les associations culturelles et sportives et nous n'avons rien trouvé. Donc, nous souhaitons participer à la création d'une sorte de centre culturel de quartier où les gens pourraient venir se rencontrer et échanger leurs envies et leurs besoins. C'est parfait, votre initiative arrive au bon moment et nous sommes prêts à apporter notre contribution. Par exemple, on pourrait commencer avec la création d'un site interactif pour les habitants. Il faudrait très vite organiser une première réunion et pour cela, nous pouvons nous occuper de la création du site et distribuer des petits dépliants dans toutes les boîtes à lettres du quartier pour annoncer cette réunion. Vous devriez aussi prendre contact avec la mairie pour expliquer notre projet et ce serait bien si vous invitiez le maire à la première réunion pour qu'il échange avec nous, les habitants du quartier.
Nombre de mots utilisés : 176 mots.

Production orale

SE PRÉPARER

Activité 1, p. 112

Question	1	2	3	4	5
Réponse	c	e	b	a	d

Activité 2, p. 112
Victor Hugo est né à Besançon le 26 février 1802. Ses passions sont l'écriture, la poésie et le théâtre. Il était d'ailleurs poète, dramaturge, romancier et c'était aussi un critique et un homme politique. Son premier grand

roman historique est *Notre-Dame de Paris*, publié en 1831. Il a écrit également le roman, très connu, *Les Misérables*, publié en 1862. Comme poésies, on peut citer *Les orientales* en 1829, *Les Rayons et les Ombres* en 1840, *Les Contemplations* en 1856. Il a obtenu un prix en 1819, celui de la poésie de l'Académie des jeux floraux de Toulouse. Dans cette biographie, on peut noter un élément particulier : Victor Hugo partira en exil d'abord sur l'île de Jersey, puis sur l'île de Guernesey.

Activité 3, p. 113
A. n°4 - B. n°3 - C. n°4 - D. n°1 - E. n°1 - F. n°3 - G. n°1 - H. 2.

Activité 4, p. 114
Positif :
Ce qui m'intéresse, c'est la montagne et plus particulièrement, partir en randonnée, l'hiver, en raquettes, l'été, avec un sac à dos, découvrir des sommets !
J'adore le saut en parachute, que de sensations !
J'aime (beaucoup) dormir. Faire une sieste chaque jour, c'est indispensable !
J'aime bien tous les insectes, à l'exception des araignées.
Ce qui me passionne, c'est la cuisine et plus particulièrement, les émissions de cuisine. Par contre, je ne suis pas très doué pour cuisiner de bons plats moi-même !
Négatif :
J'ai horreur de la natation. Je ne sais même pas nager d'ailleurs.
Je n'aime pas faire les valises pour partir en vacances ! Que c'est pénible !
Je déteste les gâteaux au chocolat. On ne m'en fera jamais manger, même une petite part !
Ce que je trouve horrible, c'est le genre de revues dit « people » qui, pour vendre, ne raconte que des mensonges.
Conseil pour la préparation de l'examen : Faites la liste des activités ou des choses que vous aimez et de celles que vous aimez moins ou pas du tout. Ainsi, vous n'aurez pas à réfléchir le jour de l'examen. Et vous pourrez vous concentrer sur votre production.

Activité 5, p. 114
Qualités : organisé, exigeant, attentif, responsable, discipliné...
Défauts : autoritaire, impatient, colérique, introverti, timide...
Conseil pour la préparation de l'examen : Préparez-vous : Et vous, quelles sont vos qualités ou vos défauts ? Quel défaut détestez-vous le plus ?

Activité 6, p. 115
Présentation générale du livre : *La petite fille à la balançoire* est une histoire vraie écrite par Frédérique Bedos, la protagoniste de l'histoire.
Résumé de l'histoire : Cette fille, dont la maman est malade mentalement, va être accueillie par un couple qui adopte beaucoup d'enfants.
Thème principal de l'histoire : le thème principal de l'histoire, c'est l'adoption et donc l'amour.
Opinion sur le livre : Adeline a beaucoup aimé ce livre plein d'émotions.
Adjectifs pour qualifier le livre : *extraordinaire* (dans la présentation), *touchant* (ce que l'on comprend de ce qu'elle exprime), *vraie* (c'est une histoire vraie).
Mots pour exprimer l'émotion : *j'avais sans arrêt envie de pleurer et de rire en même temps, on a le sentiment de, beaucoup plu.*

Activité 7, p. 115
Présentation générale du film : *Bis* est une comédie française récente.
Résumé de l'histoire : deux amis d'une quarantaine d'année, interprétés par les acteurs Kad Merad et Franck Dubosc, se réveillent un matin, de retour dans leur passé, quand ils avaient 17 ans.
Thème principal du film : les années 80 et l'adolescence, le retour dans le passé.
Opinion sur le film : Rémi a beaucoup aimé le film, surtout que lui-même est né dans les années 80.
Adjectifs pour qualifier le film : *rigolotes, drôles, belle, réussie.*
Mots pour exprimer l'émotion et l'opinion : *j'aime beaucoup, fonctionne très bien, ce qui m'a beaucoup touché, je trouve.*

Activité 8, p. 116
1. b - 2. c - 3. a.

Activité 9, p. 116
Depuis toujours, j'ai envie d'être pilote d'avion. *Quand j'étais plus jeune*, il y avait un aéroport à côté de la maison et je rêvais d'en piloter un. *À 17 ans*, j'ai fait mon premier stage dans une grande compagnie. *Il y a 18 mois*, j'ai rejoint une école à Toulouse. *L'année dernière*, j'ai piloté mon premier avion en tant que pilote diplômé. Et, *hier*, j'ai fêté cette première fois : déjà une année, le temps passe si vite

Activité 10, p. 117
Ce matin, Mouna s'est réveillée tôt. Elle a cherché des informations sur Internet pour préparer une petite randonnée qu'elle voudrait faire aujourd'hui. Elle a préparé un repas à base de poisson qu'elle emmène avec elle.
Cet après-midi, après sa promenade, elle prendra son vélo pour rencontrer une amie qui lui donne des cours de guitare. Enfin, ce soir, ses parents viendront dîner. Il faudra qu'elle prépare le repas. Une journée bien remplie en somme !

Activité 11, p. 117
Sébastien et Anke aimeraient acheter une maison avec 4 chambres pour y loger leurs amis et y fonder leur famille. Ils voudraient trois enfants. Peut-être dans 5 ans, une fois qu'ils auront fini leurs études et qu'ils auront un travail. Pour Sébastien, dans l'informatique et pour Anke, en tant qu'infographiste. Ils voudraient bien avoir une voiture pour pouvoir partir en week-end et en vacances de temps en temps. Pour cela, Sébastien et Anke devront d'abord passer leur permis de conduire qu'ils n'ont pas encore. Sébastien doit commencer le code. Et Anke, qui l'a déjà eu, passera son permis dans deux ou trois mois.

Activité 12, p. 117
Demain, c'est déjà la fin de l'année scolaire. *Cet été*, je souhaiterais partir en vacances avec des amis. *À la rentrée prochaine*, je vais commencer ma troisième

année à l'université. Si tout va bien, *dans deux ans,* je serai diplômé. *Plus tard,* je voudrais voyager grâce à mon métier. Je ne voudrais *jamais* rester trop longtemps dans le même endroit. Mais *quand je serai à la retraite,* j'aimerais vivre définitivement dans le sud de la France !

Activité 13, p. 118

Sujet 1 :
a. Un client (vous) à un employé (l'examinateur) : relation commerciale.
b. Vous.
c. Standard.
d. Expliquer / Convaincre / Exprimer un désaccord / Protester.

Sujet 2 :
a. Deux ami(e)s (vous et l'examinateur) : relation amicale.
b. Tu.
c. Familier.
d. Convaincre / Exprimer un désaccord / Proposer / Protester.

Sujet 3 :
a. Un élève (vous) et le directeur d'une école de langue (l'examinateur) : relation scolaire ou éducative.
b. Vous.
c. Formel.
d. Expliquer / Proposer / S'excuser.

Activité 14, p. 119

	Situation 1	Situation 2	Situation 3
a.	Vous comprenez ?	Est-ce que vous me suivez ?	Est-ce que c'est clair ?
b.	Je suis désolé.	Je vous prie de nous pardonner.	Veuillez m'excuser.

Conseil pour la préparation de l'examen : Changez ces expressions en passant du « vous » au « tu ». Vous devez être capable d'être à l'aise dans le vouvoiement comme dans le tutoiement.

Activité 15, p. 119

– Bonjour, Monsieur ! Puis-je vous aider ?
– Oui, nous sommes intéressés par la visite du château. Et je suis un peu perdu. *Pourriez-vous me renseigner sur* les tarifs, s'il vous plaît.
– *Bien sûr !* 15 euros par adulte. De 4 à 15 ans, c'est 10 euros. L'entrée est gratuite pour les enfants de moins de 4 ans.
– Très bien ! Nous sommes 2 adultes et 3 enfants, dont un de moins de 4 ans, ce qui ferait 50 euros, c'est bien ça ?
– *Oui, tout à fait !*
– J'ai une autre question à vous poser : *pouvez-vous me dire* si nous pouvons pique-niquer sur place ? J'ai vu sur votre site qu'il y avait une zone prévue à cet effet mais je n'ai pas compris si elle était à l'intérieur du château ou s'il fallait ressortir ? *Qu'en dites-vous ?*
– Vous pouvez tout à fait manger sur place, en effet ! L'espace prévu à cet effet se trouve bien à l'intérieur du château.
– Merci beaucoup ! *Tout est clair*, maintenant !
– Vous voulez d'autres informations ?
– Non, merci ! C'est parfait !
– Au revoir !
– Au revoir, Monsieur !

Activité 16, p. 120

– Allô Michel ?
– Allô !
– C'est Catherine, au téléphone. Je t'appelle concernant ta soirée d'anniversaire. Je suis vraiment désolée, je ne vais pas pouvoir venir. Je vais t'expliquer pourquoi : en fait, *j'ai eu une grosse fuite dans ma salle de bain et j'ai appelé d'urgence un copain plombier qui accepte de venir me dépanner après sa journée de travail. Et ça risque de prendre du temps !*
– Je suis déçu mais je comprends bien. Ce n'est que partie remise !
– Oui, tout à fait !
– On se voit demain au travail !
– À demain !

Activité 17, p. 120

1	2	3	4	5	6
d	b	c	f	a	e

Activité 18, p. 120

– Moi, je trouve qu'il y a beaucoup trop d'émissions sur la cuisine en ce moment ! Et justement, on a l'occasion de regarder tout autre chose avec le programme de M6.
– Je comprends mais les candidats changent chaque semaine, donc ce sera peut-être différent de ce que tu as pu déjà voir ! Allez, laisse-toi tenter !
– Écoute ! On regarde l'émission de M6 aujourd'hui et demain, ce sera toi qui décideras du programme. On va bien rigoler, tu verras ! Ce n'est pas devant une émission culinaire qu'on pourra faire ça, tu es d'accord, non ??

Activité 19, p. 121

Avec ces 10 000 euros, tu pourrais t'acheter une nouvelle voiture, la tienne est déjà bien vieille et tu as toujours des pièces à changer.
Pourquoi pas investir pour plus tard et t'acheter une belle et grande maison ?
Pourquoi ne partirais-tu pas en voyage aux États-Unis, tu en as toujours rêvé ?

Conseil pour la préparation de l'examen : Notez les trois structures proposées dans le corrigé pour donner des conseils.

Activité 20, p. 121

b. Bravo ! Tu as réussi !
d. Quel travail ! Félicitations !
e. Allez, courage ! Tu vas y arriver !

Activité 21, p. 121

1. a. - **2.** c. - **3.** a. - **4.** b. - **5.** a. - **6.** c. - **7.** a.

Activité 22, p. 122

a. - **b.** - **d.** - **f.**

Activité 23, p. 122

1. a. - **2.** c. - **3.** b.

Conseil pour la préparation de l'examen : Ne faites pas l'impasse sur la phonétique, travaillez vos points faibles et entraînez-vous à parler à haute voix.

Activité 24, p. 123
1. Un article.
2. D'une forme de colocation.
3. La solidarité s'applique au domaine du logement.
4. Pour exprimer la cause : Comme (en début de phrase)
Pour exprimer la conséquence : donc
Pour conclure : En conclusion
Pour résumer : Bref
5. Pour résumer : en bref, en résumé
Pour exprimer la cause : à cause de (cause « négative » ou « neutre »), grâce à (cause « positive »), car
Pour exprimer la conséquence : alors, c'est pourquoi, par conséquent
Pour conclure : pour terminer, finalement, pour finir

Activité 25, p. 124
1. *Par conséquent,* hébergés et hébergeurs s'engagent les uns vis-à-vis des autres.
2. *Puisque* la cohabitation est sous le signe de la convivialité et du partage, il s'instaure souvent une relation de vie familiale.
3. *Pour finir,* le logement intergénérationnel et solidaire est un engagement généreux.
4. *En résumé,* une formule à découvrir et à vivre !

Activité 26, p. 124
1. Sensibiliser les enfants aux déplacements à vélo.
2. Formidable : Extraordinaire / Récent : Dernier / Perdre la vie : Mourir / Promouvoir : Favoriser / Une formation : Un apprentissage / A destination (de) : Pour.

Activité 27, p. 125
1. « vautrés dans le canapé » : couchés, étendus, complètement détendus sur le canapé.
« n'échangeaient pas un mot » : ne parlaient pas.
« André a piqué une crise » : André s'est mis en colère.
« exaspéré » : irrité, agacé, fâché.
2. Des parents.
3. Pour.

Activité 28, p. 126
1. Pour choisir : pour + infinitif.
2. Pour que tous choisissent : pour que + subjonctif.
3. Dans le but de - dans l'intention de - de façon à (ce que) - afin de + infinitif - afin que + subjonctif.

Activité 29, p. 126
1. J'aime beaucoup passer du temps sur les écrans. **En revanche**, je pense qu'il est important de savoir se poser des limites. Il ne faut pas se renfermer sur soi-même.
2. Chaque réseau social permet de s'exprimer d'une certaine manière, je trouve que c'est intéressant ! Sur Twitter, il faut écrire des messages très courts **alors que** sur YouTube, on veut regarder des vidéos et le texte n'est en général pas visible.
3. J'entends parfois que les réseaux sociaux sont une perte de temps, **mais** ils sont aussi devenus des outils puissants pour sensibiliser un grand nombre de personnes à des actions responsables, écosolidaires, …
4. Les réseaux sociaux peuvent relier les gens, **cependant**, je pense que ça ne vaut pas la qualité d'une discussion entre personnes dans la « vie réelle ».

Activité 30, p. 127
1. Il s'agit *d'un article de presse*.
Il parle de *la robotisation qui touche tous les secteurs de notre vie*.
L'idée principale présentée dans ce texte est la suivante : *la robotisation prend de l'ampleur, même là où on ne l'attendait pas*.
2. Les robots vont finir par remplacer les gens et menacent ainsi leur métier.
3. POUR > 1. Faciliter la vie. / 2. Supprimer les tâches difficiles. / 3. Améliorer le confort.
Exemple : le robot qui oriente les patients à l'hôpital.
CONTRE > 1. Dégradation des relations humaines. / 2. Suppression d'emplois, de métiers. / 3. Dégradation de l'environnement.
Exemple : ces images (de robots) se sont multipliées au fur et à mesure.

Activité 31, p. 128
Partager le même avis :
2. **Je suis tout à fait d'accord** ; les émissions culturelles n'intéressent plus que quelques chaînes !
3. **Je suis du même avis** que toi : les éoliennes sont l'avenir !
5. **Je partage votre opinion** : de nouveaux métiers vont voir le jour et pour cela, rien de tel que les indépendants qui répondront d'autant mieux à la demande. Il faudrait d'ailleurs mieux valoriser ce statut.
Être en désaccord et apporter une nuance :
1. **Je ne suis pas d'accord** avec vous, il n'y a qu'à voir le succès de l'Euro 2016 !
4. **Il est vrai que** l'on attend peut-être beaucoup d'un élève aujourd'hui et que sa journée d'école est bien longue, **cependant, je trouve que** le niveau n'est pas pour autant meilleur.

Activité 32, p. 129
1. Dire que c'est génial me paraît un peu exagéré. La population mondiale va vite doubler avec tous ces robots ! Où va-t-on pouvoir les mettre ? On devra, par exemple, créer des places spéciales stationnement-robots. Ce qui ne va pas nous simplifier la vie quand on voit combien c'est déjà difficile pour nous de nous garer.
2. Je suis tout à fait d'accord, que deviendront les relations humaines ? Les gens passent déjà leur temps coupés du monde sur leurs écrans. Prenons le dernier jeu Pokemon, par exemple. Plus personne ne se regarde dans la rue. Je déteste ce monde trop virtuel. Et ce ne sont pas les robots qui vont résoudre ce problème.
3. Il est difficile de pouvoir se projeter de manière catégorique sur la place des robots dans quelques années mais par contre, je suis certain qu'il y aura moins d'emplois. Par exemple, prenons n'importe quel poste : je pense qu'une machine pourrait remplacer au moins un tiers des tâches de ce poste.

S'ENTRAÎNER

Exercice 2, p. 132
Exemple de présentation :
Bonjour, je m'appelle Leandra Rocha, je suis Brésilienne. Je suis née à Fortaleza, c'est une grande ville au nord-est

du Brésil, connue pour ses plages, ses commerces et son activité culturelle. J'ai 38 ans, je suis mariée et j'ai deux enfants : William et Rosilmar. Ils ont 16 et 18 ans et ils étudient au lycée. Mon mari, Periandro, est informaticien dans une entreprise de transports.

Je travaille comme assistante de direction depuis 5 ans dans une grande entreprise agroalimentaire. J'adore mon travail. Je m'occupe des appels téléphoniques, des emplois du temps des salariés. Je participe souvent à l'organisation d'événements. D'ailleurs, c'est ce que je préfère dans mon travail.

En dehors du travail, j'aime faire du sport. Je fais du pilates, du volley-ball et je vais souvent courir sur la plage. Le week-end, j'aime passer du temps avec mes enfants. Nous allons parfois au cinéma, au théâtre ou nous sortons dîner chez des amis. J'adore voyager. Depuis quelques années, j'essaie de mieux connaître mon pays. J'ai voyagé dans le Minas Gerais et le Rio grande do Sul. Ce que j'ai préféré, ce sont les chutes d'Iguaçu. C'est vraiment spectaculaire.

Plus tard, quand mes enfants seront à l'université, j'aimerais partir un ou deux ans en famille vivre en France. Je suis déjà en contact avec quelques entreprises qui recherchent des personnes parlant portugais. Mais bien sûr, avant tout, je dois améliorer ma connaissance du français !

Exemple de réponses sur les questions de l'examinateur :
Sur le passé :
– Où avez-vous passé vos dernières vacances ?
J'ai passé mes dernières vacances dans le parc national des Lençóis. C'est un endroit superbe, dans l'État du Maranhão. C'est un désert immense de dunes blanches, de sable fin, avec des lagunes d'eau claire, au bord de la mer. C'est magique. Nous sommes partis en famille, nous avons traversé à pied le parc pendant 3 jours en dormant chez l'habitant, dans des hamacs. C'était extraordinaire.
– Parlez-moi de ce que vous avez fait le week-end dernier.
Le week-end dernier, je suis restée à Fortaleza. Je suis allée faire les soldes avec ma fille. Nous avons passé une partie du samedi au centre commercial. Puis, nous sommes rentrées à la maison et nous avons dîné ensemble. Mes enfants sont sortis voir des amis. J'ai regardé un film avec mon mari. Le lendemain, nous sommes allés chez mes beaux-parents pour déjeuner.
– Parlez-moi de vos études lorsque vous étiez plus jeune.
Quand j'étais petite, je n'aimais pas trop aller à l'école. Les professeurs étaient sévères et je détestais certaines matières comme l'histoire et les mathématiques. Heureusement que j'avais une amie, Izabel, avec qui je m'entendais très bien. J'ai vraiment commencé à aimer les études, quand j'ai pu choisir ce que je voulais faire.

Sur le présent :
– Parlez-moi de vos passe-temps préférés.
Comme je le disais tout à l'heure, j'adore le sport. Je vais 3 fois par semaine à mon cours de pilates. Cela fait plusieurs années que je pratique cette activité et je trouve que cela me fait beaucoup de bien. Je me sens plus musclée et plus souple. J'aime aussi me lever très tôt, vers 5 h 30-6 h, pour aller courir sur la plage. C'est un moment spécial, il y a peu de monde et la mer est magnifique.
J'aime aussi la culture, visiter des musées, voir des expositions, écouter de la musique.

– Décrivez-moi une de vos journées ordinaires.
Je me lève en général tôt pour avoir le temps de me préparer et parfois de faire un peu de sport. Ma journée de travail commence à 9 h. Quand j'arrive, je commence par lire mes messages, classer le courrier et organiser les rendez-vous. Je déjeune avec mes collègues dans l'un des restaurants du quartier. Je retourne travailler jusqu'à 19 h environ. Je rentre alors chez moi pour dîner et profiter un peu de ma famille.
– Parlez-moi du lieu où vous vivez.
Le quartier où j'habite est très agréable. J'y vis depuis plus de 7 ans. C'est très moderne. Je vis dans un grand appartement au 15e étage de l'immeuble. Nous avons une très belle vue sur la mer. Il y a beaucoup de commerces aux alentours pour faire ses courses et de lieux où sortir.

Exercice 3, p. 132
Exemple de présentation :
Bonjour, je m'appelle Mika, je suis japonaise. J'ai 30 ans. Je suis en France depuis 6 mois. Je suis venue vivre ici avec mon mari, Fuhimiko, et mon fils, Kaito qui a 6 ans. Nous vivons à Paris, dans le 14e arrondissement. Nous louons un appartement avec 2 chambres, un salon, une cuisine et une salle de bains. J'aime beaucoup mon quartier car il y a plein de magasins, de lignes de métro et de bus. C'est très pratique.

Dans mon temps libre, j'aime aller dans les jardins publics avec mon fils. Nous y retrouvons ses amis d'école et leurs parents. Je vais souvent à la piscine et je fréquente une salle de sports 2 fois par semaine. Et puis, quand nous avons envie de voir un film, nous louons un DVD dans le magasin près de chez nous.

Mon mari et moi, nous travaillons dans un restaurant japonais. Je suis en salle, pour le service, et lui, il est en cuisine. C'est un restaurant spécialisé dans le râmen. Ce sont des nouilles préparées avec de la farine de blé, du bouillon de viande ou de poisson, de légumes et d'herbes. C'est délicieux et très nourrissant !

Pour l'instant nous sommes employés mais plus tard, nous aimerions ouvrir notre propre restaurant en France. Nous aimons beaucoup ce pays et nous souhaitons rester ici.

Exemple de réponses sur les questions de l'examinateur :
Sur les projets :
– Pourriez-vous me parler plus précisément de votre travail (ou de vos études) ?
Je travaille comme serveuse depuis 2 ans. J'ai commencé au Japon d'abord et depuis 6 mois, je continue en France. C'est un métier difficile car il faut être rapide, efficace, il faut savoir conseiller les clients et avoir beaucoup d'énergie. Mais j'aime beaucoup ce travail car je rencontre beaucoup de monde. Je pense continuer à faire ce travail encore quelques années.
– Quels sont vos projets pour cette année ?
Cette année, je pense qu'on va rester à Paris. Nous n'irons pas au Japon pour les vacances. Notre objectif est d'améliorer notre connaissance du français. Nous voulons avoir un niveau C1 assez vite. Notre fils, Kaito, nous apprend beaucoup de mots et d'expressions. C'est drôle ! Il a appris très facilement la langue et il n'a aucun problème pour se faire de nouveaux amis.
– Comment voyez-vous votre avenir dans 5 ans ?
Si tout va bien, dans 5 ans, nous aurons la possibilité

d'ouvrir notre propre restaurant. Mon mari et moi sommes venus en France avec ce projet mais on voulait d'abord commencer par travailler comme employés dans un restaurant pour connaître les clients. Nous avons des économies et nous louons notre appartement au Japon pour vivre ici plus tranquillement. J'espère aussi qu'on aura un deuxième enfant, mais je ne sais pas quand.
– Quel pays rêveriez-vous de visiter ?
Je rêve d'aller en Nouvelle-Zélande. C'est un pays qui m'a toujours attirée. La nature, les paysages, les animaux, la gentillesse des habitants, je suis sûre que j'adorerais passer quelques semaines là-bas. Depuis qu'on vit à Paris, c'est un rêve un peu difficile à réaliser car c'est très loin d'ici et très cher. Peut-être plus tard, quand notre restaurant fonctionnera et qu'on pourra le laisser seul quelques temps !
– Quel serait votre travail idéal ?
Je ne sais pas vraiment quel serait mon travail idéal. J'aime ce que je fais actuellement. C'est vrai que j'ai envie d'avoir mon propre restaurant, mais cela ne changera pas vraiment mon quotidien. Je crois que mon mari aurait aimé travailler dans la marine quand il était plus jeune. Personnellement, je suis contente qu'il ait choisi autre chose. Je n'aurais pas aimé qu'il soit absent pendant de longs mois !

Exercice 5, p. 135

L'examinateur joue le rôle de votre ami français. Vous jouez le rôle de la personne qui passe une semaine de vacances avec votre ami et sa famille.

Éléments de discussion :
Vous décidez de parler à votre ami. Vous lui dites à quel point vous être content de passer du temps avec lui, de mieux connaître sa famille. Mais vous lui rappelez que vous aussi, vous êtes en vacances et que vous aimeriez vous reposer un peu. Vous lui présentez le problème qui se pose : les repas. Vous lui expliquez qu'il est important de partager les tâches (faire les courses, préparer les repas) et les dépenses. Vous lui proposez de donner à chacun une tâche précise à faire pendant toute la semaine (l'un fait le ménage, l'autre fait les courses, etc.). Vous pouvez aussi proposer de faire un programme et d'organiser des tours (un jour les courses, le lendemain les repas, etc.). Vous insistez sur le fait que le fait de faire la cuisine à tour de rôle permet de goûter de nouvelles recettes et d'échanger sur vos cultures.

Exercice 6, p. 135

L'examinateur joue le rôle du professeur. Vous jouez le rôle de l'étudiant.

Éléments de discussion :
Vous rencontrez votre professeur. Vous lui parlez de votre projet d'apprentissage du français. Vous expliquez pourquoi vous êtes venu étudier à Nice dans cette école. Vous lui parlez de ce qui vous ennuie dans le cours et plus précisément du fait que le professeur utilise la langue anglaise pour expliquer certains points du cours. Vous lui expliquez d'abord que tout le monde n'est pas à l'aise avec l'anglais et donc que le fait d'utiliser cette langue n'est pas juste pour ceux qui la maîtrisent peu.
Vous lui dites que lorsque vous avez commencé à apprendre le français, votre professeur a toujours utilisé la langue française dans le cours. Vous insistez sur le fait que vous pensez que c'est la meilleure manière de progresser. Vous lui donnez des conseils pour éviter l'anglais : dessins, gestes, définitions, synonymes, Internet, etc.

Exercice 8, p. 138

Éléments de discussion possibles :
– Parler de la situation dans son pays et comparer avec la France : similitudes, différences, évolutions.
– Lister de manière non exhaustive quelques avantages et quelques inconvénients que ce choix représente : + budget, + flexibilité, … - désaccords, - confusion dans les rôles de chacun, …
– Evoquer les défis : bonne communication en amont, bien définir les rôles de chacun, …

Exercice 9, p. 139

Éléments de discussion possibles :
– Parler de la situation dans son pays et comparer avec la France.
– Expliquer l'importance d'avoir ce type de projet dans les cités (mais pas seulement : dans les villes en général), présenter ce que ça apporte (respect/vivre-ensemble, sensibilisation à la préservation de l'environnement, …).
– Parler des défis à venir (comment pérenniser ce type d'action, comment continuer à impliquer la jeunesse sur ce sujet ou un autre).
– Aborder la place dans la société des réseaux sociaux qui peuvent servir des causes nobles.

ÉPREUVE BLANCHE 1

Compréhension de l'oral

Exercice 1, p. 145
1. **c.** Suivre un autre parcours universitaire.
2. **b.** La difficulté des cours.
3. **a.** Suivre des cours à domicile.
4. **b.** A les idées claires sur son avenir.
5. **c.** Financer des cours de soutien.
6. **a.** Choisit d'en reparler plus tard.

Exercice 2, p. 146
1. **a.** Des habitudes de recherche d'emploi.
2. **b.** Donne de bons résultats.
3. **c.** Les plus âgés et les moins diplômés.
4. **a.** Aient des réseaux sociaux.
5. **c.** Grâce aux jeunes diplômés recrutés.
6. **c.** Ses besoins personnels.
7. **b.** Obliger les entreprises à modifier leurs pratiques.

Exercice 3, p. 147
1. **b.** Changer les objets qu'on utilise quotidiennement.
2. **b.** Leurs objets électroniques.
3. **b.** Vieillissent très vite.
4. **c.** Réagissent en offrant de nouveaux services.
5. **b.** Écologiques.
6. **a.** Solides.
7. **c.** Le service rendu d'un objet.

Compréhension des écrits

Exercice 1, p. 148

L'Abri du voyageur	OUI	NON
Situation	X	
Internet	X	
Petit-déjeuner		X
Dîner		X

Maison Duverny	OUI	NON
Situation		X
Internet	X	
Petit-déjeuner	X	
Dîner	X	

Appart'Hôtel	OUI	NON
Situation	X	
Internet		X
Petit-déjeuner		X
Dîner		X

La Demeure sacrée	OUI	NON
Situation		X
Internet	X	
Petit-déjeuner	X	
Dîner	X	

Exercice 2, p. 150

1. **b.** Faux
2. **c.** Toutes les populations soient représentées.
3. **b.** Son parcours sportif.
4. **b.** Faux
5. **a.** Amical.
6. **b.** Être très disponible.
7. **a.** Vrai

Exercice 3, p. 151

1. **b.** Une fois par semaine.
2. **c.** Il en est très satisfait.
3. **a.** Approfondir certaines matières.
4. **b.** Faux
5. **a.** Vrai
6. **b.** Faux
7. **c.** Augmente.

Production écrite

Exercice 1, p. 153

Proposition de corrigé :
Bonjour !
J'ai lu votre appel à témoignages et j'ai tout de suite voulu participer car j'ai fait cette expérience. Il y a deux ans, j'ai eu une licence de sociologie mais j'étais complètement perdue. Alors, j'ai préféré faire une pause d'un an pour réfléchir et essayer de comprendre ce que je voulais faire. Mon année ne s'est pas du tout passée comme prévu. Je voulais faire du volontariat mais je n'ai trouvé aucune association pour m'accueillir. Pendant les 4 premiers mois, la situation a été très difficile et je ne supportais pas de rester à ne rien faire chez mes parents.
Heureusement, j'ai découvert le métier de journaliste et j'ai fait des stages dans des rédactions. J'ai tout de suite adoré cette profession et cela m'a donné envie d'entrer dans une école de journaliste.
Finalement, je pense que cette année de pause a été très positive pour mon avenir. J'ai l'impression d'avoir beaucoup progressé. Aujourd'hui, j'étudie la communication et je suis complètement satisfaite. Je crois que quand on est curieux, on arrive toujours à faire quelque chose de bien !

Production et interaction orales

Exercice 2, p. 154

Sujet 1
L'examinateur joue le rôle du professeur. Vous jouez le rôle de l'étudiant.
Éléments de discussion :
Vous expliquez la situation et vous montrez les limites du travail individuel.
Vous proposez à votre professeur d'organiser des activités à faire en groupe (présentations, recherches, dossiers, etc.). Vous expliquez que ce type de travail est nécessaire pour votre formation. Vous mettez en avant les qualités que l'on développe lorsqu'on travaille en équipe (écoute, patience, qualité du travail, etc.). Vous pouvez aussi expliquer que dans la vie active, les personnes travaillent surtout en équipe et que proposer ce type d'activités à l'université vous prépare à votre future vie professionnelle.

Sujet 2
L'examinateur joue le rôle de l'ami français. Vous jouez le rôle de la personne qui accueille votre ami et sa famille.
Éléments de discussion :
Vous demandez à parler à votre ami. Vous lui expliquez que vous êtes content de le recevoir chez vous mais que vous aimeriez passer plus de temps avec lui.
Vous lui expliquez que son rythme de vie ne vous permet pas de faire des sorties ensemble. Vous lui montrez aussi qu'il rate de nombreuses activités typiques de chez vous en se levant aussi tard.
Vous essayez de trouver une solution en proposant une ou deux journées à passer ensemble avec des horaires qui conviennent à tous.

Sujet 3
L'examinateur joue le rôle du collègue. Vous jouez le rôle de la personne qui veut changer la situation.
Éléments de discussion :
Vous rencontrez votre collègue. Vous lui parlez de la situation. Vous donnez des exemples précis de projets et dossiers que vous avez dû finir seul. Vous essayez de comprendre s'il y a un problème entre vous ou si lui-même a des difficultés particulières.
Vous lui proposez de partager le travail de façon précise

en tenant compte de ce qu'il aime faire, de ses dates de disponibilité, etc.

Sujet 4
L'examinateur joue le rôle du voisin. Vous jouez le rôle de la personne énervée par les nombreux touristes qui viennent loger dans l'immeuble.

Éléments de discussion :
Vous rencontrez votre voisin, vous demandez de ses nouvelles. Vous le questionnez sur la location qu'il propose aux touristes (fréquence, durée, prix, etc.). Vous lui expliquez que vous comprenez qu'il ait besoin de louer son appartement mais vous évoquez tous les problèmes que vous rencontrez (bruit dans l'escalier, fêtes tard la nuit, poubelles abandonnées, bagages laissés sur le palier, etc.). Vous essayez de le convaincre d'expliquer aux touristes les conditions de vie dans l'immeuble. Vous lui proposez de l'aider à écrire un règlement.

Exercice 3, p. 155

Document 1
Questions possibles de l'examinateur :
Que pensez-vous de la télémédecine ? Y êtes-vous favorable ? Êtes-vous prêt à vous faire soigner à distance ?
Selon vous, est-ce que les tarifs appliqués doivent être les mêmes ?
Les médecins doivent-ils recevoir une formation spécifique pour la téléconsultation ?
La distance et l'aspect « froid » de la technologie ne risquent-ils pas de déshumaniser la relation patient-médecin ?

Document 2
Questions possibles de l'examinateur :
Que pensez-vous de cette proposition de loi ?
Quel est l'âge minimum pour donner son avis d'après vous ? Que pensez-vous de la limitation de l'âge pour certains droits (permis de conduire) ?
Ceux qui ont plus de 18 ans ont-ils vraiment plus de liberté pour faire un choix politique ? L'influence de la famille, des amis n'est-elle pas aussi forte ?

Document 3
Questions possibles de l'examinateur :
Faut-il continuer à avoir des périodes de soldes ?
Aimez-vous acheter des articles en solde ? Pourquoi ?
Pourquoi les soldes ne séduisent plus, selon vous ?

Document 4
Questions possibles de l'examinateur :
Quelles études avez-vous faites ?
Avez-vous eu l'occasion de travailler durant vos études ?
Pour quel type de métier est-il intéressant de suivre une formation en alternance ?
Quelle est la situation dans votre pays ? Y a-t-il beaucoup d'étudiants en alternance ? Est-ce que ce type de formation est en progression ou au contraire en recul ?

ÉPREUVE BLANCHE 2

Compréhension de l'oral

Exercice 1, p. 157
1. **b.** de toutes les informations sur le club.
2. **a.** faire de nouvelles rencontres.
3. **b.** six jours… …par semaine.
4. **b.** utiliser librement de tous les équipements.
5. **a.** de vendre des activités sportives.
6. **c.** le temps pour se décider.

Exercice 2, p. 158
1. **b.** donne son avis sur la littérature jeunesse.
2. **c.** qu'il a gardé ses deux prénoms pour le jeune public.
3. **c.** le jeune public et les adultes.
4. **a.** met en scène son travail.
5. **b.** conteste… …qu'Arthur Claude soit un auteur de littérature jeunesse.
6. **b.** s'ouvrir au monde extérieur.
7. **b.** développer l'imagination des enfants.

Exercice 3, p. 159
1. **a.** pour présenter… …les nouvelles règles écologiques.
2. **b.** la fin du parking de l'entreprise.
3. **c.** demander une place spéciale pour vélo.
4. **b.** de faire un cadeau aux salariés respectueux.
5. **b.** éteignent… …toutes les lumières des bureaux.
6. **a.** à chaque étage.
7. **b.** pour adopter des mesures écologiques..

Compréhension des écrits

Exercice 1, p. 160

Auberge de jeunesse : Bel été	OUI	NON
Prix		X
Confort	X	
Durée	X	
Situation		X

Cité pour apprentis : Foyer du jeune travailleur	OUI	NON
Prix	X	
Confort		X
Durée	X	
Situation	X	

Résidence internationale : World Students	OUI	NON
Prix	X	
Confort	X	
Durée		X
Situation		X

Appartement collectif temporaire : 45 rue Lecocq	OUI	NON
Prix	X	
Confort	X	
Durée		X
Situation	X	

Exercice 2, p. 162

1. **a.** Vrai.
2. **c.** Il a trouvé ça drôle.
3. **a.** Vrai.
4. **c.** Par les habitants.
5. **b.** L'impact sur l'identification à la ville.
6. **b.** Sa famille.
7. **b.** Faux.

Exercice 3, p. 164

1. **b.** Faux
2. **a.** Vrai
3. **b.** Faux
4. **a.** Mieux se défendre contre les maladies.
5. **c.** Se servir d'activités préparées pour eux.
6. **c.** Positif
7. **a.** Surpris.

Production écrite

Exercice 1, p. 166

Proposition de corrigé :
Monsieur le directeur,
Mon voyage professionnel en France la semaine dernière s'est bien passé. Le lundi et mardi, j'étais à Bordeaux et j'ai découvert les bureaux très agréables de l'équipe marketing. Chacun a raconté un peu sa vie personnelle au début des réunions, c'était bizarre pour moi. Le mercredi et jeudi à Nantes, j'ai été surpris par contre par l'organisation des réunions. Les horaires de rendez-vous n'étaient pas respectés et nous avons passé beaucoup de temps à la cantine de l'entreprise. Je crois qu'en France, les déjeuners sont très importants, on mange beaucoup et on ne travaille pas à table. Mais c'est une tradition et c'est important aussi pour faire des affaires. Le vendredi, j'ai eu un problème le matin chez notre client de Rennes car… il était absent ! Son collaborateur m'a expliqué alors que ce n'était pas grave et que la réunion était reportée à 17 heures. Oui, en France on travaille le vendredi soir. La semaine de travail en France peut être fatigante mais il faut accepter les différences d'habitude et je comprends mieux maintenant nos clients français.

Production et interaction orales

Exercice 2, p. 167

Sujet 1
L'examinateur joue le rôle du responsable. Vous jouez le rôle de l'employé au guichet.
Éléments de discussion :
Vous demandez des explications au responsable : pourquoi le match est-il annulé ?
Vous expliquez que vous travaillez avec un contrat qui précise votre temps de travail et votre salaire.
Vous exprimez votre mécontentement parce que ce n'est pas votre responsabilité si le match est annulé. Vous réclamez votre salaire.
Vous pouvez proposer de ranger ou de fermer le stade au lieu de rester au guichet.

Sujet 2
L'examinateur joue le rôle du responsable de magasin. Vous jouez le rôle de l'employé du supermarché.
Éléments de discussion :
Vous expliquez que vous ne pourrez pas être là à 4 h 30 le matin parce que le service de bus ne commence qu'à 5 h. Vous n'avez pas d'autres moyens de transport.
Vous proposez de commencer à 5 h 30 la semaine prochaine et de finir une heure plus tard.
Sinon, vous acceptez de venir à l'heure si un collègue peut vous emmener.

Sujet 3
L'examinateur joue le rôle du responsable de stage. Vous jouez le rôle du stagiaire.
Éléments de discussion :
Vous expliquez que vous êtes en stage pour trois mois et qu'après les vêtements ne seront plus utiles.
Vous n'êtes pas d'accord pour acheter un équipement de travail : un ingénieur n'achète pas son ordinateur, un médecin ou un infirmier n'achètent pas le matériel médical…
Vous pouvez aller à la boutique si le laboratoire vous rembourse le prix des vêtements achetés.

Sujet 4
L'examinateur joue le rôle du responsable de bureau. Vous jouez le rôle du salarié.
Éléments de discussion :
Vous remerciez pour le confort du nouveau bureau.
Vous exprimez votre désaccord avec l'installation des distributeurs de boisson.
Vous exprimez votre mécontentement à cause du bruit et des discussions pendant les pauses café.
Vous proposez de déplacer les machines dans le couloir ou une salle adaptée.

Exercice 3, p. 168

Document 1
Questions possibles de l'examinateur :
Selon vous, comment peut-on inciter un enfant à faire des tâches ménagères ?
Comment ça se passe, en général, dans votre pays ?
Est-ce que les enfants aident aux tâches ménagères ?
Faut-il payer ses enfants en échange de tâches ménagères ?

Document 2
Questions possibles de l'examinateur :
Quels sont les inconvénients d'avoir des outils connectés en permanence avec son travail ?
Quel avantage peut avoir une entreprise « libérée » des obligations horaires ?
Seriez-vous prêt à travailler « librement » sans horaire, à votre rythme pour une entreprise ?
Le temps de travail contribue-t-il à bien séparer vie personnelle et vie professionnelle ?

Document 3
Questions possibles de l'examinateur :
Quelles sont les difficultés quand on invite à table un partenaire commercial ?
Êtes-vous d'accord avec les « repas d'affaires » ?
Quel est l'avantage de manger et de négocier en même temps ?
Avez-vous déjà fait cette expérience ou aimeriez-vous la faire ?
Document 4
Questions possibles de l'examinateur :
Faut-il instaurer un uniforme à l'école ? Selon vous, est-ce un « retour en arrière » ou, au contraire, une « avancée » pour les élèves ? Expliquez-nous pourquoi.
Comment est-ce que ça se passe dans votre pays ?

NOTES

Références des images

Page		Source
9		danwilton - iStockphoto
10		IconWeb - stock.adobe.com
40 - 42		Corina_Dragan - iStockphoto
43		Ümit Büyüköz - iStockphoto
43		g-stockstudio - iStockphoto
49		ugrum1 - stock.adobe.com
50	2	Andrey Popov - stock.adobe.com
50	3	fotokretin26 - stock.adobe.com
50	4	Hanna Alandi - stock.adobe.com
55		BrAt82 - stock.adobe.com
66 - 67 - 68		reichdernatur - stock.adobe.com
73		Robert Niedring - www.agefotostock.com
75		frantic00 - iStockphoto
78 - 80		Corina_Dragan - iStockphoto
81		bikeriderlondon - Shutterstock
84		zakiroff - stock.adobe.com
85		Photographee.eu - stock.adobe.com
87		thodonal - stock.adobe.com
88		Tomasz Zajda - stock.adobe.com
89		WavebreakmediaMicro - stock.adobe.com
92	bg	Laurence Nozik - stock.adobe.com
92	bd	BillionPhotos.com - stock.adobe.com
93	bd	Warut Chinsai - ShutterStock
93	bg	olly - stock.adobe.com
93	md	Firma V - ShutterStock
93	hg	DreamLand Media - ShutterStock
93	hd	Elzbieta Sekowska - ShutterStock
93	mg	viperagp - stock.adobe.com
94	hg	WavebreakmediaMicro - stock.adobe.com
94	hd	Pictures news - stock.adobe.com
95		Monkey Business - stock.adobe.com
96		Seventyfour - stock.adobe.com
97		Mascha Tace - ShutterStock
98		kisara - stock.adobe.com
99		Markus Mainka - stock.adobe.com
100		chachanit - stock.adobe.com
102	hd	radoma - stock.adobe.com
102	hg	michael spring - stock.adobe.com
103		undrey - stock.adobe.com
104		Pétrouche - stock.adobe.com
105		Yves Damin - stock.adobe.com
106 - 108		Corina_Dragan - iStockphoto
109		Piksel - iStockphoto
112		Erica Guilane-Nachez - stock.adobe.com
113	a	uwimages - stock.adobe.com
113	b	philippe Devanne - stock.adobe.com
113	c	luckybusiness - stock.adobe.com
113	d	Christophe Fouquin - stock.adobe.com
113	e	EpicStockMedia - stock.adobe.com
113	f	industrieblick - stock.adobe.com
113	g	PRILL Mediendesign - stock.adobe.com
113	h	skumer - stock.adobe.com
114	a	erika8213 - stock.adobe.com
114	b	Andrzej Tokarski - stock.adobe.com
114	c	Microgen - stock.adobe.com
114	d	milamon0 - stock.adobe.com
114	e	danmir12 - stock.adobe.com
114	f	destina - stock.adobe.com
114	g	Voyagerix - stock.adobe.com
114	h	emmi - stock.adobe.com
114	i	Sergey Tokarev - stock.adobe.com
114	j	ajlatan - stock.adobe.com
114	k	TTstudio - stock.adobe.com
114	bg	popaye - stock.adobe.com
115		LuckyImages - stock.adobe.com
116		mokee81 - stock.adobe.com
117	hg	franzdell - stock.adobe.com
117	hm	cherezoff - stock.adobe.com
117	mg	gkrphoto - stock.adobe.com
117	hd	Jacek Chabraszewski - stock.adobe.com
117	md	skumer - stock.adobe.com
117	bd	adam121 - stock.adobe.com
117	mm	natajagolubova - stock.adobe.com
119		n3d-artphoto.com - stock.adobe.com
121		Regormark - stock.adobe.com
122		Image Source/Photononstop
123		graphlight - stock.adobe.com
124		Mathieu Ledoux - stock.adobe.com
125		boygostockphoto - stock.adobe.com
127		the_lightwriter - stock.adobe.com
129	1	sepy - stock.adobe.com
129	2	vadymvdrobot - stock.adobe.com
129	3	leungchopan - stock.adobe.com
133		beatrice binnert - stock.adobe.com
136		S.Kobold - stock.adobe.com
138		Monkey Business - stock.adobe.com
139		Robert Kluba/Réa
140 - 142		Corina_Dragan - iStockphoto

Références des textes

Page	Référence
52	Es-tu pour ou contre les zoos et aquariums ? de Laurence Muguet du 05/03/2019 - GEO Ado © 2021 Milan Presse
53-54	Est-ce que le soleil, c'est bon pour la santé ? d'Axel Planté-Bordeneuve du 21/08/2020 - 1 jour 1 actu © 2021 Milan Presse
55-56	Comment organiser un vide-maison ? © Izidore
60-61	Vélo Mag : en France, le vélo électrique a de beaux jours devant lui, par Corentin Parbaud, le 9/9/2020 - © L'Équipe 24/24 - 2021
71-72	Rentrée scolaire en Gironde : faire l'école à la maison, le choix de parents face au Covid-19, par Julie Chapman, 1/9/2020 - France 3 Nouvelle Aquitaine - FranceTV
73-74	Mariana Grépinet/PARIS MATCH/SCOOP
75	Adieu terrains de foot, bonjour espaces de jeux collectifs !, par Stéphanie Marteau, 28/8/2020 - lemonde.fr
76-77	Un Repair café va se monter dans le Sénonais, par Théo Vigne, le 18/9/2020 - lyonne.fr
123	Le Centre Régional Information Jeunesse (CRIJ) des Pays de la Loire
124	Bientôt un "permis vélo" pour les enfants !, par Pierre-Olivier Marie Le 12/4/2019 - caradisiac.com
125	Extrait « Réseaux sociaux: sous le même toit mais pas dans le même univers... un nouveau défi pour la famille » © Agnès Leclair/ publié/lefigaro.fr le 09.04.2019
127	Robot : allié dans la crise sanitaire, ennemi pour l'emploi ?, le 16/6/2020 © Le Télégramme
130	"Clean challenge", le défi écolo des cités, JT de 20h du mardi 27 août 2019 - France 2 - FranceTV
132	Commenter en ligne #8: Mythes et réalités du journalisme participatif, par Lis Laban, le 8/12/2019 - MEDIAPART
138	Extrait « Quand les grands-parents deviennent des parents "bis"» © Christine Laemmel/lexpress.fr le 17.11.2019
151-152	Dans cette école maternelle, la classe se fait dehors : pourquoi c'est une bonne idée ». Par Paul Lopez, le 04 décembre 2020 - Le Courrier de la Mayenne
155	"« Le succès de la téléconsultation se confirme » © Marie-Cécile Renault / lefigaro.fr / 15.09.2020"
155	Politique : une pétition pour le droit de vote à 16 ans, le 10/09/2020 par JN. Marteau, M.Sourd, C.Demangeat, V.Travert, M.Dana, M.Guillerot, H.Cardon, S.Auvray, A. Da Silva, Chaine Youtube – Hugodecrypte - France 2/France TV
155	Pourquoi les Français ont-ils perdu le goût des soldes ? par Romarik Le Dourneuf, 12/7/2020 © 20 MINUTES
156	Formation d'alternance : la voie royale pour trouver un emploi ! le 25 août 2020 © 2021 Caet
160	Ai-je le droit d'aller sur Internet sur mon temps de travail ?, par Julie Kadri, 9 septembre 2020/PARIS MATCH/SCOOP
160	Dordogne : un collège impose l'uniforme pour lutter contre « le règne de l'apparence », le 02/09/2020 - France 3 Région - France TV
162	Le dilemme du maire Leroux ». Par Denis Gatton, le 2 juillet 2020 - ledroit.com
164	Courir, sauter, lancer, danser... ou comment bien commencer la journée d'école ». Par Pascale Santi, le 18 novembre 2020 - Le Monde

Nous avons recherché en vain mes auteurs ou les ayants droit de certains documents reproduits dans ce livre. Leurs droits sont réservés aux Éditons Didier.

éditions **didier** s'engagent pour l'environnement en réduisant l'empreinte carbone de leurs livres. Celle de cet exemplaire est de : **1,2 kg éq. CO₂**
Rendez-vous sur www.editionsdidier-durable.fr

PAPIER À BASE DE FIBRES CERTIFIÉES

Achevé d'imprimer en Espagne par Macrolibros (Valladolid) en octobre 2024 - dépôt légal 10253/06